사례로 배우는

텍스트 마이닝

조규락 · 김승재 공저

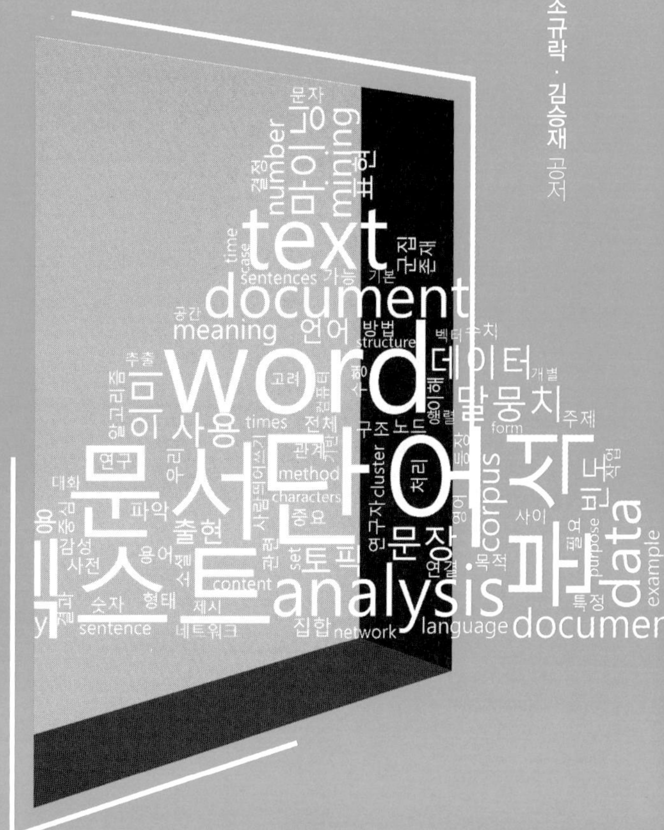

학지사

독자에게 보내는 편지

안녕하세요.

대표저자 영남대학교 교육학과/디지털융합비즈니스학과의 조규락입니다.

이 책을 집필한 후에 서문을 어떻게 쓸까 하고 고민을 하다가 편지글 형식을 빌려 작성합니다. 책을 펼치자마자 불쑥 편지를 받게 되시는 것이 좀 의아하실 줄 압니다. 당황하셨다면 죄송하고요, 혹시 흥미가 동하셨다면 기뻐하겠습니다.

이 편지는 책의 본문과 직접적인 관련이 없습니다. 바빠서 혹은 '꼭 이걸 읽어야 해?' 하고 생각하시면, 이 편지는 읽지 않아도 무방합니다. 다만, '어째서 저자가 편지를 쓰는 걸까?' 하고 궁금증을 가지신다면, 잠시 짬을 내어 계속 읽어 봐 주십시오. 독자께서 이 책을 손수 펼쳐 드신 것 자체도 감사드릴 일이지만, 편지를 읽어 주시는 것 또한 감사드릴 일이 아닐 수 없습니다. 끝까지 읽어 주시면 저에게는 두 배 그 이상의 감사드릴 일입니다.

20년이 넘도록 대학에서 학부생과 대학원생을 지도하며 당부하는 말이 있습니다. '좋은' 책을 고르는 기준입니다. 책에는 세 종류가 있다는 것이 제 개인적 소신입니다.

첫째는 본문을 읽을 가치조차 없는 책이고,
둘째는 도서관에서 빌려 읽어 볼 만한 책이며,
셋째는 돈을 주고서라도 구입하여 언제든 필요한 순간에 읽을 수 있는 책입니다.

여기서 '좋은' 책을 고르는 기준은 당연히 세 번째 돈을 주고서라도 구입하는 책을 말합니다. 그리고 정독하면서, 필요에 따라 글 아래에 밑줄을 긋거나 책 여백에 메모를 하거나 중요한 부분에 견출지를 붙여 두는 책입니다. 그럼 어떤 책이 이런 '좋은' 책이며, 어떻게 고를 수 있을까요?

책 선택의 기준은 저자 서문 혹은 머리말에 있습니다. 저자 서문이나 머리말에는 저자가 독자에게 하고 싶은 말이 들어 있기 때문입니다. 책 집필의 동기나 이유 혹은 목적이죠. 보다 구체적으로 말씀드리면, 책의 내용을 단순히 소개하는 것을 넘어서 내용에 대한 저자의 문제의식은 무엇이고, 독자층이 누구이며, 기술 방식은 어떠하고, 내용과 수준이 관련 분야나 영역 어디쯤에 위치하는지 등입니다. 저자는 이걸 독자께 소상이 밝혀야 합니다. 아주 정성스레 말이죠.

책을 집필해 본 사람은 누구나 자신의 책 본문 내용이 소중할 겁니다. 서문의 내용도 본문의 그것과 다르지 않다고 생각합니다. 아니 더 중요한 경우도 있다고 봅니다. 특히 책 본문 내용이 최초로 소개되거나 출간되는 '블루오션'적 주제가 아니라 서점에 허다하게 퍼져 있는 '레드오션'적 주제라면 더욱 그러합니다. 유사한 내용으로 꽉 찬 그 많은 책이 이미 시중에 널려 있는데, 굳이 또 유사한 내용의 책을 출간해야 한다면 분명한 이유가 있어야겠지요.

이유를 밝히는 작업을 대충 적당하게 넘어갈 수 없습니다. 한두 페이지로 퉁치고 넘어갈 수 없습니다. 당연히 서문은 절대로 짧을 수 없습니다. 서문이 짧다면, 저자가 독자에게 하고 싶은 말이 거의 없다는 뜻으로 해석할 수 있습니다. 감히 제 소신을 말씀드리자면, 이건 어째서 독자가 그 책을 읽어야 하는지를 고민하지 않았거나, 관련 분야 다른 저자의 책들과 무엇이 다른지를 모르기 때문일 겁니다. 이런 이유가 아님에도 짧은 서문이라면, '중요한 내용이니까 닥치고 읽어라'라든가 또는 내용이 서문을 정성스럽게 써야 할 만큼 소중하지 않기 때문일 겁니다.

저는 학부생과 대학원생에게 책을 고를 때 다른 건 몰라도 저자의 서문을 꼭 읽어 보라고 당부합니다. 읽어 보면서 저자가 책을 통해 독자에게 하고 싶은 말이 무엇인지 찾아보라고 이릅니다. 저자가 하고 싶은 말을 느껴 보라고 합니다.

만일 찾을 수 없다면, 느낄 수 없다면, 본문의 내용을 굳이 읽을 필요조차 없다고 잘라 이야기합니다. 독자에 대한, 내용에 대한 저자의 마음가짐이 저러할진데, 본문이라고 다를 수 있겠냐 하는 것이 제 생각입니다. 이런 서적은 절대로 '좋은' 책이 될 수 없습니다. 그럼에도 읽어야겠다면, 도서관에서 빌려서 봐야 하는 책입니다.

이제 독자께 왜 편지를 써야 했는지를 밝힐 때가 되었습니다. 제가 이 책을 통해서 독자께 드리고 싶은 말, 즉 이 책을 집필한 이유에 대해서입니다. 여기까지 읽고 따라와 주셨다면, 계속 읽어주시리라 기대하겠습니다. 감사합니다.

2025년 봄의 마지막 자락에서

대표저자 조규락 올림

일러두기

1. 책 표지의 '광산 이미지'는 본문의 전체 내용을 국문과 영문으로 단어빈도 분석한 결과를 워드 클라우드로 표현한 것입니다.
2. 이 책의 '예제 파일'은 학지사 홈페이지(www.hakjisa.co.kr)에서 내려받을 수 있습니다(학지사 홈페이지 → 사례로 배우는 텍스트마이닝 → PPT/도서자료).

이 책을 집필한 이유

<저자의 문제의식>

자동차와 도구

자동차를 예로 들어 보겠습니다.

누군가에게 자동차는 도구가 아니라 목적입니다. 자동차 회사에 근무하거나, 자동차를 수리하는 정비소 직원들에게 그러하죠. 이들은 더 좋고 멋진 차를 만들기 위해, 고장 결함의 문제를 해결하기 위해 자동차 자체를 이해해야 합니다. 자동차를 구성하는 다양한 장치의 작동과 역할을 알아야 하고, 각 장치 속 엄청 많은 수의 부품을 구분할 수 있어야 합니다.

그러나 대다수에게 자동차는 목적이 아니라 도구입니다. 한 장소에서 다른 장소로 이동하려는 사람들에게 그러하죠. 먼 거리를 빠르고 또는 편안하게 가고 싶은 사람들이 선택하는 교통수단입니다. 기차, 비행기, 배도 자동차와 마찬가지죠. 특히 자동차를 장소 이동의 도구로 사용할 때, 사람들은 종종 직접 운전합니다. 이미 자동차는 많은 사람이 소유하고 있는 대중 상품이기도 하죠.

그럼, 운전할 때 자동차 자체에 대해 어디까지 알아야 합니까? 자동차 장치의 작동과 역할과 부품 모두를 자동차 회사나 정비소의 직원들 수준으로 파악하고 있어야 할까요? 운전자도 그 정도 수준의 전문적 지식을 갖추어야 할까요? 자동차의 전문 지식은 자동차 회사나 정비소 직원에게는 필수 불가결한 지식이겠지만, 대다수 운전자에게는 과잉 지식입니다. 운전 기술과는 거의 관련이 없는 지식이라 할 수 있습니다. 극단적으로 말해서 그걸 몰라도 자동차 운전은 가능합니다. 만일 자동차 자체의 지식이 운전에 필수적이라면, 동네의 카센터 정비사가 수십 년 경력의 택시 · 버스 기사보다 더 나은 운전자일 것이고, 자동차 경주대회에서 우승하는 선수도 정비사나 자동차 설계자일 것이며, 자동차 자체 지식이 운전면허 시험의 핵심 사항이 될 것입니다. 비유로 사용하기 위해 자동차와 운전에 대해 좀 장황하게 설명했습니다만, 이 비유의 핵심은 자동차 자체의 지식과 운전에 필요한 기술은 별개라는 점입니다. 너무 당연한 이야기죠?

그런데 통계나 데이터 마이닝 같은 데이터 분석법 관련 도서에서는 이 당연한 이야기가 적용되지 않는 것처럼 보입니다. 마치 자동차 자체의 지식이 운전에 필요한 기술인 것처럼 서술되어 있습니다. 도구와 목적을 혼동한 것인지, 목적 자체가 도구보다 더 중요한 것이라 믿고 싶은 것인지… 참… 어렵습니다.

도구로서의 데이터 분석법

목청 높여 소리쳐 말씀드립니다. 데이터 분석법은 도구입니다!!!

우리가 데이터 분석법을 언제, 왜 사용합니까? 그거야 수집한 데이터를 분석하고 결과를 도출하기 위해서죠. 그럼, 이를 위해 데이터 분석법 어디까지 알아야 할까요? 분명 양적 데이터 분석법은 수학에서 비롯되었습니다. 수학자의 공로가 매우 큽니다. 그렇다고, 그 훌륭한 수학자가 함수, 극한, 확률, 행렬, 벡터, 집합과 같은 수학적 모델을 통해 이끌어 낸 분석법 도출 과정까지 우리가 이해해야 할까요? 각종 수학적 수식의 학습과 암기, 또 각종 수치 계산을 우리가 직접 해야 할까요?

제가 이해하기 힘든 것은 데이터 분석법이 필요한 연구자를 위해 출간했다는 도서에서 그 도서의 저자는 어째서 실제 분석에서는 거의 사용되지 않거나 보고서나 논문에 보고조차 하지 않는 복잡한 수식과 계산법을 많은 지면에 할애하고 있는지입니다. 복잡한 수식과 계산법을 굳이 알지 못해도 분석 소프트웨어가 계산해서 도출해 주는 수치들과 그것의 해석 방법만을 알아도 충분할 텐데 말입니다.

물론 그 저자의 심정을 십분 이해할 수 있습니다. 타이어를 교체할 수 있는 능력은 운전에 꼭 필요한 지식이나 기술은 아니지만 타이어가 펑크 났는데 보험사나 정비소가 멀거나 전화통화가 안될 때 혹은 도와줄 사람이 옆에 아무도 없을 때 요긴하게 쓰이는 능력인 것처럼, 데이터 분석법에서 수식과 계산법은 수치 해석에 도움을 줄 때가 있음을 말입니다. 수식과 계산법을 몰라도 데이터를 분석하는 것이 불가능하지 않지만, 알아두면 도움이 될 때가 있음을 말입니다.

하지만 사정이 이렇다고 해도 수식과 계산법 자체가 데이터 분석법을 소개하는 도서에서 핵심이 될 수는 없습니다. 데이터 분석법 책자를 펼치는 독자의 가장 큰 관심은 수식과 계산법 자체가 아니기 때문입니다. 이건 차후의 관심사겠지요. 정작 독자가 알고 싶은 것은 자신의 상황에 맞는 최선의 데이터 분석법이 무엇이며 그 분석법을 어떻게 적용할 수 있는가입니다. 또는 선택한 데이터 분석법을 실제 수집한 데이터의 분석에 적용하여 수행하는 것입니다. 이런 목적의 독자에게 각종 복잡하게 보이는 수식이나 계산법, 혹은 수학적 증명은 소위 TMI, Too Much Information입니다.

물론 그 수식이나 계산법 자체가 공부의 핵심이라서 그런 내용이 꼭 필요한 독자도 있습니다. 이런 독자라면 그것을 목적으로 기술된 전문적인 책을 찾아 읽어야 합니다. 저자 서문에 데이터 분석의 초보자도 이해할 수 있는 내용이라고 버젓이 밝혀 놓았다면, 저자의 시각이 아니라 독자의 시각에서 생각해야 합니다.

교육학자와 교수-학습요인

저는 교육학자입니다. 데이터 분석법 자체를 연구하는 분야의 사람이 아닙니다. 한때, 초등교사로 다년간 수업을 하였고, 대학원에서 교육공학을 전공하였으며, 현재는 대학교수로 20년이 넘도록 학부생과 대학원생을 지도하고 있습니다. 전공인 교육공학은 학습과 수행의 최적화를 위해 다양한 교수-학습요인을 체계적으로 설계하고 처방하는 분야입니다.

수업이나 학습 상황에서 사용되는 책은 교수-학습요인의 하나입니다. 때문에 책은 학생들의 학습에 영향을 미치는 중요한 교수-학습요인으로 작용합니다. 당연히 목적에 부합하도록 체계적으로 설계하고 처방해야 합니다. 소개한 데이터 분석법을 독자(학생)가 실제로 활용할 수 있도록 하는 것이 책의 목적이라면, 저자는 이 목적 달성을 위하여 최대한 노력해야 합니다.

<책의 전략과 구조>

이 책에서 저는 다음과 같은 전략을 취했습니다.

- 텍스트 마이닝의 기초와 핵심 사항을 다른 어떤 관련 책보다 자세하고 확실하게 짚는다. 그러면서도 분석의 실제적인 내용은 충실하게 다룬다.
- 실제 논문이나 보고서에서는 수록하지 않는 내용, 복잡하고 세부적인 내용, 특히 수식과 계산식 관련 내용은 제외한다.
- 텍스트 마이닝을 활용한 사례로서 실제 학술지에 실린 논문의 일부를 내용의 편집 없이 제시한다.
- 분석 절차를 보여 주는 순서도를 이미지로 제시한다.
- 각 장들은 동일하면서 일관적인 설명 구조를 갖는다.
- 복사하여 적용하면, 제시된 대로 그대로 따라 하기만 하면 분석 결과가 도출되는 파이썬 코드를 제시한다.

이런 전략은 책의 〈Part 1. 텍스트 마이닝 기초와 핵심〉과 〈Part 2. 텍스트 마이닝 기법과 실제〉에 나누어 반영되어 있습니다. 〈Part 1. 텍스트 마이닝 기초와 핵심〉은 다음처럼 총 5개의 장으로 이루어져 있습니다.

1장. 전통적 텍스트 분석방법과 텍스트 마이닝 비교

2장. 텍스트 마이닝과 텍스트 그리고 말뭉치

3장. 텍스트 데이터

4장. 텍스트 마이닝을 위한 전처리

5장. 주요 전처리 과정

각 장의 목적은 독자가 빅데이터 분석법으로서 텍스트 마이닝을 바르게 이해할 수 있도록 만들어 주는 것입니다. 이를 위해서 텍스트 마이닝의 기초와 핵심을 촘촘하고 확실하게 짚었습니다. 전통적 텍스트 분석과의 비교를 포함하여 텍스트 마이닝에서 꼭 알아야 원리와 개념들, 사전 절차와 그 과정을 구체적이며 자세하게 설명하였습니다. 감히 어느 다른 한 권의 책에서는 발견하기 힘든 내용들을 세밀하게 기술하였다고 자부합니다. 독자는 〈Part 1〉에서 텍스트 마이닝의 기초적 · 핵심적 원리의 이해를 확고하게 다질 수 있습니다.

〈Part 2. 텍스트 마이닝 기법과 실제〉도 다음처럼 총 5개의 장으로 이루어져 있습니다.

6장. 단어빈도분석

7장. 토픽모델링

8장. 군집분석

9장. 감성분석

10장. 연관어 분석

각 장의 목적은 독자가 텍스트 마이닝에서 자주 사용되는 여러 기법을 실제 분석에 응용·활용할 수 있도록 만들어 주는 것입니다. 이를 위해서 독립적인 장에서 각 개별적 기법에 대해 체계적이며 상세한 설명을 제시하였습니다. 독자는 〈Part 1〉의 이해를 바탕으로 〈Part 2〉에서 텍스트 마이닝의 주요한 기법을 학습할 수 있습니다.

그리고 무엇보다 〈Part 2〉의 각 장은 다음처럼 모두 여덟 개의 동일한 절로 이루어진, 일관성 있는 구성을 취했습니다.

1. 정의
2. 목적
3. 알고리즘 또는 핵심 용어
4. 결과 제시 방법
5. 유의사항
6. 분석 순서도
7. 파이썬 실습 예제
8. 실제 논문 사례

개별 기법들을 여덟 개의 동일한 관점에서 비교하도록 한 것이죠. 그리하여 각 개별 기법들은 어떤 차이가 있는지를 빠르게 파악할 수 있도록 유도합니다. 독자는 이를 통해 자신의 상황에 필요한 텍스트 마이닝 기법이 무엇인지 인지하고 그 기법을 쉽게 이해 · 활용할 수 있습니다. 또한 분석 후 제시해야 하는 결과 제시와 연구자가 놓쳐서는 안 될 유의사항도 꼼꼼히 체크하였습니다.

특히 이 책은 '7. 파이썬 실습 예제'에 심혈을 기울였습니다. 실제 분석 상황에서 응용할 수 있는 파이썬 코드를 제시하고, 그 파이썬 코드가 무엇을 하고 있는지를 각 라인별로 설명을 붙여 넣었습니다. 그래서 책에 수록된 파이썬 코드를 있는 그대로 카피해서 실행하면, 그냥 따라 하기만 하면 마법처럼 짜잔~하고 결과를 손에 쥘 수 있습니다. 덧붙여, 분석 과정을 한 눈에 파악하도록 순서도라는 이미지를 그려 삽입했으며, 텍스트 마이닝 기법을 사용한 논문은 어떻게 작성할 수 있는지 참고하시라고 학술지에 게재된 실제 논문 사례를 실었습니다.

<책이 지향하는 독자 수준>

이 책이 지향하는 독자는 텍스트 마이닝을 자신의 과제나 연구에 적용하여 작게는 연구 리포트를, 크게는 프로젝트 보고서나 학술지 논문을 작성하고 싶은 사람입니다. 그렇다면 이 책은 텍스트 마이닝을 처음으로 시작하여 분석 수행에 나서는 초보자에게 적합합니다. 왜냐하면, 텍스트 마이닝의 기초와 핵심을 충실히 다루었고, 누구나 따라 할 수 있을 수준의 파이썬 코드와 실제 사례를 기재하였기 때문입니다. 따라서 텍스트 마이닝의 초심자에게는 입문서입니다.

동시에 이 책은 텍스트 마이닝으로 데이터 분석을 수행한 경험이 있는 유경험자에게도 매우 유용합니다. 텍스트 마이닝의 핵심적 사항을 차근차근 점검할 수 있고, 여러 기법을 체계적으로 비교하며 이해할 수 있기 때문입니다. 그리하여 어떤 면에서 자신의 지식과 경험이 부족하고, 어떤 면에서 보완해야 하는지를 점검할 수 있습니다. 따라서 텍스트 마이닝의 유경험자에게는 지도서입니다.

그리고 이 책은 텍스트 마이닝의 경험이 풍부한 전문가들도 충분히 참고할 만합니다. 특히 다른 누군가에게 텍스트 마이닝을 가르쳐야 하는 전문가에게 더욱 그러합니다. 학생을 가르쳐야 할 상황에서 마땅히 참고할 서적을 찾기 어렵다면 이 책은 대안이 될 수 있습니다. 학생들이 꼭 알아야 할 사항, 실수로라도 누락하면 안 되는 사항 등등 전문가일지라도 가이드를 해 줄 자료가 필요하기 때문입니다. 따라서 텍스트 마이닝의 전문가에게는 안내서, 즉 가이드입니다.

<누락된 부분>

하지만 이 책이 텍스트 마이닝에 관한 알파부터 오메가까지 모두 샅샅이 싣고 있지는 않습니다. 예컨대, 파이썬의 여러 패키지와 함수들 같은 파이썬 언어에 대한 설명, 파이썬 설치를 위한 컴퓨터 환경에 대한 안내, 텍스트 마이닝 기법의 여러 알고리즘에 대한 자세한 소개, 텍스트 수집방법으로서의 크롤링에 대한 기술 등이 이 책에는 빠져 있습니다. 시중의 많은 책을 보면, 어떤 책은 이것이 있는데 저것은 없고, 또 어떤 책은 저것이 있는데, 이것은 없습니다.

이 책에서 '컴퓨터 언어로서의 파이썬' 내용은 시중의 다른 책이 훨씬 소상히 다루고 있을 뿐만 아니라 전공이 아닌 제가 굳이 다룰 필요가 없다고 판단하여 일부러 뺐습니다. 데이터 분석법이 도구라고 선언한 이 책에서 파이썬 자체의 내용은 주요 관심이 아니기 때문입니다. 텍스트 마이닝 알고리즘의 자세한 설명이나 크롤링 역시 이 책의 주요 관심사에 비하면 곁가지일 뿐입니다. 목적에 부합하지 않는 내용은 덜어내는 것이 책 저술의 목적에 더 타당합니다.

다시금 말씀드리지만, 제가 이 책을 집필한 목적 혹은 문제의식은 '도구로서의 데이터 분석인 텍스트 마이닝을 실제 상황에 응용·활용하는 방안을 실증적으로 제시한다.'이고, 이 책을 집필한 동기나 이유는 '이와 같은 문제의식이 담긴 서적들이 시중에 없다.'입니다.

<공동저자>

이 책은 공동저자의 도움 없이는 실현이 어려운 프로젝트였습니다. 책 대부분의 텍스트는 대표저자의 언어로 작성되었지만 공동저자의 피드백이 곳곳에 담겨 있습니다. 특히 파이썬 코드의 지식과 경험은 대표저자의 그것을 초월합니다. 작업을 분담하기는 했지만, 많은 날에 걸쳐서 토의하여 내용을 정하고 원고를 쓰며 필요에 따라 수정했습니다. 대표저자와 공동저자의 관계가 석사 및 박사과정의 지도교수와 학생이라는 특수 관계이지만 이 공동의 작업 과정에서 스승도 제자에게 가르침을 받는, 그래서 서로서로에게 배우는 참으로 유익한 학습의 시간이었습니다. 이러는 과정에서 대표저자의 변덕에 가까운 여러 요구에도 불평 없이 따라오며 자신의 역할을 다해 주었습니다. 감사한 일입니다.

> "대학원에서 텍스트 마이닝을 처음 접하며 연구를 진행하면서, 기존 서적들이 코드의 세부적인 설명 없이 큰 틀만 제시하는 경우가 많아 어려움을 겪었습니다. 현재는 ChatGPT와 같은 AI 시스템의 도움을 받을 수 있지만, 몇 년 전만 하더라도 제한된 자료로 코드를 이해하고 적용하는 데 많은 시행착오를 겪어야 했습니다. 이러한 경험을 바탕으로 이 책에서는 각 코드라인마다 상세한 설명을 담아, 독자들이 분석 과정에서 겪을 수 있는 어려움을 최소화하고자 했습니다. 외부 프로그램이 아닌 직접 코드를 작성하는 것은 연구자가 원하는 방향으로 분석을 커스터마이징 할 수 있다는 장점이 있기에, 이 책을 통해 파이썬 텍스트 마이닝의 기초를 다지고 더 나아갈 수 있는 토대를 마련하고자 했습니다. 또한 분석 방법의 제시뿐만 아니라 다섯 가지 주요 분석기법이 실제 논문에서 어떻게 활용되었는지 사례를 통

해 제시함으로써, 분석한 결과를 논문의 연구방법, 연구결과 부분에서 어떻게 기술해야 하는지에 대한 실질적인 도움을 제공하고자 합니다."

위 글은 공동저자가 밝힌 책 집필에 참여하는 목적입니다. 독자를 위한 마음이 잘 담긴 글이라 생각하여 아무런 가감 없이 그대로 싣습니다. 장차 훌륭한 학자, 연구자로 성장하기를 기대합니다.

<감사하는 마음>

관련 수업을 수강한 학부생에게 고마움을 표하고 싶습니다. 특히 주로 인문사회계열의 전공자가 다수인 '빅데이터와 텍스트 마이닝의 이해'라는 교양과목의 수강 학부생과 '데이터 사이언스와 교육'이라는 교육학과 전공과목의 수강생은 까다로울 수 있는 수업에도 불구하고 잘 따라와 주었습니다. 끝으로 이 책을 출간할 수 있도록 도와주신 학지사 출판사에게도 감사하는 마음을 전합니다.

물론 여기까지 읽어 주신 독자께는 한 번 더 진심으로 감사드립니다. 이 책이 '좋은' 책이 되어 모쪼록 독자의 서고에서 도움을 주는 도구가 되기를 바라면서… .

차례

Part 1
텍스트 마이닝 기초와 핵심

Part 2
텍스트 마이닝 기법과 실제

Chapter 10 연관어 분석 251

Part

1

텍스트 마이닝 기초와 핵심

Part 1은 Part 2를 위한 기초 사항을 다룬다. 기초 사항은 텍스트 마이닝을 활용하여 실제 데이터의 분석을 수행하기 전에 필수적으로 이해해야 할 핵심이다.

다른 모든 영역에서도 마찬가지이지만, 특히 데이터 분석 영역은 기초가 탄탄해야 한다. 파악하고자 하는 현상, 현상 내에서 관찰하거나 측정하는 변수, 변수에 대한 데이터 수집 방법, 수집한 데이터의 속성과 조건, 선택한 데이터 분석 방법, 분석 방법 수행의 절차와 단계 등등 데이터의 실제적 분석 수행에 앞서서 고려해야 할 사항이 많기 때문이다.

기초가 부실하면 안정적이지 못하다. 사상누각(沙上樓閣)처럼, 모래 위에 건물을 세우는 것과 같다. Part 1을 통해 텍스트 마이닝의 기초를 충실히 다져야 한다.

Chapter 1

전통적 텍스트 분석방법과 텍스트 마이닝 비교

사람이 말이나 글로 쓴 텍스트를 분석하려고 할 때, 텍스트를 수치형 데이터로 간주하여 분석하는 텍스트 마이닝은 꽤 괜찮은 답이 될 수 있다. 하지만 곰곰이 생각해 보면, 텍스트 마이닝이 과연 텍스트를 바르게 분석할 수 있는 방법인지에 대해 의심의 눈초리를 보내지 않을 수 없다. 텍스트를 '바르게' 분석한다는 것이 무엇일까에 대한 이견이 있을 수 있지만, 적어도 텍스트를 작성한 화자나 저자의 의도에 어긋나지 않은 분석, 텍스트가 담고 있는 내용과 일치하는 분석이길 바란다. 텍스트 마이닝으로 그것이 과연 가능할까 하는 의심이 생기는 이유는 무엇일까? 그것은 텍스트 마이닝을 하려면 분석하고자 하는 텍스트를 숫자로 바꾸기 때문에 발생한다. 텍스트의 수치화, 다시 말해 텍스트를 숫자로 치환한다는 것의 의미가 무엇일까를 생각하다 보면 이 의심은 보다 구체적이며 심각해진다.

입으로 발화한 말이든 종이나 화면에 쓴 글이든 단어, 문장, 문서 등은 모두 텍스트다. 텍스트는 사람의 언어가 구체화된 형태다. 언어에서 단어는 의미를 갖고 있는 기본 단위다. 이런 단어들

여러 개가 문법에 따라 배열되어 단순한 단어 의미를 넘어서 의사를 전달하는 문장을 이룬다. 유사한 내용의 의사를 전달하는 문장들을 여럿 모아서 조직하면 어떤 공통 의미나 주제의식을 전달하는 문단 혹은 단락이 되며, 이런 문단이 여럿 모여서 하나의 문서가 된다. 그래서 어느 한 분야의 문서는, 그것이 이것저것 다 모아놓은 백과사전적인 문서가 아니라면, 그 분야의 공통적 의미나 주제의식으로 채워진 문단과 문장들의 집합체다. 논문이나 보고서, 신문기사나 연설문을 생각해 보면 된다. 말로 하는 대화도 문법에 맞게 해야 하기 때문에 배열된 단어들로 이루어진 문장과 문단, 문서와 다름없다. 사람들의 대화를 녹음한 후에 전사하여 글로 옮기면 문서와 다름없게 된다. 물론 대화는 아주 빠르게 다양한 주제와 분야를 오가는 것이 일반적이기 때문에 공통적 의미나 주제의식이 어느 분야의 한 문서처럼 정연하게 잘 드러나지 않을 수 있다. 하지만 어쨌거나 그것 역시 텍스트라는 점은 부인할 수 없다.

그런데 텍스트 마이닝은 텍스트를 수치화한다고 했다. 이 텍스트의 수치화는 문단, 문장이 아니라 단어를 중심으로 이루어진다. 그럼 텍스트를 수치화할 때 어떤 일이 벌어질까? 예를 들어 보자.

① 우리 조만간 같이 밥이라도 먹자.

①번 문장은 문장을 이루는 단어의 뜻만 알아서는 온전한 이해

에 도달할 수 없다. 문장은 단어들의 단순 의미를 넘어서는 뜻을 전달하기 때문이다. 이를 단순히 적혀진 단어 뜻만 갖고 ②와 ③처럼 이해한다면 앞 문장의 미묘한 뉘앙스를 놓친다.

② 밥 약속을 하자.

③ 밥을 같이 먹자.

또 그릇을 깨뜨린 아이에게 ④처럼 말을 했다면 정말로 잘했다는 칭찬이 아니다. 실제 의미와 반대로 말한 반어법 표현이다. 종종 우리는 반어법을 사용하여 뜻과 의도를 강조한다. 이를 모르고 칭찬으로 이해하면 텍스트를 잘못 읽은 것이 된다.

④ 잘했네, 아주 잘했어.

다음과 같은 문장 ⑤는 궁금해서 묻는 질문이 아니다. ⑥은 화자가 예견한 것이 실제로 발생했다는 뜻으로 말한 것이 아니다. 이를 모르고 ⑥처럼 답변하면 맥락을 전혀 이해하지 못한 것이 되고, ⑦처럼 답변한다면, 비웃음과 냉소적인 표현으로 상대를 비난하는 의미를 전혀 포착하지 못한 것이 된다. 문장 ⑧은 내 마음이 차갑게 동결된 상태를 은유적으로 표현한 것이다. 이를 내 마음이 진짜로 차가운 얼음이라고 풀이하면 곤란하다.

⑤ 야, 그거 하면 밥이 나오냐 쌀이 나오냐.

⑥ 밥이 나온다.

⑦ 그럼 그렇지, 내 그럴 줄 알았다.

⑧ 내 마음은 차가운 얼음이다.

어디 이뿐이랴! 문장 끝에 마침표(.), 물음표(?), 느낌표(!) 중에 어느 것이 붙느냐에 따라서도 문장은 달리 해석될 수 있다. 더욱이 문장이 아니라 단어 하나라도 의미 표현과 전달에 있어서 단순하지 않은 경우도 많다. 상황에 따른 함축적 의미가 들어 있기 때문이다. 예컨대, 스승의 날이나 어버이날에 선생님이나 부모님 가슴에 달아드리는 붉은색 '카네이션'은 단순한 '꽃'의 의미를 넘어서 대상에 대한 '감사함'의 표현이며, 장례식장에 올려놓는 흰색 '국화'는 '꽃' 자체에 초점이 있는 것이 아니라 고인에 대한 '추모'가 초점이다. 붉은색, 흰색 역시 그냥 시각적인 색깔이 아니라 의미를 전달하는 표현 수단이다. 그래서 흰색 카네이션은 스승의 날과 어버이날에 어울리지 않으며, 붉은색 국화는 장례식장에 어울리지 않는다. 문화를 이해하고 맥락을 아는 사람은 일부러 어떤 목적을 위해, 혹은 연출된 상황이 아니라면 표현의 실수를 하지 않는다.

또한 텍스트는 행간의 의미를 정확히 간파해야 할 때가 있다. 텍스트로 표현된 내용과 관련된 전후 배경과 상황을 모르면 화자의 의도를 파악할 수 없는 경우다. 이럴 때는 겉으로 드러난 표면적 표현이 아니라 그 표현이 지시하는 내부적 사정을 이해해야 한다. 게다가 역사적 사건의 전후 배경을 모르고는 텍스트의 행간을 도저히 가늠할 수 없는 경우도 있다. 예를 들어 보자.

이 몸이 주거 가서 무어시 될꼬 ᄒᆞ니
봉래산(蓬萊山) 제일봉에 낙락장송(落落長松) 되야 이셔
백설이 만건곤(滿乾坤)ᄒᆞᆯ 제 독야청청(獨也靑靑) ᄒᆞ리라

조선 세조 때 성삼문이 남긴 시조다. 이를 현대어로 풀면 다음과 같다.

이 몸이 죽어서 무엇이 될까 하니
봉래산 제일 높은 봉우리에 우뚝 솟은 소나무 되어
흰 눈이 온 세상에 가득할 때 홀로 푸른빛을 띠겠노라.

수양대군이 왕위에 오를 때 어떤 일이 있었는지 모르고, 사육신(死六臣)의 한 사람인 성삼문이 누구인지 모르면 이 시조의 뜻을 파악할 수 없다. 하얀 눈 덮인 산 정상 부근 바위틈에서 높게, 푸르게 자란 멋진 상록수 소나무의 풍경으로, 그리고 아름답고 서정적이며 평온한 느낌으로 이 시조를 이해하면 진짜를 놓친 것이다. 수양대군이 그의 조카 단종을 밀어내고 왕위에 오르자 단종을 다시 복위하려고 시도하다 발각되어 처형당하기 직전의 충성스런 신하의 심정이 묻어나기 때문이다. 죽을지언정 단종에 대한 충정과 지조를 꺾을 수 없다는 결연한 의지가 담긴 작품인 것이다.

그래서 텍스트를 수치화하면 어떤 일이 벌어지냐고? 문장이 어떤 방식으로 기술되어 있는지에 관계없이 문장 속의 개별 단어들이 문장에서 모두 뜯겨져 나와 단어 리스트가 된다. 이때 다른 단어와의 관계도, 사용된 조사나 문장 부호는 고려 대상이 아니다. 표기된 어순과 어법에 의해 다르게 해석될 수 있는 가능성 역시 고려 대상이 아니다. 분석할 모든 텍스트의 문장은 무미건조한 단순한 단어 리스트 또는 단어 집합에 불과하게 된다. 그리고 단어들 옆에는 그것들이 텍스트 안에서 몇 번 출현했는지를 나타내는 숫자가 붙는다. 단어들의 집합과 그 출현 빈도, 이것이 텍스트가 수치화된 모습이다. 텍스트 수치화는 앞서 설명한 개별 단어들의 뜻을 넘어서는 문장의 미묘한 뉘앙스도, 반어법이나 냉소적 표현이 전달하는 반대의 내용도, 은유적 표현이 보여 주는 비유적 내용도, 상황이나 맥락에 따라 달리 사용된 개별 단어의 함축적 의미도, 화자가 말하고 싶은 행간의 의미도 반영하지 않는다. 때문에 텍스트의 진짜 의미를 면밀히 포착해 낼 수 없다. 이쯤 되면 수치화된 텍스트를 분석하는 텍스트 마이닝이 화자나 저자의 의도에 어긋나지 않은 해석, 텍스트가 담고 있는 내용과 일치하는 해석을 할 수 있다고 말할 수 없을 것 같다.

텍스트 마이닝이 이런 문제점을 갖고 있으므로 텍스트를 분석할 수 있는 다른 방법을 생각해 보자. 질적 분석 또는 정성적 분석이라고 불리는, 과거부터 사용해 왔던 방법이 있다. 정성적 분석도 그 안에서 상이한 여러 기법이 존재하기 때문에 텍스트의 분석 과정이 모든 기법에서 동일하지는 않지만 대개 다음처럼 진행된다. 먼저 연구자가 텍스트의 문장을 세밀히 주의 깊게 읽고, 반복적으로 읽는다. 읽는 동안 텍스트 이곳저곳에서 발견되는 서로 유사한 뜻이나 동일하다고 판단되는 특징을 추출하여 묶어서 하나의 주제(theme)로 삼고 그 주제가 어떤 의미인지 정의한다. 계속하여, 묶을 수 있는 여러 주제들을 찾아내 그 의미를 정의한다. 필요하면 주제들의 관련성이나 특성을 추출하여 더 큰 상위의 주제들로 묶는다. 끝으로 추출되어 묶인 주제들과 정의들을 이론적 시각에서 혹은 성찰과 비판적 관점에서 설명하거나 해석한다. 물론 이 주제들은 화자나 저자가 여러 문장으로 표현한 텍스트에서 명시적으로 드러내 놓고 진술 혹은 기술한 것이 아니라 연구자가 분석을 통해 추출해서 구성해 낸 잠재된 주제들이다. 이제 텍스트는 이 추출되어 구성된 잠재적 주제들로 이루어져 있다고 이해된다. 사실 이러한 정성적 분석이야말로 텍스트의 의미 파악에 가장 타당한 방법이라고 할 수 있다. 단어를 문장에서 분리하지 않은 채 있는 그대로의 문장의 뜻을 파악하고, 문장 속 맥락이나 문맥에서 오는 미묘한 뉘앙스와 행간과 함축적 의미를 살려 이해한 후에 분석하기 때문이다.

그럼 텍스트를 분석하고자 할 때 우리가 취해야 하는 최선의 분석법은 정성적 분석일까? 그렇지 않다. 정성적 방법도 커다란 단점을 갖고 있기 때문이다. 우선 빠른 분석이 꼭 필요한 텍스트라면 세밀하게, 반복적으로 읽으면서 분석할 수 있는 시간적 여유가 없다. 텍스트를 한 번만 읽어서는 잠재된 주제를 추출하기도 어려우며, 추출했더라도 당연히 신뢰성이 떨어진다. 정성적 분석은 원래 많은 시간이 필요한 분석법이다.

또한 정성적 분석법은 연구자의 주관적 견해가 반영될 수밖에 없다. 텍스트를 읽는 연구자의 주관에 따라 부각되는 부분이 다를 수 있고, 무시될 수도 있다. 요약과 해석이 자의적이 되는 것이다. 그래서 동일한 텍스트를 분석하더라도 연구자에 따라 상이한 결과가 도출될 가능성이 농후하다. 그래서 동일한 데이터에 대한 분석결과의 반복 가능성이 낮다. 정성적 분석법은 아예 연구자 자체가 도구라고 선언까지 해 놓았다. 연구자에 의한 상이한 결과 도출이 정성적 분석법의 단점이 아니라 분석법의 성격이라는 것이다. 하지만 동일한 텍스트에서 연구자에 따라 문장의 뜻, 미묘한 뉘앙스, 함축적 의미, 행간을 다르게 파악한다면, 텍스트 마이닝을 비판한 바로 그 논리가 정성적 분석법에도 똑같이 적용될 수밖에 없다.

더욱이 정성적 분석법은 분석해야 할 텍스트가 많으면 곤란하다. 투자할 시간과 열정과 재정이 무진장 많으면 전혀 불가능한 일은 아니지만, 대개의 경우 그 많은 텍스트를 읽어내기는 실질적으로 불가능하다. 21세기는 다양한 분야와 출처에서 수많은 텍스트가 디지털로 기록되는 세계다. 이 세계에서는 신문과 잡지의 기사와 투고물, 출간 책과 논문 등 기존 아날로그 형태의 텍스트는 물론이거니와 인터넷 홈페이지를 위시한 각종 소셜 미디어에 업로드되는 사람들의 주장과 이야기와 대화 등의 디지털 텍스트가 난무한다. 그리고 내용 변화의 속도도 빠르다. 이런 텍스트가 우리 사회의 모습과 삶을 반영하고 있다는 사실을 부정할 수 없고, 분석에서 제외할 수 없는 중요한 자료란 점도 부정할 수 없다. 또한 내용 변화가 빠른 만큼 분석 결과를 느긋하게 기다릴 수 없다.

물론 컴퓨터가 발전하면서 정성적 분석법도 컴퓨터 소프트웨어의 도움을 받을 수 있기 때문에 과거보다 수월해지기는 했다. 아날로그적인 분석 작업, 예컨대 반복적 읽기의 결과를 소프트웨어를 이용하여 디지털로 저장하고 주제를 추출하는 등의 작업을 디지털로 보완하는 것이다. 다만 분명한 사실은, 정성적 분석법에서 여전히 핵심은 인간 연구자의 정성스러운 텍스트 읽기이며, 이는 변할 수 없는 것이다. 비록 컴퓨터를 사용하면서 시간이 단축되고 있기는 하지만 여전히 텍스트 마이닝과 비교했을 때는 시간이 많이 드는 작업이다. 그렇다면, 정성적 분석법은 대규모 텍스트를 분석하기에는 결코 최선의 선택이 될 수 없다는 것도 자명하다.

그럼 텍스트를 분석하고자 할 때, 무엇이 최선의 선택일까? 정답은 없다. 연구자가 처한 상황, 분석하고자 하는 목적 등에 따라 달라질 수밖에 없다. 앞서 기술한 텍스트 마이닝의 단점을 극복하는 연구가 절실하다면 정성적 분석법을, 반대로 앞서 기술한 정성적 분석법이 불러올 단점이 결과에 치명적이라면 텍스트 마이닝을 선택하면 된다.

텍스트 마이닝의 장점을 꼽으라면 대용량의 텍스트 데이터를 거칠게나마 대략적으로 이해하는 것이 가능하다는 점이다. 그리고 우리는 안다. 완벽하지 않은 대략적인 이해가 시간이 너무 많이 걸리는 이유 때문에 아무것도 안 하거나 모르는 채로 남아 있는 것보다는 더 낫다는 사실을. 그리고 인터넷의 등장으로 온라인 공간에서 생산되는 텍스트 형식의 데이터가 폭발하는 시기에 텍스트 마이닝은 텍스트 자료를 이해할 수 있는 기반을 마련해 준다는 사실을. 이 책이 텍스트 마이닝을 강력하게 권고하는 이유다.

텍스트 마이닝 역시 발전한 컴퓨팅 파워 때문에 과거보다 더욱 편리하고 강력하다. 또 변화하고 발전하면서 그 활용 방안이 넓어지고 있다. 분석 속도도 빨라지고 분석 알고리즘도 개발 및 개선되고 있다. 더욱이 현재 GPT로 대표되는 대규모 언어 모델(LLM, Large Language Model)이 빠르게 발전하면서 위와 같은 전통적 텍스트 마이닝의 한계가 크게 보완되고 있다. 트랜스포머(transformer)라는 일종의 인공신경망 모델을 사용하여 기존과 같은 단어들의 집합이 아닌 문맥 자체를 학습할 수 있게 된 것이다. 이를 통해, 문장이 지니는 뉘앙스나 맥락 등을 인간과 유사하게 파악한다. 물론 인간의 자연어를 인간처럼 완전히 이해하는 것은 아니다. 대규모 텍스트 데이터를 학습시켜서 사용하는 것이므로, 사전에 학습되지 않은 완전히 새로운 문장의 내용은 이해하지 못하기 때문이다. 조금 더 기술이 발전하여 인간과 구별할 수 없는 인공지능이 실현되기라도 하면, 텍스트 마이닝의 근본적 단점으로 여겨진 상황의 미묘한 분위기와 뉘앙스, 행간과 함축적 의미 파악도 더 이상의 단점이 아니게 될 날이 오게 될 것이다.

Chapter 2

텍스트 마이닝과 텍스트 그리고 말뭉치

1. 텍스트 마이닝의 정의와 유용성

텍스트 마이닝은 자연어로 표현된 텍스트 내에 존재하는 정보나 가치를 발굴하여 분석하는 작업을 통칭한다. 대개 문서는 텍스트로 이루어져 있기 때문에, 텍스트 마이닝은 문서의 내용을 분석하게 된다. 문서에는 책, 잡지, 신문기사, 보고서, 학술논문, 연설문처럼 전통적인 종이 문서뿐만 아니라 이메일, 웹페이지, 블로그, 문자 메시지, 카카오톡과 같은 메신저의 실시간 채팅 내용, 동영상 파일, 병원의 의무 기록, 컴퓨터의 로그 기록 등과 같은 전자적 형태의 문서도 포함된다. 텍스트 마이닝은 이처럼 다양한 형태의 텍스트로 이루어진 문서로부터 패턴이나 관계를 추출함으로써 유용하거나 유의미한 정보를 획득하는 방법이다.[1)]

텍스트 마이닝은 텍스트에서 자연언어 처리(natural language processing) 기술과 형태소 분석을 활용한다. 자연언어 처리 기술은 인간이 발화하는 언어 현상을 컴퓨터가 이해할 수 있는 형태로 만들거나, 역으로 컴퓨터의 언어를 인간이 이해할 수 있는 형태로 만드는 기술이며, 형태소 분석은 단어를 의미 단위로 구분하고 품사를 찾아내는 분석으로 자연어 처리의 한 부분이다. 결국, 텍스트 마이닝은 컴퓨터가 인간의 언어로 되어 있는 텍스트에서 숨겨진 유용한 정보를 추출하는 작업인데, 이때 통계적이며 규칙적인 알고리즘을 활용한 형태소 분석이 사용되는 것이다.[2)]

텍스트 마이닝의 알고리즘이란 의미를 구성하는 최소 단위의 텍스트 구성 요소들을 평가한 후, 이 구성 요소들에 수학적 연산 과정을 적용시키는 작업이다. 이를 통해 어떤 단어가 텍스트에서 주도적인 역할을 하는지, 혹은 어떤 단어가 텍스트의 의미를 예측하거나 산출하는 데 주요한 영향력을 발휘하는지를 정량화하는 것이다. 예컨대, '교육'이라는 단어가 자주 출현하는 텍스트를 '교육에 대해 언급한 문서'라고 판단할 수 있으며, '좋다' '멋지다' '훌륭하다' 등의 표현이 많이 출현하면 그 텍스트를 '긍정적 감정이 담긴 문서'라고 판단할 수 있다. 우리 인간이 텍스트의 의미를 판단할 때 특정한 표현에 주목하는 것처럼, 텍스트 마이닝 알고리즘 역시 텍스트의 의미를 판단할 때 특정한 표현에 주목하여 더 높은 가중치를 부여한다.

텍스트 마이닝은 어떤 유용성을 가지고 있을까? 학술논문을 찾아보자. 예외 없이 논문의 요약본인 초록과 키워드가 제시된다. 대개 그 분야의 전문가라면 초록이나 키워드만 훑어보더라도 학술논문의 전반적 내용을 파악하는 데 큰 어려움이 없다. 어째서 이것이 가능할까? 키워드는 논문 저자가 자신의 논문을 대표한다고 판단한 몇몇 단어를 선정한 것이며 또한 그것은 그가 속한 학술 공동체 사이에서 통용되고 공용되는 단어이기 때문이다. 논문에서 키워드들은 내용분석의 결과를 제시한 것과 다르지 않다.[3] 서점이나 도서관에서 볼 수 있는 소설, 수필, 시집, 논문, 총서 등과 같은 분류와 인문 서적, 사회학 서적, 자연과학 서적, 공학 서적 등과 같은 분류와 입문서, 교양서, 참고서, 전문서 등과 같은 서책 분류는 일종의 내용분석 결과라고 할 수 있다. 책이 어떤 분류에 속해있는지를 아는 것만으로도 책의 내용을 유추할 수 있기 때문이다.

텍스트 마이닝도 마찬가지로 텍스트의 내용을 파악하기 위한 분석법이다. 텍스트 마이닝을 통해 여러 문서들에서 출현하는 단어나 용어[a]를 비교해 보면, 여러 문서에 동시에 출현하는 단어들이 있을 것이며, 어떤 단어들은 상당히 공통되기도 한다. 예컨대, 교육 관련 문서의 단어들은 탄핵, 국회, 정당, 대통령, 백신, 예방접종, 전염병 등과 같은 용어보다는 교육, 학교, 학생, 수업, 학습, 공부, 학원 등의 용어가 더 많이 나올 것이다. 이런 용어들을 보면 그 문서가 어떤 분야의 내용을 담고 있는지 추정할 수 있으며, 이런 용어가 동시에 많이 출현하는 문서들은 서로 유사한 분야의 문서들이라고 추정하는 것이 가능하다. 또한 문서에서 어떤 단어가 얼마나 중요하며, 그 단어가 나타날 때 함께 나오는 단어라든가 그 단어 주위에 어떤 단어들이 연결되어 있는지도 파악 가능하다.

---

a 텍스트 마이닝에서 단어와 용어는 동일한 의미로 사용된다. 이 책에서도 단어와 용어는 동일한 뜻이며, 서로 바꿔가며 사용한다.

물론 이런 반론이 제기된다. 1장에서 언급한 문장의 참뜻이나 행간의 의미 등을 바르게 포착하지 못하기 때문에 텍스트 마이닝 분석 결과가 어떠하든 간에 정확하지 못하며, 다만 내용을 유추하거나 그러할 것이라는 추정이나 감에 불과하다고. 그러니 텍스트 마이닝의 무엇이 대단하고 유용한 것이냐고. 엄밀하게 말하면 틀린 지적이 아니다. 화자나 글쓴이의 의도를 완벽히 파악할 수 없는 것이 텍스트 마이닝이다.

그러나 주변 상황을 재평가해 보자. 지금은 생성되는 텍스트도 많고 그만큼 읽어야 할 텍스트도 많다. 그래서 독해해야 할 문서가 수천, 수만 개라면 어떠하겠는가? 더욱이 문제는 이 텍스트를 읽을 시간이 너무나 부족하다는 사실이다. 이 때문에 많은 연구자, 학자가 수십 페이지 학술논문 전체를 읽는 대신에 요약본인 초록만 읽거나 키워드를 읽는 것으로 대신한다. 중요한 논문이라면 정독을 해야 하겠지만 때로는 어느 것이 중요한 글인지조차 구별하기 어렵거나 그조차 판단할 여유가 없는 경우도 다반사다. 이럴 때 텍스트 마이닝은 아주 좋은 대안이 된다. 모든 문서를 다 읽는 것이 아니라 일단 내용이 유사하다고 판단되는 중요한 문서만을 따로 모아놓아 읽을 수 있고 추후에 시간을 들여서 그 문서만을 재검토할 수도 있다. 텍스트 마이닝을 통해 엄청난 양의 텍스트의 내용을 빠르게 분석할 수 있기 때문에 가능한 일이다. 빅데이터 시대에 텍스트 마이닝의 유용성이 드러나는 순간이다.

2. 텍스트의 중요성

텍스트는 항상 우리 주변 어디에서나 존재한다. 과거 조상들도 그랬지만 현재의 우리도 말과 글을 사용하여 부모와 친구와 상사와 대화한다. 언어가 등장한 이래로 사람들 사이의 대화는 너무 자연스러운 행위다. 가정과 사회를 이루고 다른 누군가와 살면서 언어를 통한 대화를 나누지 않는 상황을 상상할 수 없다. 언어 없이 살아가기 어렵다는 뜻이다. 다만, 그 대화가 온전히 기록되어 후세에 전달되는 경우는 매우 드물다. 과거에는 특히 더 그러했다. 이런 점에서 볼 때 과거의 기록이 온전히 전해지는 조선왕조실록은 극히 예외적인 경우이며, 전 세계가 그 가치를 인정한 기록문화유산의 하나다.

대부분의 대화 내용이 저장되어 기록되지 않았을 뿐 대화 자체는 텍스트다. 사실, 대화할 때 사용하는 말과 글, 즉 언어는 기본적으로 텍스트를 산출하는 장치 또는 기제라고 간주할 수 있다. 텍스트는 언어가 산출한 결과물인 것이다. 언어 없는 삶을 생각할 수 없듯이 텍스트 없는 삶을 생각할 수 없다.

텍스트 없는 삶을 생각할 수 없다는 것은 텍스트를 이해해야 한다는 뜻과 같다. 이해해야 할 텍스트가 주변 곳곳에 널려 있기 때문이다. 예를 들어 보자. 비록 가상이지만 누구에게나 이와 비슷한 일이 생길 것이다. 매일 수없이 배달되는 전자우편 중에서 광고용 스팸과 직장 상사가 보낸 업무 메일을 가려낸다. 간간이 스트레스를 풀 요량으로 동료나 친구와 메신저로 수다를 떨거나 저녁 약속을 한다. 오늘은 회사에서 바이어에게 보낼 회사 제품 설명서를 작성했고, 세관에 통관 서류를 보냈다. 내일은 오피스텔 월세를 인터넷 뱅킹으로 집주인에게 보낼 것이며, 구청으로부터 받았던 고지서에 따라 세금을 납부할 예정이다. 그러고 보니까 제길, 며칠 전 구입하고도 바빠서 미루어 두었던 전자제품의 사용 매뉴얼을 아직도 못 읽고 있다. 읽고 이해해야 할 텍스트가 어디 이뿐이랴. 병원에서 받은 처방전과 약국에서 받은 약 봉투에 적힌 주의사항을 알아야 하며, 내 페이스북이나 블로그에 올라온 방문자의 댓글도 읽고 답해야 한다. AI가 Avian Influenza, 즉 조류 독감인 것을 모르고 '인공지능백신'이 뭐야라고 한다면 웃음거리가 되기 십상이다.

현대는 과거와 달리 여러 형태로 텍스트가 기록되고 저장된다. 전자우편, 단문 · 장문의 문자, 카카오톡과 같은 대화, 소셜 미디어에 올리는 각종 글과 이에 대한 댓글, 온라인 쇼핑몰에서의 주문 등등 디지털을 기반으로 하는 텍스트의 흔적들이 그것이다. 우리 삶을 반영하는 텍스트의 흔적들은 디지털 데이터로 기록되며, 기록의 복사 또한 쉬워 우리 자신도 모르게 여러 디지털 공간에서 버젓이 존재한다. 현대는 텍스트가 디지털로 기억되는 데이터 흔적 사회인 것이다.[4)]

텍스트가 왜 중요하냐고? 앞에서 기술한 것처럼, 텍스트가 우리 삶의 모습을 담고 있기 때문이다. 과거 조상의 사상과 문화와 삶을 파악하기 위해 그들이 남긴 텍스트를 분석하였듯이, 오늘 우리의 사상과 문화와 삶을 파악하려면 텍스트를 독해하고 분석해야 한다. 오늘의 텍스트를 읽는 작업은 미래를 읽는 작업이기도 하다. 많은 역사학자가 역설하듯이, 과거는 현재를 이해하는 데 필수이며, 현재는 미래를 이해하는 데 필수이다. '역사를 잊은 민족에게는 미래가 없다' '역사는 되풀이된다'는 격언은 모두 이에 해당한다. 과거, 현재, 미래는 단절된 것이 아니라 연속적이다. 텍스트는 역사를 반영한다. 텍스트는 과거를 보여 주고, 현재를 비추며, 미래를 예측하는 데이터인 것이다.

3. 말뭉치

1) 의미와 유형

텍스트는 문서에 존재한다. 특별한 경우가 아니라면 문서는 하나의 단어나 하나의 문장으로 이루어져 있지 않다. 하나의 단어나 하나의 문장으로는 의미 전달이 부족하기 때문이다. 더욱이 하나의 문단으로도 의미의 전달이 부족한 경우가 태반이다. 문서가 여러 단어로 이루어진 문장과 여러 문장으로 이루어진 여러 개의 문단으로 구성되어 있는 것은 이 때문이다. 문서를 작성한 글쓴이가 전해야 할 의미가 하나가 아니거나 하나의 문단으로는 도저히 정확한 의미를 전달할 수 없을 때가 많은 것이다. 그래서 대개 문서는 여러 문단으로 작성된다. 책, 연구 보고서, 논문, 신문기사 등 쉽게 접할 수 있는 주변의 문서들은 적게는 두어 개, 많게는 수십 · 수백 · 수천, 혹여 수만여 개의 문단이 등장한다.

텍스트 마이닝은 이처럼 텍스트가 존재하는 문서를 분석한다. 그런데 이 세상 모든 문서를 어떤 기준이나 목적 없이 분석할 수는 없다. 특정한 기준과 목적에 의해서 수집하거나 걸러 낸 문서들을 분석하는 것이 타당하다. 예컨대, 대학생의 특성을 연구하려면 대학생만을 걸러 내 분석하는 편이 모든 사람을 분석하는 편보다 타당한 것처럼, 연설문 안의 텍스트를 연구하기 위해서는 연설문만을 골라서 분석하는 편이 모든 문서를 분석하는 편보다 타당한 것이다. 또한 대학생들이 작성한 문서에서 어떤 특징을 찾으려 한다면 다른 사람이 아니라 대학생이 작성한 문서만을 분석해야 한다. 마찬가지 이유에서 웹 문서에서 나타나는 현상을 탐구하려면 그 대상이 웹 문서이어야지 출판된 종이책이 되면 안 된다. 텍스트 마이닝의 분석 대상인 문서의 텍스트는 분석의 기준과 목적에 의해 결정되어야 하는 것이다.

텍스트 분석을 위해 수집되고 걸러진 문서는 하나가 아니라 여러 개일 것이다. 대학생을 연구하려면 한 명의 대학생만을 연구해서는 타당한 결과를 기대할 수 없는 것과 마찬가지 이유다. 이렇게 모여진 문서들은 문서 집합(document set)을 이루는데, 이를 말뭉치(corpus) 아니면 영어 발음을 그대로 옮겨 '코퍼스'라고 한다.[5),b] 또는 말모둠, 글모둠이라고도 한다. 언어학에서 말뭉치는

---

b corpus는 단수다. 말뭉치는 한 개의 문서가 아니라 여러 개의 문서이므로 엄밀하게는 corpus의 복수 형태인 corpora가 더 정확한 표현이다. 그러나 우리나라에서는 대개 corpus로 표기하고 표현한다.

실제 사용되는 말과 글로 표현된 언어 자료를 뜻하지만, 텍스트 마이닝에서는 전통적 통계모형에서의 표본(sample)과 유사한 개념이다. 전통적 통계모형에서 모집단(전집, population)에서 적절한 수의 표본을 표집하여 이를 대상으로 연구하는 것처럼, 텍스트 마이닝에서도 수많은 문서에서 문서를 골라낸 문서 집합, 즉 말뭉치를 대상으로 텍스트 마이닝을 하는 것이다.

위키백과는 말뭉치를 "자연언어 연구를 위해 특정한 목적을 가지고 언어의 표본을 추출한 집합"으로 정의하며, 네이버 지식백과는 말뭉치를 "컴퓨터가 텍스트를 가공 · 처리 · 분석할 수 있는 형태로 모아놓은 언어 자료의 집합"이라고 정의한다. 그리고 부연하기를, "작게는 시집 한 권이나 소설 한 권으로부터 수천만 어절 이상의 말 또는 글로 표현된 각종 자료에 이르기까지 다양한 크기의 언어 자료 모음"이라고 한다. 전통적 통계모형에서 표본의 표집이 연구의 목적이나 성격에 따라 달라지는 것처럼, 텍스트 마이닝을 위한 말뭉치 구성도 연구의 목적이나 성격에 따라 달라진다. 따라서 말뭉치는 연구에 따라 상이한 대상을 지시한다. 예컨대, 연구자 A와 연구자 B가 동일한 말뭉치를 공유해서 분석하지 않았다면, 연구자 A가 분석에 사용한 말뭉치와 연구자 B가 분석에 사용한 말뭉치는 서로 다른 말뭉치다. 이외수의 소설에 나타난 등장인물의 특성을 연구하려는 연구자에게 말뭉치는 그 이외수의 소설이지 이문열의 소설이 아니다.

말뭉치는 여러 기준에 따라 다양한 유형으로 분류된다. 먼저 특별한 목적이나 용도를 정하지 않은 상태에서 어휘나 문법 등의 일반적 언어 조사를 위해 문서를 모았다면 이것은 일반 말뭉치(general corpus)다.

균형 말뭉치와 모니터 말뭉치로 나누기도 한다. 이것은 말뭉치에 들어가는 원자료의 수집 방식에 따른 기준이다. 균형 말뭉치는 말뭉치에 포함되는 원자료들을 어느 한 매체나 한 장르에 국한하지 않은 말뭉치다. 그렇기에 여러 매체나 여러 장르에서 문서를 고루 선정하고 그 포함 비율도 적절히 조절하여 구성한다. 이러한 균형 말뭉치는 연구 대상이 되는 언어 전체의 역할에 충실하기 위해, 즉 자료로서의 대표성을 확보하기 위해 만들어진다. 따라서 조심스럽게 결정한 원칙에 따라 한 번 구성되면 내용과 규모가 고정된다. 이에 반해 모니터 말뭉치는 일간, 월간, 연간 등 시간의 흐름에 따라 원자료를 추가한다. 균형 말뭉치가 원칙에 의해 고정되고 폐쇄된 성격을 가지고 있는 것과는 달리, 모니터 말뭉치는 새로운 원자료가 추가되는 만큼 규모가 커지며 역동적이다. 모니터 말뭉치는 새로운 언어가 포함되고, 기존 언어가 사멸하는 등 언어가 변화하는 모습이나 시대적 언어상을 관찰할 수 있는 장점이 있다. 다만, 균형 말뭉치와는 달리 원자료들 사이의 균형성을 담보할 수 없기 때문에, 모니터 말뭉치에서 얻은 정보는 균형 말뭉치에서 얻은 정보보다 신뢰도가 비교적 높지 않다.[6)]

언어를 대표하는 방식에 따라서는 모집단 전체 말뭉치와 샘플 말뭉치로 나누기도 한다. 한 작가의 전체 작품을 모으거나 일정 기간 발행된 신문, 잡지, 논문을 모두 모아 구성하면 모집단 전체 말뭉치가 되며, 모집단 전체 말뭉치에서 몇 개를 골라내면 샘플

말뭉치가 된다.[7)]

2) 말뭉치와 소셜 빅데이터

종이는 한때 텍스트 기록에 최적화된 인류 발명품이었다. 우리나라의 자랑스러운 인류 기록 문화유산인 조선왕조실록도 종이에 적혔다. 잉크나 먹으로 쉽게 쓸 수 있으며, 가벼워서 갖고 다니기에도 어려움이 없었다. 종이가 세상에 등장하기 전에는 돌, 대나무, 파피루스, 헝겊 등이 사용되었다. 현대에 와서 종이는 더 이상 기록에 최적화된 발명품이 아니다. 종이를 능가하는 혹은 대체할 수 있는 방안을 갖고 있기 때문이다. 종이의 최대 약점은 불에 약해서 전소하기 쉽다는 점이다. 또한 세월에 약해서 불에 타지 않아도 오랜 시간이 지나면 재로 변하기도 한다.

종이가 발명된 이후에도 매우 중요하거나 특별한 내용일 때는 종이 발명 전에 사용했었던 석판, 청동, 쇠에 새겨 두기도 한 이유가 종이의 약점 때문이었다. 오래 보관하고 후세에 물려줄 목적이라면 종이는 파손되기 쉬운 신뢰할 수 없는 도구였다. 종이를 대체할 수 있는 새로운 기록 장치인 디지털 파일은 이러한 종이의 약점을 가뿐히 넘어선다. 디지털 파일은 물리적으로 존재하지 않기 때문에 불에 탈 염려가 없다. 있는 그대로 복사가 쉬워서 복사본을 여러 곳에 분산하여 보관하면 잃어버릴 일도 없다. 디지털 파일은 컴퓨터의 등장과 함께 나타났다. 종이는 이제 디지털 파일로 대체되는 중이다.

디지털 파일은 특히 인터넷과 웹을 기반으로 하는 소셜 미디어에서 텍스트를 기록한다. 소셜 미디어는 참여, 개방, 공유라는 가치 아래 네트워크로 연결된 새로운 공간인데, 대표적인 소셜 미디어에는 페이스북(Facebook), 트위터(Twitter, 현재는 X), 링크드인(LinkedIn), 유튜브(YouTube) 등이 있다. 소셜 미디어에서 사람들은 끊임없이 글을 쓰고, 말을 하면서 데이터를 생산하고 있다. 이를 소셜 빅데이터라고 하며, 대개 그 기본은 텍스트로 이루어진다. 수많은 텍스트로 이루어져 있다는 측면에서 소셜 빅데이터는 자체로 텍스트 자료, 즉 말뭉치라고 볼 수 있다. 이러한 소셜 빅데이터가 디지털 파일로 기록되는 것이다.

소셜 빅데이터가 말뭉치라면 어떤 성격을 갖고 있을까? 첫째, 말뭉치로서 소셜 빅데이터는 끊임없이 생성되고 새로운 내용이 추가되기 때문에 조심스럽게 결정한 원칙에 따라 고정되고 폐쇄된 균형 말뭉치는 아니다. 오히려 시간이 흐름에 따라 내용의 규모와 양이 커지는 모니터 말뭉치라고 할 수 있다. 게다가 현재 가장 빠르게 생산되고 있는 모니터 말뭉치다.

둘째, 소셜 빅데이터로 이루어지는 말뭉치는 방대한 내용 때문에 작은 규모의 말뭉치나 균형 말뭉치에서는 발견하기 어려운 희귀한 언어 현상과 당대의 시대상을 반영한다. 이를 잘 보여 주는 예로는 과거 참새 시리즈[8]와 최불암 시리즈[9] 같은 풍자와 해학적 개그가 있고, 'ㅇㅉㄹㄱ'(어쩌라고) 'ㅈㅅ'(죄송) '얼죽아'(얼어 죽어도 아이스 아메리카노) '주린이'(주식하는 어린이) 같은 현대의 과도한 초성 줄임말과 첫음절 줄임말도 있다. 소셜 미디어는 유행에도 민감한지라 유행하는 최신의 표현법은 소셜 빅데이터 말뭉치에서 발견하기 훨씬 쉽다. 타당하게 분석하면 독특하고 특징적인 언어적 특성을 발견할 수 있는 말뭉치인 것이다.

셋째, 소셜 빅데이터 말뭉치는 텍스트의 시간적 흐름을 반영하고 있다. 소셜 빅데이터는 그 생성 시기를 알 수 있는데, 이는 메타 데이터[c]가 자동적으로 함께 저장되고, 데이터 생성자가 생성 날짜를 명시적으로 기재하는 경우가 많기 때문이다. 이로써 언어와 텍스트의 시간에 따른 종적 흐름을 파악하는 것이 용이해졌다. 예컨대, 텍스트를 특정 사건의 이전과 이후로 구분하여 분석하거나 역사적 단계에 따라 분석하는 것이다. 더욱이 최초 텍스트 작성자로부터 시작하여, 꼬리를 물고 이어지는 텍스트의 연쇄와 연결을 추적하는 것도 가능하다. 소셜 빅데이터 말뭉치는 텍스트가 사람들에게 어떻게 확산되거나 어떤 영향력을 발휘하는지를 파악할 수 있는 말뭉치인 것이다.

넷째, 소셜 빅데이터는 데이터 유형으로 보면 매우 다양한 형태를 지녔다. 단문이나 단어 중심의 짧은 텍스트와 문장으로 이루어진 긴 텍스트를 위시하여, 캡션이 붙은 사진, 검색을 용이하게 도와주는 해시태그, 내레이션(narration)이나 대화(dialog)가 들어

---

c 정보를 효율적으로 찾거나 이용하기 위해 콘텐츠에 부가적으로 부여되는 데이터를 말한다. 예를 들어, 디지털 카메라로 사진을 찍으면 카메라 자체 정보, 촬영 시간, 사진 해상도, 노출, 사진 크기 등과 같은 메타 데이터가 사진과 함께 저장된다. 또 컴퓨터 워드프로세서로 문서를 만들면, 문서 제목, 지은이, 작성하고 저장한 날짜, 문서 분량, 글꼴 정보 등과 같은 메타 데이터인 문서 정보를 함께 저장한다.

간 동영상 등 다양하다. 현재 이미지의 자동 분류가 가능한 인공지능 기술로 판단하건데, 앞으로는 사진의 캡션이나 해시태그, 심지어 동영상에 포함된 내레이션이나 대화 내용도 텍스트 분석을 할 수 있을 것으로 보인다. 소셜 빅데이터 말뭉치는 다양한 형태의 데이터로부터 가치를 추출할 잠재 가능성이 뛰어난 말뭉치인 것이다.

Chapter 3

텍스트 데이터

1. 텍스트 데이터와 자연어

텍스트 마이닝이 무엇인지 제대로 파악하려면 무엇보다 두 가지를 이해하고 있어야 한다. 하나는 텍스트 마이닝 분석에 사용되는 텍스트 형태의 데이터, 즉 텍스트 데이터가 무엇인지를 아는 것이며, 또 하나는 텍스트 마이닝이 기초하고 있는 수학적 · 통계적 개념을 아는 것이다. 텍스트 마이닝은 수학적 · 통계적 개념과 절차에 따라 텍스트 데이터를 수집 · 처리 · 분석하는 연구방법이기 때문이다. 그러나 이 둘은 서로 별개가 아니라 밀접히 연관되어 있다.

텍스트 데이터에는 넓은 의미의 텍스트 데이터가 있고, 좁은 의미의 텍스트 데이터가 있다. 넓은 의미는 우리 사람들이 서로 의사소통을 위해서, 무엇인가를 기록하기 위해서 사용하고 있는, 지금 독자가 읽고 있는 문장이나 문장 속에 들어 있는 단어들이다. 이렇게 사람들이 삶에서 평범하게 일상적으로 사용하고 있는 언어가 자연어다. 자연어는 C, 포트란, 파이썬, 자바와 같이 사람들이 만들어낸 컴퓨터 언어, 즉 인공 언어와 대비되는 개념이다. 텍스트 마이닝은 이런 자연어 상태의 넓은 의미의 텍스트 데이터를 분석의 대상으로 한다. 하지만 자연어 상태의 텍스트를 그 상태와 모습 그대로 텍스트 마이닝 분석에 투입할 수 없다. 분석에 사용할 수 있는 필요한 구조를 갖고 있지 않기 때문이다.

물론 자연어로서 텍스트는 구조를 갖고 있다. 음운론, 통사론, 구문론, 화용론 등 분석할 수 있는 언어적 구조를 갖고 있다. 텍스트는 여러 층위로 분석될 수 있는 이러한 언어적 구조 덕분에 의미를 운반할 수 있고, 의미에 바탕을 두고 사람 간의 의사소통과 기록을 남기는 것이 가능하다. 이러한 언어적 구조는 텍스트 마이닝의 아주 밑바탕의 가정이다. 사실, 텍스트가 아무런 언어적 의미를 운반하지 못한다면 텍스트 마이닝을 통해서 그 어떤 것도 얻어낼 수 없다. 따라서 텍스트가 데이터로서 분석하는 데 필요한 구조가 없다는 뜻은 언어적 구조가 없다는 것을 뜻하지 않는다.

여기서 핵심은 자연어로서 텍스트는 그 자체의 모습과 형태로는 데이터 분석에 적합하지 못하다는 사실에 있다. 사람들이 작성한 여러 텍스트를 보라. 책이나 기사나 논문에 등장하는 텍스트는 그나마 비교적 깨끗하고 깔끔하다. 철자, 맞춤법, 문장 부호, 주어와 술어 관계, 문법 등이 정확하다. 하지만 이메일, 문자, 대화 메시지 등과 같은 휘발성 강한 개인적 글에서도 정확성을 기대하고 올바른 격식이나 쓰임새를 온전히 기대할 수 있을까? 요즘처럼 소셜 미디어에서 시시각각으로 생성되는 텍스트들은 이런 기대를 여지없이 무너뜨린다. 빠른 속도의 시대에 통신 언어는 더 빠른 정보 전달을 위해 과감하게 격식의 틀을 벗어던진다. 철자 무시, 맞춤법 무시, 엉뚱한 문자 조합, 자기들만 아는 은어, 초성인 자음으로만 이루어진 단어, 언뜻 봐서는 뜻을 유추하기 힘든 축약 등 거의 독해가 불가능하여 마치 외계어를 방불케 한다. 정확성과 격식을 따져야 하는 공식적인 문서에서조차 동음이의어, 동의이음어, 표준어, 사투리 등이 때로는 고의로, 때로는 무의식적으로 사용된다. 이런 상태는 텍스트 마이닝에 투입할 수 있는 적절한 데이터가 아니다.[a]

넓은 의미의 텍스트 데이터와는 달리 좁은 의미의 텍스트 데이터는 텍스트 마이닝에 투입할 수 있는 상태의 데이터다. 앞서 언급했듯이 텍스트 마이닝은 텍스트 데이터를 수치형의 데이터로 간주하여 분석하는 정량적 접근이다. 이를 위해서 텍스트는, 격식과 형식을 갖춘 공식적 텍스트이건 격식과 형식이 무시되거나 필요 없는 사적 텍스트이건, 텍스트 마이닝을 위한 수학적 · 통계적 절차인 데이터 분석에 투입할 수 있는 구조를 갖추어야 한다. 자연어 상태의 비구조적인 텍스트가 작업을 거쳐 구조를 갖춘 수치 데이터로 변환되어야 하는 것이다. 변환을 거쳐 수치화된 텍스트가 텍스트 데이터다. 그럼 텍스트 데이터의 구조는 무엇일까?

---

a 자연어 상태가 전혀 분석에 사용할 수 없다는 뜻은 아니다. 1장에서 언급한 전통적인 질적 분석법은 자연어 상태로 텍스트를 분석한다.

2. 텍스트 데이터의 구조

텍스트 마이닝을 수행하기 위해서는 텍스트 데이터의 구조를 제대로 살펴볼 필요가 있다. 다음과 같은 세 가지 구조를 이해하자.

1) 위계적 관계

수치화된 텍스트 데이터의 구조는 두 가지 차원에서 파악하는 것이 좋다. 첫 번째 차원은 위계적 관계 구조 속에서 텍스트 데이터를 이해하는 일이다. 잠시 전통적인 통계분석의 절차를 생각해 보자. 전통적인 통계분석은 다음처럼 진행된다. 먼저 모집단(population)에서 일정한 수의 표본(sample)을 추출한다. 엄청 많은 수의 모집단 전체를 대상으로 데이터를 구하는 것이 너무 어렵기 때문이다. 다음에 추출된 표본을 몇 개의 집단으로 나누어 할당하고, 할당된 집단에 따라 적절한 실험 처치를 한다. 이후에 표본을 이루는 개별 개체(individuals)의 변수들(variables)을 관찰 또는 검사하여 측정하거나 질문하여 조사한다. 이때 결과는 수치로 기록한다. 그리고 이렇게 획득한 개체 변수들의 수치를 적절한 통계기법을 사용하여 분석함으로써 개체를 이루는 표본을 이해하고, 표본의 이해를 바탕으로 모집단을 파악한다. 요약하면, '수치-변수-개체-표본-모집단' 혹은 역으로 '모집단-표본-개체-변수-수치'라는 위계적 순서로 분석과 이해 및 파악이 이루어지는 것이다. 이때 모집단, 표본, 개체, 변수, 각 수치는 데이터의 위계적 관계 구조를 나타낸다.

텍스트 마이닝에서도 먼저 매우 많은 문서 모두를 연구할 수 없으므로 일부 문서를 추출하거나 수집한다. 추출된 문서들은 문서들로 이루어진 문서 집합(document set)인데, 이를 말뭉치(corpus)라고 앞서 이야기했다. 말뭉치는 언어학에서 실제 사용되는 말과 글로 표현된 언어 자료를 뜻하지만, 텍스트 마이닝에서는 전통적 통계모형에서의 표본과 유사한 개념이라고도 말했다. 말뭉치는 문서 집합이므로 여러 문서들(documents)로 구성되어 있다. 또한 개별 문서는 여러 단어들 혹은 용어들(terms)로 이루어져 있는 문장과 문단으로 구성되어 있다. 그러니까 말뭉치가 문서들의 집합이며, 문서는 단어(혹은 용어)들의 집합인 것이다. 텍스트 마이닝의 기본적 논리는 단어(용어)들을 수치화하여 분석함으로써 문서의 의미나 주제 또는 특징을 파악하며, 문서의 특징을 분석함으로써 말뭉치를 이해하고 말뭉치가 추출된 전체 문서의 내용을 파악하고자 하는 것이다. 요약하면, '수치-단어(용어)-문서-말뭉치-문서 전체' 혹은 역으로 '문서 전체-말뭉치-문서-단어(용어)-수치'라는 위계적 순서로 분석과 이해 및 파악이 이루어지는 것이다. 이때 문서 전체, 말뭉치, 문서, 단어(용어), 수치는 데이터의 위계적 구조를 나타낸다. 텍스트 마이닝의 분석 논리가 통계분석의 분석 논리와 별반 다르지 않음을 알 수 있다.

2) 집합과 단어 주머니

수치화된 텍스트 데이터의 구조 파악의 두 번째 차원은 수학의 한 분야인 '집합(set)'의 개념과 논리를 이해하는 일이다. 집합의

깊은 수학적 이해는 굳이 필요 없고 중학교 수준이면 충분하다. 집합은 어느 특정한 조건에 들어맞는 개체들 또는 원소들의 모임이다. 우리들은 학교에서 집합을 나타낼 때, 조건 제시법(예: {x | x는 10 이하의 짝수})이니 원소 나열법(예: {2, 4, 6, 8, 10})이니 하는 용어를 써가면서 배웠다. 예를 들어, 조건 제시법으로 나타낸 {x | x는 초식동물}의 집합은 풀을 먹는 개체 짐승들의 모임이며, 이를 원소 나열법으로 바꾸면 {말, 소, 사슴, 코끼리…}와 같다. 마찬가지로 육식동물의 집합을 원소 나열법으로 표기하면 {사자, 호랑이, 표범, 악어…}가 그 안에 들어간다. 만일 집합의 개체, 즉 원소가 소, 닭, 양, 말, 개, 고양이라고 하면 이들의 공통된 요소인 가축의 집합이 된다. 여기서 초식동물, 육식동물, 가축이라는 조건이 집합을 규정한다.

이제 이 집합들은 더하거나 뺄 수 있다. 중학교 수학 시간에 배웠던 집합의 연산인 서로 다른 집합들을 더하여 합집합으로, 공통의 개체만을 골라내어 교집합으로, 공통의 개체만을 버린 후 나머지 개체로만 이루어진 차집합으로 만들 수 있는 것이다. 집합을 연산하면 집합 안의 개체 수도 달라지는데, 집합들 사이에서 얼마나 많은 개체가 서로 중복되느냐에 크게 좌우된다. 이때 집합들 안에서 서로 중복된 개체의 수가 많으면 합집합을 해도 개체 수가 크게 증가하지 않지만 교집합은 크게 증가한다. 합집합의 수가 크게 증가하지 않고 교집합의 수가 크게 증가한다는 것은 서로의 집합이 공통된 점이 많다는 뜻이고 그만큼 서로 유사하다는 뜻이다. 앞의 예에서 가축의 집합은 육식동물의 집합보다 초식동물의 집합과 더 유사하다. 소, 닭, 양, 말은 초식동물이면서 가축이기 때문이다.[b] 다시 말해, 가축의 집합의 동물들은 육식동물이 아니라 초식동물이 더 많다는 뜻이다.

집합의 개념과 논리가 중요한 이유는 텍스트 마이닝 작업을 위한 텍스트의 표현법과 관련이 깊기 때문이다. 문장으로 이루어진 텍스트를 수치화하는 기본적인 방법은 이 집합의 성질을 이용한다. 기본적으로 텍스트 마이닝은 단어들을 단어 주머니(bag of words) 접근으로 텍스트를 표현한다. 즉, 텍스트나 문서는 단어 집합으로서 단어 주머니 형태로 표현할 수 있다. 그리고 단어 주머니에는 요소 하나가 더 포함되는데, 그것이 단어의 출현 빈도를 나타내는 숫자다. 즉, 단어 옆에 그 단어가 문서에서 출현한 횟수를 표기하는 것이다. 이것이 단어의 출현 빈도(Term Frequency: TF)이며, 텍스트의 수치화의 한 예이다. 다음의 그림은 단어 주머니 예시로서 우리나라 애국가 1, 2절로 이루어진 짧은 문서의 집합인 단어 주머니를 나타낸 것이다. 문서 속 단어 옆에 TF(단어 출현 빈도) 수치가 병기되어 있음을 볼 수 있다.

---

b 가축은 초식이거나 잡식성 동물임에 틀림없다. 과거 고기를 구하는 것이 매우 힘든 시절에 우리 조상이 고기만을 먹는 육식성 야생동물을 가축으로 길들였을 리 만무하다. 또한 우리의 육체도 고기이므로 언제 우리를 먹으려고 돌변할지 모르는 육식성 야생동물을 가축으로 삼아 주변에 두고 기를 리 없다.

문서 A: 동해물과 백두산이 마르고 닳도록 하느님이 보우하사 우리나라 만세. 무궁화 삼천리 화려강산 대한 사람 대한으로 길이 보전하세. 남산 위에 저 소나무 철갑을 두른 듯 바람서리 불변함은 우리 기상일세. 무궁화 삼천리 화려강산 대한 사람 대한으로 길이 보전하세.

문서 A 단어 주머니 = {동해물 1, 백두산 1, 마르다 1, 닳다 1, 하느님 1, 보우하다 1, 우리 2, 나라 1, 만세 1, 남산 1, 위 1, 저 1, 소나무 1, 철갑 1, 두르다 1, 바람서리 1, 불변하다 1, 기상 1, 무궁화 2, 삼천리 2, 화려강산 2, 대한 4, 사람 2, 길이 2, 보전하다 2}

[그림 3-1] 문서와 단어 주머니 예시

당연하게도 일반적인 문서는 앞 예시처럼 간단하지도, 짧지도 않다. 여러 문장과 여러 문단으로 이루어져 있기 마련이다. 한 줄, 한 페이지처럼 짧은 분량의 문서도 있겠지만, 대개는 여러 페이지일 것이며, 수백, 수천 페이지 분량의 매우 긴 문서도 존재한다. 이를 단어 주머니로 표현하면, 등장하는 단어가 많아 길어지고 복잡하게 보일지라도 형태는 앞 예시와 동일하다. 그리고 단어 주머니로 텍스트를 표현하면 그것이 아무리 복잡해 보일지라도 원래보다는 훨씬 간단하며, 문서의 내용을 숫자로 표현할 수 있게 된다. 따라서 분석하고자 하는 텍스트를 단어 주머니로 표현하는 것은 문서 내 단어들의 출현 빈도에 근거하여 문서를 수치화하는 작업이다.[1)]

이제 수치화된 문서는 집합으로 생각할 수 있고, 집합의 성질을 이용할 수도 있다. 예를 들어, 만일 A라는 문서가 서로 상이한 500개의 단어로 이루어져 있다면, 문서 A는 500개의 원소로 구성된 집합이다. 이때 600개 단어로 구성된 문서 B가 있고, 700개로 이루어진 문서 C가 있다고 하자. 그리고 문서 A와 문서 B는 400개의 동일한 원소를 공유하고 있고, 문서 A와 문서 C는 100개의 동일한 원소를 공유하고 있다고 하자. 그럼 문서 A는 문서 B와 문서 C중에서 어느 문서와 더 유사할까? 어렵지 않게 문서 A와 문서 B가 더 유사하다는 결론을 내릴 수 있다. 이것이 텍스트 마이닝을 집합으로 이해하는 기본 수학적 내용이다.

3) 데이터 행렬

수치화된 텍스트 데이터의 구조 파악에서 집합보다 더 중요한 것은 수학의 한 분야로서 '행렬(行列, matrix)'을 이해하는 일이다. 행렬이란 1개 이상의 수나 식을 사각형의 배열로 나열한 것이다. 선형대수학을 배울 때 행렬은 미지수가 2개 이상인 방정식이나 둘 이상의 변수로 정의되는 함수를 표현할 때 유용하다. 특히 실제 세계를 모델링 할 때는 필연적으로 여러 개의 방정식을 동시에 만족시키는 해 또는 근사치를 구해야 하기 때문이다. 덧셈, 뺄셈, 곱셈 등의 연산과 결합법칙 및 배분법칙이 가능하여 수학, 양자역학 등의 응용 분야가 매우 넓으며 통계학 분야에서도 중요하게 다루어진다.[2)]

앞에서 보았듯이 하나의 문서가 하나의 단어 주머니로 표현되는 것이라면, 여러 개의 문서를 모아 이루어진 문서 집합, 즉 말뭉치는 여러 개의 단어 주머니로 이루어진 것이다. 이때 단어 주머니의 단어나 용어들을 단어 주머니가 보여주는 그대로 비교할 수도 있지만, [그림 3-2]와 같이 여러 단어 주머니를 결합하여 하나의 행렬로 표현할 수 있다. 이것은 여러 문서 안에서 존재하는 단어나 용어의 출현 빈도를 행렬 표로써 표현하는 방법이다.

[그림 3-2]를 보면 각 문서(Doc 1, Doc 2, Doc 3…) 안에 들어 있는 용어들(T1, T2, T3…)의 출현 빈도 수치, 즉 TF를 행렬 표 안에 적어 놓은 것을 볼 수 있다. 문서 Doc. 1에는 단어 T1이 2번, T3가 3번, T4가 4번, T6가 1번, T7이 4번, T8이 2번 출현하지만, T2와 T5는 출현하지 않는다. 문서 Doc. 2에는 단어 T1이 1번, T2가 2번, T4가 3번, T5가 1번, T7이 2번, T8이 1번 출현하지만, T3과 T6은 출현하지 않는다. 이렇게 행렬로 표현한 것을 '문서-용어 행렬(Document-Term Matrix)'이라 쓰고, DTM으로 불린다. 이 문서-용어 행렬의 행과 열을 바꾸면 '용어-문서 행렬(Term-Document Matrix)'이 되고, 줄여서 TDM으로 부른다. 이 예에서는 문서에 나타나는 단어의 빈도 수치를 표기했지만, 어떤 목적이나 필요에 따라서는 문서 안에서 단어의 출현 빈도 숫자가 아니라 단어의 존재 유무만을 표기하기도 하는데, 단어가 존재하면 1, 존재하지 않으면 0으로 표현하기도 한다.

사실, [그림 3-1]과 같은 단어 주머니를 행렬 표로 제시한 것이 DTM 혹은 TDM이다. 그래서 단어 주머니와 DTM(혹은 TDM)은 동일한 것의 다른 표기다. 따라서 단어 주머니와 마찬가지로 데이터 행렬을 보면 직관적으로도 문서에서 어떤 용어가 사용되었는지를 파악할 수 있다. 앞서 언급했지만, 주요 용어가 무엇인지 알면 문서의 내용 유추가 가능하다. 서로 다른 문서들이 공통의 용어를 많이 갖고 있을수록, 내용 면에서 유사한 문서일 가능성이 크다. 이처럼 텍스트 마이닝에서는 말뭉치가 단어들의 수치로 이루어진 데이터 행렬로써 표현되는 것이다. 따라서 텍스트 마이닝에서 텍스트 데이터는 다름 아닌 이와 같은 데이터 행렬인 것이다.[3)]

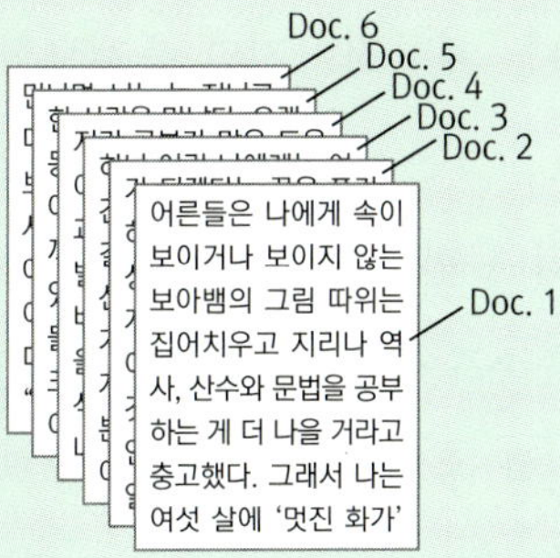

[문서-용어 행렬(DTM)]

	T1	T2	T3	T4	T5	T6	T7	T8
Doc. 1	2	0	3	4	0	1	4	2
Doc. 2	1	2	0	3	1	0	2	1
Doc. 3	0	2	0	3	0	1	0	0
Doc. 4	0	0	1	0	2	0	0	1
Doc. 5	3	3	0	1	0	4	0	0
Doc. 6	4	2	1	1	1	1	1	0

[용어-문서 행렬(TDM)]

	Doc. 1	Doc. 2	Doc. 3	Doc. 4	Doc. 5	Doc. 6
T1	2	1	0	0	3	4
T2	0	2	2	0	3	2
T3	3	0	0	1	0	1
T4	4	3	3	0	1	1
T5	0	1	0	2	0	1
T6	1	0	1	0	4	1
T7	4	2	0	0	0	1
T8	2	1	0	1	0	0

[그림 3-2] 문서-용어 행렬(DTM) 및 용어-문서 행렬(TDM)

현명한 독자는 이 예시를 보고 전통적 통계분석에서 검사지나 설문지를 엑셀로 코딩했을 때의 모습을 떠올릴지 모른다. DTM이나 TDM에서 문서(Doc. 1, Doc. 2, …)는 전통적 분석에서의 개체이며, 용어(T1, T2, …)는 변수와 대등한 것으로 말이다. 그렇다. 이제 변수인 용어들과 문서들을 독립변수나 예측변수로 하는 함수를 추정할 수 있다. 제한적이지만 통계모형을 적용하는 것이 가능하다는 뜻이다.[4] 물론 전통적 통계모형과 완벽히 일치하는 것은 아니다. 데이터가 빈도자료이며 정규성이나 등분산성과 같은 통계적 가정을 충족하지도 않는다. 때문에 검정통계량을 이용한 가설검정을 실시할 수도 어렵다. 하지만 텍스트 데이터를 이처럼 수의 행렬로 표현함으로써 제한된 범위에서 수학적 모형에 따른 통계분석은 가능하다.

4) 벡터와 벡터 공간

텍스트 마이닝은 이처럼 텍스트 데이터가 DTM이나 TDM 등으로 구체화된 수치화 데이터 행렬을 분석하는 정량적 접근이다. 덧붙여 벡터와 벡터 공간을 이해해 보자. 종종 텍스트 마이닝 관련 서적을 보면 벡터와 벡터 공간 이야기가 나온다. 벡터는 위치, 속도, 힘 등과 같이 크기와 방향성을 갖는 물리량을 나타내며, 벡터 공간은 벡터를 공간 속에 표현한 것이다. 수학적 관점에 벡터는 벡터 공간을 구성하는 원소다.[5] 얼핏 매우 어려운 말 같지만, 텍스트 마이닝에서는 매우 간단한 개념이다.

텍스트 마이닝에 대입하면, 하나의 문서를 이루는 텍스트 데이터가 용어들의 벡터로 표현되고, 여러 문서들의 집합인 말뭉치는 용어들의 행렬로 표현된 벡터 공간인 것이다. 다시 말해, 말뭉치의 문서-용어 행렬 혹은 용어-문서 행렬의 각 개별 수치—**즉, 문서 내 용어의 빈도를 수치로 표현한 값 혹은 문서 내 용어의 존재 유무를 0과 1로 표현한 값([그림 3-2] 참조)**—는 원소로서 벡터들이며, 문서-용어 행렬 자체 혹은 용어-문서 행렬 자체는 말뭉치를 벡터 공간으로 표현한 것이다. 이로써 단어들의 데이터 행렬은 벡터와 벡터 공간이 가지고 있는 수학적 성질을 지니게 되어 연산을 할 수 있게 된다. 따라서 문서를 유클리드 공간인 2차원 혹은 3차원 좌표로 표현할 수 있고, 서로의 거리 계산을 통한 문서 간, 단어 간 유사도를 구할 수 있다.

5) 단어의 중요성 결정과 TF-IDF

DTM 또는 TDM에서 보이는 숫자는 특별한 언급이 없다면 단어가 문서에서 출현한 빈도, 즉 출현 횟수다. 빈도는 문서 안에서 어떤 단어가 얼마나 많이 나오는지를 파악한 결과다. 그리고 텍스트 마이닝은 이 단어 빈도(TF)를 분석에 이용한다. 분명 어느 문서를 DTM 또는 TDM으로 만들면 단어들 사이에서 서로 상이한 출현 빈도를 보여 준다. 높은 출현 빈도와 낮은 출현 빈도의 단어들이 나타난다. 또 어느 한 문서에는 출현한 단어가 다른 문서에는 출현하지 않을 수도 있고, 어느 특정한 문서에만 지나치게 많이 나오는 단어도 있으며, 모든 문서에 골고루 나타나는 단어들도 있다. 그렇다면 집합의 논리에서 공통의 단어가 많은 문서끼리는 서로 유사한 문서임을 보여주는 것처럼, 이런 빈도들의 다양한 차이는 분명 무언가를 나타내 줄 수 있을 것 같다.

그럼 단어의 출현 빈도는 무엇을 보여줄 수 있을까? 특정 단어들의 중요성을 보여줄 수 있다. 하지만 단어의 중요성을 결정할 때 적어도 두 가지를 유의해야 한다. 첫째, 단어가 너무 희귀하면 안 된다. 문서 안에서 딱 한 번 등장하는 어떤 단어가 그 문서에서 비중 있는 단어가 될 확률은 낮다. 또한 말뭉치 내 오직 한 문서에서만 나타나는 단어 역시 그 말뭉치에서 비중 있는 단어가 될 확률은 낮다. 특별한 경우가 아니라면 그런 단어가 그 문서에서 핵심 용어일 리 없고, 그 단어가 말뭉치를 대표할 만한 중요한 용어일 리 없다. 게다가 텍스트 마이닝을 할 때 말뭉치에서 딱 한 번 등장한 단어는 유의미하게 분류되거나 군집을 형성할 수 없다. 이런 이유 때문에 통상적으로는 한 문서 내에서 몇 번 이상 출현하는 단어만을 골라내어 분석하거나, 몇 개 이상의 문서에 동시에 출현하는 단어만을 골라내어 연구한다. 즉, 일정 수 이상의 출현 빈도가 중요 단어가 된다.

둘째, 단어가 너무 흔해도 좋지 않다. 대개 우리는 말뭉치 안에서 높은 빈도의 단어가 중요한 단어라고 착각하기 쉽다. 물론 높은 빈도의 단어가 중요하기 때문에 자주 등장하는 것일 수 있다. 그러나 높은 빈도가 반드시 그 단어의 중요성을 높이는 것은 아니다. 예컨대, 여러 페이지 분량의 영어 문단에서 가장 높은 빈도의 단어를 찾으면 정관사 'the'일 것이다. 그럼, 'the'가 가장 중요한 단어일까? 아니다. 또 교육부에서 내놓은 보도자료 말뭉치를 보면 거의 모든 문서에서 '교육'이라는 단어를 볼 수 있을 것이다. 교육부에서 발표하는 보도자료에는 '교육'이라는 단어가 가장 자주 등장하기 때문이다. 그럼, 교육부 보도자료 말뭉치에서 '교육'이 가장 중요한 단어일까? 아니다. 한 문서에서 너무 흔해 빠진 단어는 혹은 모든 문서마다 다 나오는 단어는 핵심적인 용어일 수 없다. 이런 단어들은 분류하거나 군집할 때도 아무런 도움이 되지 않는다. 이런 이유 때문에 너무 흔한 단어는 분석에서 제외하는 것이 낫다.

다행스럽게도 단어의 중요도를 나타내 줄 수 있는 지표가 있다. TF와 IDF를 곱한 TF-IDF 값이 그것이다. 이를 이해하려면 TF, DF, IDF를 알아야 한다. TF는 Term Frequency로서 단어의 출현 빈도를 나타낸다고 앞서 기술했다. 이 TF는 말뭉치를 이루는 단어들의 단순한 출현 빈도다. DF는 Document Frequency로서 문서 빈도라고 한다. 문서 빈도는 특정 용어가 출현한 문서의 개수다. 만일 말뭉치 안의 문서 개수가 n개라 할 때, 말뭉치 내의 특정 단어 A가 모든 문서에 다 출현하면 단어 A의 DF는 n이며, n은 DF의 최대값이다. 말뭉치에 등장하는 단어는 최소 1개 문서에는 출현할 것이므로 DF의 최소값은 1이다. IDF는 Inverse Document Frequency의 줄임말인데 이를 '역문서 빈도'라고 한다. 이는 문서 빈도 DF의 로그(log) 값을 계산한 것이다. 특정 단어 t의 역문서 빈도 idf(t)는 다음 수식으로 계산된다. 로그를 사용한 이유는, 만일 로그를 사용하지 않고 DF의 역수인 n/df(t)를 사용한다면, 총 문서의 수 n이 커질수록 IDF는 기하급수적으로 커지게 되기 때문이다. 그리고 특정 단어(t)가 전체 문서에서 출현하지 않는다면 분모가 0이 되는 상황이 발생하는데, 분모가 0인 분수는 불가능하기 때문에 이를 방지하고자 로그 내 분모에 1을 더해 준다.

$$idf(t)=log(\frac{n}{1+df(t)})$$

$df(t)$: 특정 단어 t의 문서 빈도
n: 말뭉치 내 총 문서 수

〈표 3-1〉은 [그림 3-2]의 DTM의 단어들의 TF, DF, IDF, TF-IDF를 계산한 결과다.

<표 3-1> 각 단어의 TF, DF, IDF 및 TF-IDF

	T1	T2	T3	T4	T5	T6	T7	T8
TF	10	9	5	12	4	7	7	4
DF	4	4	3	5	3	4	3	3
IDF	0.079	0.079	0.176	0	0.176	0.079	0.176	0.176
TF-IDF	0.790	0.711	0.880	0	0.704	0.553	1.232	0.704

※ 총 문서 수(n)=6

〈표 3-1〉에서 T4는 TF가 제일 큰 12이지만, 단어의 중요도를 나타내는 지표인 TF-IDF는 0으로 나타나 오히려 가장 덜 중요한 단어로 나타났다. 이 TF-IDF 순위로 보면 가장 중요한 단어는 TF7, DF3인 T7이며, 다음 단어로는 TF5, DF3인 T3으로 나타났다.

이로써 TF의 크기순으로 단어의 중요도가 결정되는 것이 아님을 알 수 있다. 이 TF-IDF는 단어의 전체적 분포를 보여주는 TF와 더불어 텍스트 마이닝에서 자주 만날 수 있는 중요한 수치다.

Chapter 4

텍스트 마이닝을 위한 전처리

1. 텍스트 데이터의 전처리 필요성

전통적인 통계분석을 수행할 때, 수집된 데이터를 변수로 코딩[a] 하는 과정에서 발견되는 데이터의 오류나 불일치, 이상치와 잡음, 결측값 등을 사전에 처리해서 데이터를 정제해야 한다. 정돈되지

a 두 가지 코딩의 의미를 기억할 필요가 있다. 먼저 통계나 데이터 마이닝처럼 데이터 분석에서 사용하는 코딩의 의미다. 이때는 데이터를 변수화하고 수치를 할당하는 작업을 말한다. 코딩은 관찰지, 설문지, 검사지 등에 응답한 개체들의 반응(관찰한 것, 체크한 것, 계산한 것 등)을 엑셀과 같은 프로그램에 수치로 입력하는 것으로 구체화된다. 이 코딩 결과가 데이터 분석에 사용되며, 당연한 말이지만 코딩이 잘 되어야 데이터 분석에 에러가 발생하지 않는다. 또 하나는 컴퓨터 언어를 사용하여 알고리즘을 작성하여 프로그래밍 하는 작업을 의미하는 코딩이다. 이때 코딩은 곧 프로그래밍과 같은 의미다. 코딩 결과가 성공적이면 작성한 프로그램이 정상적으로 작동할 것이다. 참고로 교육계에서 한동안 유행했고 지금은 거의 'AI교육'으로 대체되고 있는 '코딩교육'에서 코딩은 후자의 의미에 속한다.

않은 상태의 데이터를 통계모형에 투입하여 분석할 수 없기 때문이다. 이와 마찬가지로 텍스트 마이닝도 말뭉치 안에 들어 있는 정형화되지 않은 텍스트, 즉 비정형(unstructured) 상태인 자연어의 모습과 형태 그대로를 투입하여 분석할 수 없다. 정형화된 텍스트 데이터로 변환시켜야 하는 것이다. DTM이나 TDM으로 변환하여 벡터로 표현된 텍스트 데이터는 텍스트 마이닝을 위한 전처리 작업의 결과다. 정제화(cleaning) 작업이라고도 불리는 이 전처리는 전통적인 통계분석에서 데이터의 전처리(preprocessing) 작업 과정과 논리적으로 다르지 않다.

그런데 비정형 데이터인 텍스트인 경우에는 다른 데이터 분석과는 달리 분석에 들어가기 전에 훨씬 정교하고 세밀한 전처리 작업이 필요하다. 특히 이 작업에는 분석하고자 하는 텍스트의 언어가 갖고 있는 특성을 고려해야만 한다. 전처리 작업은 언어에 따라 때로는 작게 때로는 크게 달라지기 때문이다. 왜 그럴까?

한국어, 영어, 일본어, 중국어, 아랍어 등의 자연어 텍스트는 저마다 독특한 품사나 문법 및 문장 구조가 다르고, 어형과 단어 및 그 의미 구조 등이 다르다. 예를 들어, 우리말은 띄어쓰기가 매우 어려운 과제이지만 영어에서는 띄어쓰기가 전혀 어렵지 않다. 독립된 단어는 무조건 띄어야 하기 때문이다. 반면에 일본어와 중국어는 문장에서 띄어쓰기를 전혀 하지 않는다.

또 언어마다 아라비아 숫자를 읽고 쓰는 표현 방식이 상이한 경우가 많다. 예컨대, '1시'로 쓰고 읽을 때는 '한시'로 읽지 '일시'나 '하나시'로 읽지 않는다. '4시'로 쓰고 '사시'가 아니라 '네시'로 읽는다.[b] 뜻으로 보면 시각 '1시'는 한문으로 쓴 '한시'와도 다른 뜻을 가졌다. 또한 시각 '1시'를 '일시'로 말하면 날짜와 시간을 뜻하는 '일시'로 오해할 수 있다. 그리고 '사시'는 양쪽 눈의 시선이 평행하지 않을 때를 뜻하는 '사시'일 수도 있고, 사법시험을 줄여서 말하는 '사시'일 수도 있다.

우리가 일본어를 공부할 때 이와 유사한 경우도 생긴다. 4를 '시'로 읽어야 할 때가 있고, '용'이나 '요'로 읽어야 할 때가 있다. 또 '1人' '2人'은 '히토리' '후타리'로 읽다가 '3人' '4人'은 '산닌' '요닌'으로 읽는다. 영어는 아라비아 숫자를 알파벳과 잘 섞어 쓰지 않는다. '7시 30분'은 '7 o'clock 30 minute'이지만 이렇게는 잘 쓰지 않고 'seven o'clock thirty minute'으로 표현하는 것이 보통이다. 게다가 숫자 뒤에 오게 되는 단위도 매우 자주 생략하여, '7:30'로 쓰고 'seven thirty'로 읽는다. '19달러 99센트'도, '1999년'도 그냥 'nineteen ninety nine'으로 읽는다. 영어에서 숫자 표현은 대개 이런 식이어서 맥락으로 파악해야 한다. 그래서 화자가 시간을 말하면 몇 년도, 몇 시 몇 분일 것이고, 돈을 세는 경우라면 몇 달러 몇 센트일 것이다. 무게, 부피, 거리 등도 마찬가지다. 영어 텍스트를 분석할 때 고려해야 할 요소 중의 하나다.

---

b 외국인에게 한국어 회화학습에서 어려운 점을 꼽으라고 하면 한글과 함께 쓰여진 아라비아 숫자를 읽을 때라고 말하는 이유다. 분명 외국인들은 1, 2, 3, 4…를 일, 이, 삼, 사… 혹은 하나, 둘, 셋, 넷…을 배웠을 것이다. 그럼 '일시'나 '하나시'로 읽어야 될 터인데 말이다.

앞에서 제시한 예는 대표적인 예일 뿐이며, 언어마다 표현의 차이 등이 상당하다. 이러한 언어적 상황을 고려해야 하기 때문에 정교한 전처리에 연구자가 상당한 신경을 써야 한다. 그리고 이것은 1장에서 언급한 텍스트 마이닝의 단점인 텍스트의 진정한 의미 파악이 어렵다는 점과 더불어 텍스트 마이닝의 또 다른 단점이 되기도 한다.

실제로 분석을 수행하기 위해서는 텍스트에 포함된 여러 불필요한 부분을 정리해서 텍스트를 수치화해야 한다. 우리 인간은 오타를 감안해서 텍스트를 인지하거나, 뜻이 유사한 두 개의 다른 단어를 보더라도 하나의 뜻으로 인지한다. 하지만 인간과는 달리 컴퓨터는 한 획 차이만 가지고도 전혀 다른 단어로 인식하게 된다. 예컨대, 우리는 '돈가스'와 '돈카츠'를 같은 음식을 나타내는 단어로 인식하지만, 컴퓨터는 이 둘을 다른 단어로 인식한다. 이런 상황이라면 어떤 일이 발생할까? 키워드를 분석할 때 컴퓨터는 이 둘을 별개의 키워드로 인식하여 연구자가 의도한 것과는 다른 결과가 도출될 것이다. 텍스트 마이닝을 수행하기 전 전처리 과정을 꼼꼼하게 수행하는 이유는 이처럼 연구자의 의도와 분석의 방향이 달라지는 것을 방지하기 위함이다.

이 장에서 설명하는 전처리는 대개 파이썬 코딩을 통해 작업하게 되므로, 전처리에 관한 파이썬 코드와 더불어 구체적인 예시 작업은 '5장 주요 전처리 과정'에서 상세하게 다루었다.

2. 문서의 형식 정보 제거

말뭉치를 이루고 있는 문서마다 형식이 존재할 수 있다. 여기서 문서의 형식은 연설문이니 소설이니 하는 글의 형식적 측면이 아니라 문서가 컴퓨터 파일로 만들어질 때 생기는 형식을 말한다. 예컨대, 인터넷 홈페이지는 HTML 문서 파일이다. 홈페이지에 나와 있는 텍스트만을 온전히 복사하여 따로 문서로 저장하면 괜찮지만, 만일 HTML 문서를 그대로 불러낸다면 그 안에 HTML이 지닌 컴퓨터 언어적 코드와 태그 정보도 함께 따라 들어온다([그림 4-1]). 트위터나 페이스북과 같은 소셜 미디어에서 생성되는 텍스트 역시 소셜 미디어 프로그램이나 플랫폼에 의해 지정된 어떤 형식이 존재한다. 텍스트 마이닝에 앞서서 문서의 내용과 관련이 없는 이러한 문서의 형식 정보를 제거해야 한다.

```
<html lang="en-US"> scroll
▸ <head> ⋯ </head>
▾ <body>
  ▸ <nav> ⋯ </nav> flex
  ▾ <header>
    ▾ <header>
        <h1>Machine Learning Workshop</h1>
      ▸ <h2> ⋯ </h2>
      ▾ <div class="buttons"> flex
          <a class="btn" href="https://perfmattersconf.com">Teach a Machine*</a>
          <a class="btn-cta" href="#reg">Register Now</a>
        </div>
      </header>
    </header>
  ▾ <main>
    ▸ <section> ⋯ </section> flex
    ▸ <section id="reg" class="reg"> ⋯ </section> flex
    ▸ <section id="about"> ⋯ </section> flex
    ▸ <section id="teachers" class="teachers"> ⋯ </section> flex
    ▾ <section id="feedback" class="feedback"> flex
      ▸ <h2> ⋯ </h2> overflow
      ▾ <ul> flex
        ▾ <li> flex
            <img src="images/blender.svg" alt="Blender"> overflow
          ▸ <blockquote> ⋯ </blockquote> overflow
          ▸ <p> ⋯ </p> overflow
```

[그림 4-1] HTML 파일

3. 대문자와 소문자의 구별과 통일

우리나라 글인 한글은 대문자와 소문자의 구별 자체가 없다. 그러나 영어의 알파벳은 문장에서 대문자와 소문자를 구별하여 사용한다. 대개 고유명사의 첫 문자(예: Jane, Harvard, Seoul 등), 줄임말(예: US, NATO, AI, CEO 등), 문장의 첫 단어의 첫 문자(예: You are a student.)에는 대문자를 쓴다. 종종 문장 내에서 특정 부분을 강조할 때에도 대문자를 사용한다(예: It is up to YOU, not HER).

물론, 절대적인 규칙은 아니다. 출판하는 책에 있는 문장들은 이런 규칙을 잘 준수하지만, 소셜 미디어상에서 개인들이 주고받는 대화체 문장에는 어떤 규칙 없이 대 · 소문자가 난무한다. 출판되는 코믹북 만화에 등장하는 인물들의 영어 대사는 아예 모두 대문자다. 귀로 듣는 대화의 내용도 그것이 글로 기록되기 전까지는 대문자와 소문자 구별이 없다고 보아야 한다. 대화의 내용을 글로 기록하는 사람, 즉 엿장수 마음대로다. 그리고 원어민이라면 대 · 소문자 규칙을 지키지 않았다고 해서 문장의 뜻을 완전히 오독할 가능성은 낮다. 오독할 가능성이 높았다면, 진즉에 절대적인 규칙이 되었을 것이다. 다만, 문장에서 대 · 소문자를 구별 없이 사용하면 독해할 때 시간이 조금 더 걸릴 뿐이다.

그러나 영문 말뭉치를 분석하려 할 때 대 · 소문자의 구별과 통일이 매우 중요한 순간이 있다. 예를 들어, 소문자 us와 대문자 US는 완전히 다른 뜻을 가진 단어다. 전자는 we(우리)의 목적격으로서 '우리를' '우리에게'이지만, 후자는 United States의 약자로서 '미국'이라는 나라 이름이다. 물론 문맥에 따라서는 US가 us를 강조하기 위해 사용된 것일 수도 있다. 이를 확실히 하기 위해 U.S.처럼 축약을 뜻하는 점(.)을 찍기도 한다. 하지만 이것은 출판의 경우에서 주로 발견할 뿐, 원어민들이 점(.)을 찍어가며 쓰는 경우가 별반 없다. 또 States와 states도 완전히 다른 의미를 지닌다. 전자는 미국 행정구역인 주(洲)라는 뜻을 지닌 명사의 복수형이지만, 후자는 '언급하다' '말하다'란 뜻을 지닌 동사 state의 끝에 s가 붙은 3인칭 단수 형태다.

마이크로소프트사의 전 CEO, 지금은 자선사업가로 활동 중인 Bill Gates. 여기서 Bill은 고유명사인 이름이며 Gates는 성(姓)이지만, bill은 '계산서' '지폐'란 뜻을 가진 일반 명사이며, gates는 '문(門)'이란 뜻을 가진 gate의 복수형 일반 명사이다. jobs와 Jobs도 전자는 '일'의 복수 형태이지만 후자는 지금은 고인이 된 애플사의 전 CEO인 Steve Jobs로 사람의 이름이다. Job은 구약성서의 '욥기'를 뜻하기도 한다. 따라서 일률적으로 대문자나 소문자로 구별하거나 통일해야 하는 것이 아니라 단어의 의미나 문맥에 따라 결정해야 한다. 그렇지 않으면 단어나 텍스트의 의미를 잘못 이해하게 된다.

대개 로마자 알파벳을 사용하는 유럽 나라들의 글자는 대·소문자를 구별한다. 하지만 중국어인 한자와 일본어인 카나는 한글처럼 대·소문자를 구별하여 사용하지 않는다. 대·소문자가 따로 있지 않기 때문에 영어 문서를 텍스트 마이닝을 할 때 대·소문자 때문에 고민할 필요가 없다. 하지만 일본어로 된 문서를 텍스트 마이닝 하기 위해서는 카나와 한자를 구별하거나 통일해야 한다. 이렇듯 나라별 언어의 문자에 따라 전처리가 달라진다.

4. 공란(공백) 처리

공란 또는 공백이란 단어와 단어 사이의 빈 공간을 말하는데, 이 빈 공간이 단어와 단어 사이를 구분하는 역할을 한다. 대개 한 단어를 쓰고 나면 빈 공간을 넣게 마련이다. 컴퓨터 워드 프로세서로 문장을 작성할 때면 '스페이스 바'를 한 번 누르면 된다. 그런데 애초부터 문서 작성할 때 실수를 하거나, 말뭉치를 수집할 때 발생하는 오류 때문에 단어 사이에 2개 이상의 연속된 공란이 들어가는 경우가 생긴다. 공란 처리는 단어와 단어 사이의 이 빈 공간을 하나의 공간으로 만드는 것이다.

이 처리가 중요한 이유는 컴퓨터가 사용하는 기계어 때문이다. 사실, 사람의 눈에는 그리고 사람이 사용하는 자연어 관점에서는 공란이 하나든 연속된 둘이든 단어와 문장의 의미 해석에 큰 문제가 되지 않는다. 그러나 기계어의 관점에서 빈 공간은 하나의 글자처럼 인식되기 때문에 1개의 빈 공간과 연속된 2개의 빈 공간은 엄연히 다르다. 기계어 입장에서 공란이 하나인 '한국∨사회'와 공란이 연속으로 두 개인 '한국∨∨사회'는 다르게 해석되는

것이다.[c] 따라서 2개 이상의 연속된 공란이 발견되는 경우에 공란을 하나로 축약해야 한다.[d]

5. 띄어쓰기 처리

공란과 비슷한 것이 띄어쓰기다. 띄어쓰기는 단어와 단어 사이에 빈 공간, 즉 공란을 넣어 쓰는 것을 말한다. 공란 처리가 단어 사이에 존재하는 2개 이상 연속된 공란을 1개로 축약하는 과정이라면, 띄어쓰기 처리는 단어와 단어를 공란 없이 붙여서 쓸 것인가 아니면 하나의 공란을 넣어 띄어서 쓸 것인가 하는 처리다.

우리 한글과 달리 영어는 띄어쓰기가 매우 명확한 문자 언어다. 영어에는 단어 끝에 붙어 품사 역할을 하는 조사가 없고, 명사가 명사와 연결된 복합명사[e]의 경우도 띄어쓰기 구별이 확실하다. 영어에 관한 한 텍스트 마이닝에서 띄어쓰기 때문에 발생하는 어려움은 거의 없다.

---

c ∨는 글자가 아니라 비어 있는 공란을 뜻한다.

d 우리나라 말을 텍스트 마이닝 할 때, 공란 처리가 심각하게 문제로 대두되는 경우는 드물다. 띄어쓰기 처리를 통해 공란의 문제를 해결할 수 있다.

e 예컨대, college education은 우리말로 '대학교육' 또는 '대학 교육' 모두 쓸 수 있다. statistical method는 '통계방법' 또는 '통계 방법'으로도 표현할 수 있다.

그런데 우리말에서 띄어쓰기는 그렇게 간단한 문제가 아니다. '완벽하게 띄어쓰기를 구사할 수 있는 한국 사람은 과연 몇이나 될까?' 하는 의문이 들 정도로 복잡하고 어려운 것이 우리말의 띄어쓰기다. 그러므로 띄어쓰기 오류 없이 그리고 띄어쓰기가 일관성 있게 잘 지켜져 있는 우리말 문서는 찾기가 어렵다. 특히 '명사 + 명사'로 이루어진 복합명사는 띄어쓰기에 일관성을 유지하지 않는 경우가 부지기수다. 예컨대, 문서의 어느 곳에서는 '대학 교육'으로, 문서의 어느 곳에서는 '대학교육'으로 기술되어 있는 것이다.

텍스트 마이닝을 바르게 하기 위해서는 '대학 교육'처럼 두 단어로 표현한 것이 더 적합한지 아니면 '대학교육'처럼 한 단어로 표현한 것이 더 적합한지를 신중하게 결정해야 한다. 따로 띄어서 쓴다면 '대학'과 '교육'을 별개의 단어로 간주하게 되는데, '대학교육'처럼 만일 붙여 쓴다면 '대학'은 형용사적 역할을 함으로써 '교육'을 수식하여 '대학의 교육' 혹은 '대학이 하는 교육'의 의미를 가지게 된다. 때문에 연구자는 문서 작성자가 어떤 의미로 사용했는지도 파악해 둘 필요가 있다. 띄어 쓰든 붙여 쓰든 어느 쪽이든지 신중하게 결정을 했으면 말뭉치 내에서 어느 한 가지로 통일시켜야 함은 물론이다.

중국어 문자 한자나 일본 문자 카나처럼 아예 띄어쓰기를 사용하지 않는 언어도 존재한다. 그러나 이것은 어디까지나 그들이 그렇게 하기로 결정한 약속인 것이지 언어 속의 단어들이 모두 붙어 있다는 뜻은 아니다.[f] 중국 문자나 일본 문자처럼 띄어쓰기가 없다는 것이 텍스트 마이닝을 쉽게 만드는 것은 결코 아니다. 문서에 글을 쓸 때 붙여서 쓰기만 할 뿐 단어의 의미까지 붙어 있는 것은 아니기 때문이다.

6. 숫자 표현 처리

문장에는 순수 문자만 들어 있지 않다. 숫자 표기도 포함된다. 2, 17과 같은 자연수도 있고, 0.52, 3.14와 같은 소수도 있으며, 2/7, 3/29와 같은 분수도 들어 있다. 16처럼 아라비아 숫자로 표

---

f 우리말처럼 조사를 사용하는 일본어에서 띄어쓰기를 사용하지 않는 이유를 일본인들에게 물어보면, 띄어쓰기를 굳이 하지 않아도 문장을 읽고 독해하는 데 어려움이 없다는 답변을 듣게 된다. 문장 안의 주요 단어나 어근에는 한자를 쓰고, 그 한자 뒤에 붙는 조사는 주로 일본 문자인 '카나'를 사용하기 때문일 것이다. 그래서 한자로 된 단어를 의미 단위로 끊어서 읽으면 되는 것이다. 한자를 모두 카나로 바꾸어 띄어쓰기 없이 써 놓으면 어떻게 될까 하고 물으면, 질문을 받은 일본인 모두 고개를 절레절레 흔든다. 우리말도 과거에는 띄어쓰기를 하지 않고 모든 단어를 붙여서 쓴 적이 있었다. '아버지 가방에 들어가신다'가 띄어쓰기 없이 '아버지가방에들어가신다'로 적혀있다면, 어디에서 끊어 읽어야 하는지가 어려워 생기는 우스개다. 이와 비슷하게, '아기다리고기다리던데이트'처럼 띄어쓰기 없이 쓰면, 자칫 '아기 다리 고기 다리 던데이트'로 읽게 되면서 무슨 뜻인지 갸웃하게 된다. 띄어쓰기가 제대로 되어야 '아 기다리고 기다리던 데이트'라는 의미가 금방 들어온다.

현되어 있기도 하지만 때로는 '십육'처럼 한글로 적혀 있기도 하다. 수학 문서를 보면 지수, 로그, 복소수 등 여러 형태의 숫자 표현이 사용된다.

숫자 역시 단어와 마찬가지로 분명한 의미를 전달한다. 따라서 전처리를 위해서 주의해야 한다. 예를 들어, 다음과 같은 두 개의 구인광고에서 제시하는 문구인 '모집인원 ○명'에서 ○명은 수의 한 자리, 즉 1부터 9까지의 수를 뜻한다. 형태로 보면 ○은 1, 2, 3, 4, 5, 6, 7, 8, 9를 뜻한다. 이 경우는 숫자 표현을 통일할 수 있다. 하지만 다음과 같은 두 개의 구인광고에 나타난 문구인 '모집인원 2명'과 '8명 구함'은 분명 형태상 ○명과 같지만, 의미상으로 후자는 전자의 4배를 나타낸다. 이런 숫자가 가지고 있는 의미를 무시한다면 분석 결과는 왜곡될 수 있다.

숫자는 또한 동일한 의미를 상이하게 표현할 수 있다. 예컨대, 가격의 2배 인상과 100% 인상은 같은 뜻이다. 이때 2와 100으로 의미로 처리하면 텍스트 분석은 잘못될 가능성이 커진다. 1, 일, 하나는 어떠한가? 1을 나타내는 '일'과 노동의 뜻을 가진 '일'은 완전히 다른 개념을 가진 단어다. '하나'는 숫자가 아니라 누군가의 이름일 수 있다. 이러한 것을 무시한 채 숫자에 대한 전처리를 바르게 할 수는 없다.

개별적 문서 안에서만 의미를 가지는 숫자 표현도 존재한다. 문서를 작성한 날짜나 시간, 페이지 번호, 문서 내에서의 사용하는 일련번호 등은 각각의 문서에서 의미가 있는 것이지 전체 문서 집합에서는 그리 중요하지 않을 가능성이 높다. 이 경우는 숫자를 무시하는 전처리가 타당할 것이다.

숫자 표현의 이러한 복잡함과 어려움 때문에 텍스트 마이닝으로 분석한 많은 연구가 숫자를 삭제하거나 모든 숫자를 어느 하나로 통합한다. 가장 일반적인 방법은 숫자를 제거하는 것이다. 텍스트 마이닝으로 분석하는 문서가 몇 개만의 소수 문서들이 아니라 수많은 빅데이터라는 것을 고려하면 문서의 일부분에 등장하는 숫자 표현을 제거해도 큰 문제가 발생하지 않는 경우가 많다. 그러나 전술한 여러 예에서 보는 바와 같이, 사용한 숫자가 문서에서 핵심적 의미를 운반하고 있다면 혹은 수학 관련 문서처럼 문단과 문장이 다수의 숫자 표기로 이루어져 있다면, 무작정 숫자를 제거해 버릴 수 없다. 숫자의 제거와 함께 텍스트의 중요한 의미도 함께 제거되어 버리기 때문이다. 따라서 아무런 고려 없이 숫자를 제거하는 전처리는 결코 바람직하지 않다. 전처리를 할 때 연구목적을 고려해야 하고 문서와 텍스트의 특성을 고려해야 하는 이유다. 텍스트 마이닝은 숫자든 글자든 텍스트에서 의미를 추출하고 분석하는 작업이라는 점을 명심해야 한다.

7. 문장 부호 및 특수 문자 제거

문장은 여러 문장 부호를 사용한다. 예를 들면, 평서문의 끝에는 마침표(.)를, 의문문의 끝에는 물음표(?)를, 감탄문의 끝에는 느낌표(!)를 넣어 문장을 종결한다. 쉼표(,)는 단어와 단어를 구분하거나 절 사이를 구분할 때 사용한다. 큰 따옴표(" ")와 작은 따옴표(' ')는 다른 곳의 문장을 인용할 때나 어떤 단어나 문장을 강조할 때나 사람 사이의 대화체 문장을 표현할 때 쓰인다. 이렇듯 문장 부호는 의미를 지니며 문법적 기능을 갖는다.

물론 문장 부호가 모든 언어마다 동일하게 사용되지는 않는다. 예컨대, 일본어에서는 의문문에 물음표를 사용하지 않는다. 평서문처럼 마침표를 찍는데, 그 마침표 역시 구두점(.)이 아니라 작은 동그라미(。)를 사용한다. 영어에서는 구두점이 평서문을 종결할 때만이 아니라 David H. Jonassen[g], U.S.A.처럼 어떤 단어의 이니셜을 표기할 때도 사용한다. 강하게 발음하는 영어 모음 위에는 액센트(')를 넣기도 하며, I'm, You're, she's처럼 줄여 쓸 때는 닫힌 작은따옴표(')와 모양이 같은 어퍼스트로피(apostrophe)를 쓴다. 이처럼 마침표, 물음표, 느낌표처럼 각 나라에서 공통적으로 사용하기로 약속한 문장 부호도 있지만 각 언어의 특성에 맞추어 제각기 사용하는 문장 부호도 있는 것이다.

문장 부호 외에 특수 문자도 널리 사용된다. 사칙연산의 문자(+, -, ×, ÷)는 설명할 필요조차 없는 수학 기호이며 특수 문자다. 전자우편 계정에 써넣는 @는 영어의 장소의 전치사 at(~에서)이라는 뜻이다. 그래서 전자우편 계정에서 @ 앞은 받는 사람이

---

g 이때 H.는 중간이름(middle name)으로서 Hilmar의 이니셜이다. 참고로 David Hilmar Jonassen은 지금은 작고한 국제적으로 저명한 교육공학자이면서 대표 필자의 박사학위 지도교수다.

며, @ 뒤는 네트워크 주소를 나타낸다. #(샵)은 음악에서는 반음을 올리라는 뜻이지만 영미권에서 번호(number)의 뜻으로도 사용된다. $는 달러를 뜻하며, &는 and(그리고)를 뜻한다. 밑줄(_)이나 붙임표(-), 물결(~), 소괄호( ), 중괄호{ }, 대괄호[ ] 등을 위시한 많은 특수 문자들은 문장 안에서 나름의 기능을 갖고 의미를 명확히 하는 데 일조한다.

이러한 문장 부호나 특수 문자는 텍스트 마이닝을 위해 어떻게든 전처리를 해야 한다. 가장 일반적인 방법은 문장 부호와 특수 문자를 삭제하는 것이다. 실제로 텍스트 마이닝을 사용한 많은 연구는 문장 부호와 특수 문자를 삭제한 후에 말뭉치를 분석했다. 문장 부호나 특수 문자가 어느 문서나 어느 문장 내에서 특정한 역할을 수행하기는 하지만 전체 말뭉치 관점에서는 그 특정의 의미가 미미할 수 있어서다.

그러나 맹목적인 제거는 바람직하지 않다. 예컨대, problem-solving이란 텍스트에서 붙임표(-)를 제거하면 problem과 solving으로 나뉘어 2개의 단어가 되지만 붙임표를 제거하지 않으면 하나로 간주된다. 우리말에서는 한 단어 '문제해결'이나 혹은 두 단어 '문제'와 '해결'이 될 것이다. 이 경우에 우리말에서는 문장 부호의 문제가 아니라 띄어쓰기의 문제가 된다는 차이점은 있다. 어쨌거나 연구자는 한 단어를 선택하느냐 두 단어를 선택하느냐의 갈림길에 서 있다. 말뭉치 안에 problem-solving이 얼마나 비중 있게 등장하느냐에 따라 이 선택은 매우 중요한 결정이 된다. 텍스트 마이닝 분석의 결과를 좌우할 수 있기 때문이다. 결국, 연구자는 연구목적을 고려해야 하며 텍스트 데이터의 특성도 염두에 두어야 한다.

최근에는 특수 문자라고 해도 손색없을 기호나 그림 등도 텍스트 데이터에서 자주 발견된다. 대화 글이나 문장 속에서 범람하는 각종 이모티콘 이야기다. emotion(정서)과 icon(아이콘)의 합성어라는 것에서 알 수 있듯이, 이모티콘은 SNS와 같은 소셜 미디어 공간에서 이용자가 말하기가 아닌 쓰기로 정서를 표현할 수 있는 방안이다. SMS 문자, 인스타그램, 트위터나 페이스북, 블로그, 전자우편, 카카오톡 대화방 등에서 이모티콘은 정식 언어 문자처럼 흔히들 그리고 아주 자연스럽게 사용된다. 그렇다면 이모티콘의 경우는 어떻게 전처리를 해야 할까? 이모티콘은 특수 문자로 간주해도 괜찮지만 그렇다고 해서 특수 문자를 전처리하는 가장 일반적인 방법인 삭제나 제거가 권장되지 않는다. 추후 설명하겠지만, 텍스트 마이닝 기법의 하나로 감성분석이 있는데 이모티콘은 정서와 감성을 잘 드러내는 특수 문자라서 감성분석할 때 필요한 것이 되기도 한다. 여기서도 연구목적에 따른 분석자의 고민과 통찰이 필요하다.

특수 문자를 제거하는 것에 고민이 필요 없는 경우도 있다. 예를 들어, 인터넷 페이지는 HTML로 이루어진 문서인데, 그 안에는 문서의 내용뿐만 아니라 HTML 문서의 속성으로 인한 많은 특수 문자가 들어 있다. 이때의 특수 문자는 문서의 내용에 전혀 영향을 미치지 않는다. 따라서 이 경우는 특수 문자를 삭제해야 한다.

8. 불용어 제거

'불용'이란 한자로 不用, 사용하지 않는다는 뜻이다. 불용어는 사용하지 않는 단어라는 뜻이다. 불용 단어라고 해도 괜찮다. 주의할 사항은 실생활에서 사용하지 않는 단어가 아니라 텍스트 마이닝에서 사용하지 않는 단어라는 사실이다.

그럼 어떤 단어들이 텍스트 마이닝에서 불용어에 해당할까? 일반 언어생활에서 자주 혹은 종종 사용하지만, 구체적인 의미가 없는 단어다. "그 차는 벤츠다(The car is a Mercedes)."를 예로 들어보자. 우리말에 자주 사용하는 '그' '저' '이'와 같은 단어는 다음에 나오는 단어를 지시하는데, 뒤에 따라오는 단어가 없으면 그 단어가 무엇을 말하는지 파악하기 어렵다. 이 예에서 '그'는 '차'를 지시하지만, 구체적인 의미는 없다. '그'의 의미는 '차'에 이미 들어 있다.

영어의 정관사(the)와 부정관사(a, an)도 무엇인가를 지시하고 맥락에 따라 어떤 뜻을 가지기는 하지만 구체적인 의미를 찾기 어렵다. 뒤따라오는 단어를 보아야만 알 수 있다. 이 예에서 'the car'는 'a car'와는 달리 어느 특정한 차를 말하며 'a Mercedes'는 'the Mercedes'와는 달리 어느 특정한 벤츠가 아니라 벤츠 중의 어느 하나임을 말하고 있다. the와 a는 뒤따라오는 단어 car와 Mercedes에 의해 이미 의미가 결정되어 있다. 그러니 단독으로는 구체적인 의미가 없다. 이처럼 텍스트 마이닝을 할 때 우리말의 지시어나 영어의 정관사와 부정관사 및 전치사 등을 불용 단어로 분류해서 분석에서 제외한다. 이런 단어들은 문장을 이룰 때는 중요하지만 의미상으로 큰 역할을 하지 않는 불용어이기 때문이다.

그렇다고 모든 '이' '그' '저' 'a' 'the' 등의 단어가 모두 불용어가 된다는 뜻은 아니다. 지시대명사의 쓰임이나 부정관사 및 정관사의 역할과 분포 등을 분석하고자 하는 텍스트 마이닝에서는, 혹은 문장을 이루는 단어들의 품사를 연구하는 텍스트 마이닝에서는 이런 단어들이 불용어가 아니다. 오히려 분석의 핵심어로 역할을 하게 된다. 여기서도 연구목적에 따른 사전 처리의 고민이 요구됨을 알 수 있다.

불용어는 말뭉치에서 삭제하는 것이 보통이다. 그러기 위해서는 불용어 목록을 분석자가 미리 구축하거나 다른 연구자가 작성해 놓은 목록을 이용할 수도 있다. 텍스트 마이닝 도구에서 제공하는 불용어 목록 라이브러리를 사용해도 된다. 물론 연구자가 구축한 목록을 라이브러리에 추가하는 것도 가능하다. 불용 단어는 분석할 말뭉치가 어떤 언어냐에 따라 달라진다.

9. 어근 동일화

언어마다 문법적 기능에 따라 동일한 의미를 가진 단어가 다르게 표기되는 일은 드물지 않다. 우리말은 문장을 만들 때 시제나 상태에 따라 상이한 어미를 동사의 끝에 붙이거나 문장 성분을 만들기 위해 단어의 끝에 조사를 붙인다. 이 때문에 어미나 조사에 의해 단어의 겉모양은 달라진다. 예컨대, '먹는다' '먹었다' '먹겠다' '먹자' '먹고' '먹어서' '먹으면' 등 기본형 '먹다'에 여러 형태의 어미가 붙어 파생되는 단어들인데 의미는 모두 '먹다'와 관련이 있다. '학생은' '학생이' '학생을' '학생에게' '학생의' 등은 모두 '학생'의 뒤에 주격, 목적격, 소유격의 격조사를 붙인 것으로 의미는 모두 '학생'과 관련이 있다.

영어의 경우, 시제에 따라 동사의 형태가 바뀌는 점은 우리말과 닮았다. 하지만 동사의 형태가 주어의 인칭에 따라서도 달라지는 점은 우리말과 다른 점이다. 단수와 복수의 표현에 있어서 우리말은 엄격하지 않은 데 비해 영어에서는 매우 엄격하다. 예를 들어, "He eats an apple. I eat two apples. Tom ate two apples."를 보자. 현재와 과거에 따라 동사의 형태가 바뀐다. 3인칭 단수에 시제가 현재라면 기본형 동사 끝에 s나 es를 붙인다. 복수라면 시제에 상관없이 명사 끝에 s나 es를 붙인다. 물론 의미는 모두 '사과'와 '먹다'와 관련 있다.

이렇게 다양한 형태의 단어를 전처리를 하지 않고 모두 분석에 사용하면, 동일하거나 비슷한 의미의 단어들을 컴퓨터는 제각기 다른 단어로 인식하게 된다. 이러면 텍스트 마이닝 분석 결과가 바르지 못하거나 왜곡을 초래한다. 전처리 작업에서 어근 동일화는 문장 안에서 문법적 기능 때문에 파생된, 즉 단어의 형태가 다르게 되어 있는 단어를 해당 단어의 기본형을 찾아 변환하는 것을 말한다. 앞의 예를 보면, 기본형 '먹다' '학생' 'eat' 'apple'로 변환하는 것이다. 본격적인 분석에 앞서 어근 동일화 작업을 거쳐 동일한 의미의 단어들을 같은 형태로 통일해야 바람직한 결과를 얻을 수 있다.

10. n-그램 적용

United States, United Kingdom, Republic of Korea 등은 둘 또는 세 개의 단어가 모여 미국, 영국, 한국이라는 하나의 뜻을 갖는다. middle school은 우리말로 번역하면 '중∨학교'처럼 띄어야 하는 것이 아니라 '중학교'처럼 붙여야 의미가 바르다. 이처럼 비록 두 개 혹은 그 이상의 단어로 이루어져 있지만 하나의 의미로 이해해야 하는 표현이 있다. 만일 이러한 사항을 무시하고 별개의 단어로 간주하여 분리하면, 본디의 뜻을 잃어버리거나 의도치 않은 의미의 단어가 더 생기게 된다. 그래서 United States와 United Kingdom에서 단어를 분리하면, '미국'과 '영국'이란 의미의 단어는 사라지고 '통합된' '주' '왕국'이란 단어로 바뀐다. 또 Republic of Korea는 '한국'이라는 하나의 의미 단어가 아니라 '공화국' '～의' '한국'이 되어 한국 외에 2개의 단어가 더 생긴다. middle school 역시 마찬가지다. 이처럼 단어 여러 개가 모여 하나의 뜻을 가지게 되면 이런 단어들을 처리해서 하나의 단어로 해줘야 한다. n-그램(n-gram, 엔그램)은 n번 연속적으로 등장하는 단어들의 연쇄를 뜻한다. 2개의 단어가 연쇄하면 2-gram 또는 바이그램(bigram), 3개의 단어가 연쇄하면 3-그램, 트라이그램

(trigram)으로 불린다.

영어는 특별한 경우를 제외하고는 단어들을 붙여 쓰지 않는다. 단어를 붙여 쓰면 독해가 거의 불가능할 정도다. Themiddleschoolisverynice. 이것이 어떤 문장인지 단박에 알아차릴 수 없다. 문장인지 단어인지조차도 구별하기 힘들다. 위의 알 수 없는 영문은 The middle school is very nice이다. 이렇게 띄어 쓰니 한결 보기도, 이해하기도 좋다. 이런 연유 때문에 복합어나 합성어도 띄어쓰기를 할 수밖에 없고, 우리말 중학교가 'middleshcool'이 아니라 'middle school'이 되는 것이다. 때로는 단어 사이에 붙임표(-)를 넣어 하나의 단어처럼 만들기도 하지만 보편적이지는 않다.

반면에, 우리말은 단어 사이에 붙여 쓰는 것이 매우 유연한 언어다. 합성어나 복합어처럼 여러 단어가 모여 하나의 의미를 만들면 그 단어들을 붙여 쓰면 된다. 그래서 단어를 띄어 쓰면 별개의 단어로, 붙여 쓰면 하나의 단어로 간주할 수 있다. 예컨대, '경제학∨과'처럼 띄어 쓰면 '경제학'과 '과'라는 각자의 뜻을 가진 별개의 단어인 것이지만, '경제학과'처럼 붙여 쓰면 1개의 의미를 가진 단어가 된다. 하지만 영어로 옮겨 놓으면 어떤 경우라도 'department of economics' 혹은 'economics department'가 된다. 그래서 영어의 텍스트 마이닝은 이런 단어가 등장할 때 n-그램 적용을 해야 한다. 이처럼 n-그램 적용은 영어와 같은 특성을 갖는 언어에서만 해당한다.

그렇다고 n-그램이 우리말의 텍스트 마이닝 분석에 전혀 사용되지 않는 것은 아니다. 데이터 전처리 작업이 아니라 텍스트 마이닝 분석 기법의 하나로 사용할 수도 있다. 'n-그램 분석'이라고 하는데, 중요 단어 혹은 특정 단어에 연쇄적으로 붙을 수 있는 단어에는 어떤 것들이 있는지를 파악해 보는 기법이다. 하지만 n-그램 분석은 주요 텍스트 마이닝의 분석 기법에 보조적으로 사용되는 것이 일반적이다.

Part

2

텍스트 마이닝 기법과 실제

Part 2는 텍스트 마이닝의 다섯 개의 주요한 기법을 각 장별로 구분하여 다룬다. 텍스트 마이닝을 활용한 대다수 연구와 보고서에서 발견할 수 있는 핵심적 분석 기법들이다. 다섯 개의 장 절의 기술 구조는 다음과 같이 모두 동일하게 구성함으로써 독자의 이해를 도모한다.

1. 정의: 이 기법은 뭘까?
2. 목적: 왜 그리고 어느 상황에서 사용할까?
3. 알고리즘 또는 핵심 용어: 알아야 할 주요 알고리즘이나 용어가 있다면 무엇일까?
4. 결과 제시 방법: 분석 결과를 어떻게 보여줄 수 있을까?
5. 유의사항: 이 기법을 활용할 때 무엇을 주의해야 할까?
6. 분석 순서도: 분석 수행의 순서를 간략히 요약한다면 어떤 모습일까?
7. 파이썬 실습 예제: 분석을 가능하게 하는 파이썬 코드는 무엇일까?
8. 실제 논문 사례: 논문이나 보고서는 어떻게 작성할까?

특히 '7. 파이썬 실습 예제'는 실제 데이터 분석 상황에서 곧바로 활용할 수 있는 파이썬 코드로 작성되어 있고, '8. 실제 논문 사례'는 텍스트 마이닝을 활용한 논문이 어떻게 작성될 수 있는지를 제시하고 있다.

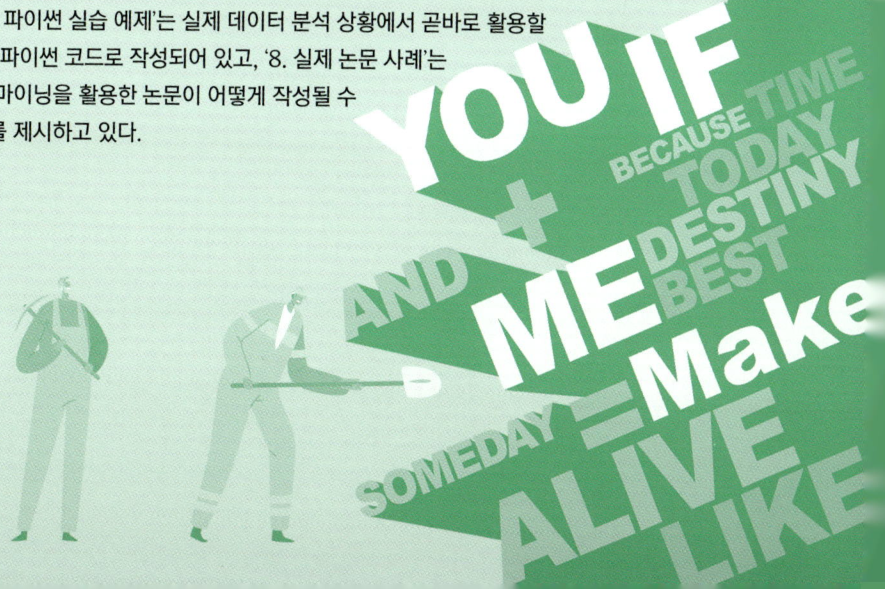

Chapter 5

주요 전처리 과정

전처리 과정을 통해 텍스트로 이루어진 데이터에서 불필요한 요소를 제거함으로써 분석의 품질을 높이고, 의미 손상을 덜 수 있게 된다. 이 장에서는 4장에서 제시한 텍스트 마이닝을 위한 전처리의 내용에서 핵심적인 부분을 파이썬 코드 및 구체적인 예시와 함께 상세하게 다루었고, 꼭 필요한 내용은 보충 설명도 추가했다.[a]

a 이 장에서 정교하고 세밀한 전처리의 모든 과정을 제시하지는 않았다. 본 저서의 충실한 이해를 보장하는 선에서 핵심적 전처리의 모습을 보여주었을 뿐이다. 즉, 이 장은 Part 2에서 기술된 여러 텍스트 마이닝 주요 기법에 국한한 전처리 기법에 주안점을 둔 것이다. 언어적 특성에 따른 모든 부분에서 정밀한 전처리를 학습하고자 한다면, 전문서적 참고를 권한다.

1. 토큰화

토큰화(tokenization)란 말뭉치에서 문장을 분석하기 위해 토큰(token), 즉 더 이상 쪼개지지 않는 상태가 될 때까지 잘게 분해하는 작업이다. 토큰의 단위가 상황에 따라 다르지만 텍스트 마이닝에서는 의미있는 단위인 단어로 쪼갠다고 보면 된다. 화살표 왼쪽의 문장을 토큰화하면, 기본적으로 화살표 우측처럼 나눌 수 있다.

나는 학교에 갈 것이다. → '나', '는', '학교', '에', '갈', '것', '이다', '.'
I will go to school. → 'I', 'will', 'go', 'to', 'school' '.'

영어는 띄어쓰기를 통한 토큰화가 잘 작동한다. we're, I'm처럼 줄임말이나 United States, United Nation처럼 단어가 모여 한 의미를 지니는 경우가 아니라면, 띄어쓰기를 통해서 토큰화를 수행해도 무리가 없다. 반면에, 우리말은 띄어쓰기만으로 토큰화하기 어려울 때가 많다. 띄어 쓰고 붙여 쓰는 기본 원칙은 있지만 예외도 많고, 잘 지켜지지도 않는다. 우리나라 사람이라면 해석과 이해에 큰 어려움이 없다. 그래서 여러 이유로 붙여 쓰거나 띄어 쓰는 경우가 허다하다. 우리말이 교착어[b]이기 때문인 것도 있다. 따

---

b 어근과 어미에 의해 문장에서 단어의 기능(예: 주어, 술어, 목적어, 보어 등)이 결정되는 언어의 형태다. 우리말과 일본어가 이에 해당한다. 예

라서 한글의 특성상 단순한 띄어쓰기로 토큰화를 하면 토큰 분리가 원활하지 않다. 이런 이유로 한글은 대개 의미를 가지는 작은 단위인 형태소(morpheme) 단위로 토큰화를 수행한다.

한국어 텍스트를 형태소 분석하기 위한 파이썬 패키지와 라이브러리는 여러 가지가 있지만 가장 널리 쓰이는 것은 konlpy다. konlpy 안에서도 Mecab, Hannanum, Kkma, Komoran, Twitter[c], Okt 등과 같이 여러 태깅 클래스, 즉 형태소 분석기가 존재한다. 이들은 기본적으로 한국어 텍스트들을 사전에 정의된 알고리즘에 따라 형태소 단위로 분리하지만, 각 태깅 클래스별로 형태소 분리 알고리즘, 사전에 정의된 단어 등이 달라서 같은 텍스트를 가지고 분석을 수행하더라도 다른 결과를 보인다. 예를 들어, '아버지가방에들어가신다'라는 문장을 각 클래스별로 형태소 분석하면 다음과 같이 차이를 보인다.

를 들어, 주어는 명사나 대명사의 끝에 주격 조사인 '은(는)' '이(가)'를 붙이고, 목적어는 목적격 조사인 '을(를)'을 붙인다. 영어는 주어, 술어, 목적어, 보어 등이 문장 내의 위치나 단어의 순서에서 결정된다. 예컨대, 'Tigers eat pigs'와 'Pigs eat tigers'는 전혀 다른 뜻이 된다. 우리말 '호랑이가 돼지를 먹는다'와 '돼지를 호랑이가 먹는다'는 동일한 뜻이다. 문장 내에서 단어의 기능을 조사와 같은 어미가 수행하기 때문에 우리말은 단어의 순서나 위치가 크게 중요하지 않다.

c 여기서 Twitter는 twitter-korean-text를 줄여 쓴 것으로 SNS가 아니라 트위터에서 만든 오픈 소스 한국어 형태소 분석기 이름이다. 최근 들어, Okt(Open Korean Text)로 진화하는 중이다.

<표 5-1> 태깅 클래스에 따른 형태소 분석 결과[1)]

Mecab	Hannanum	Kkma	Komoran	Twitter
아버지 / NNG	아버지가방에 들어가 / N	아버지 / NNG	아버지가방에 들어가신 / NNP	아버지 / Noun
가 / JKS	이 / J	가방 / NNG		가방 / Noun
방 /NNG	시ㄴ다 / E	에 / JKM		에 / Josa
에 / JKB		들어가 /VV		들어가신 / Verb
들어가 / VV		시 / EPH		다 / Eomi
신다 / EP+EC		ㄴ다 / EFN		

※ NNG, JKS, JKB와 같은 영어 표기는 그 단어의 품사를 의미한다. 각 기재된 영어가 어떤 품사인지는 관련 서적을 참고하기 바란다.

또한 텍스트의 길이에 따라 클래스별로 처리 시간도 차이가 나타난다. 이처럼 여러 가지 형태소 분석기가 존재하고, 각 분석기별로 차이가 있음을 확인할 수 있다. 이 책에서 제시하는 모든 파이썬 코드는 분석 속도가 가장 빠르고, 사용자 사전을 분석자 의도에 따라 조정하기 용이한 Mecab을 사용하였다.

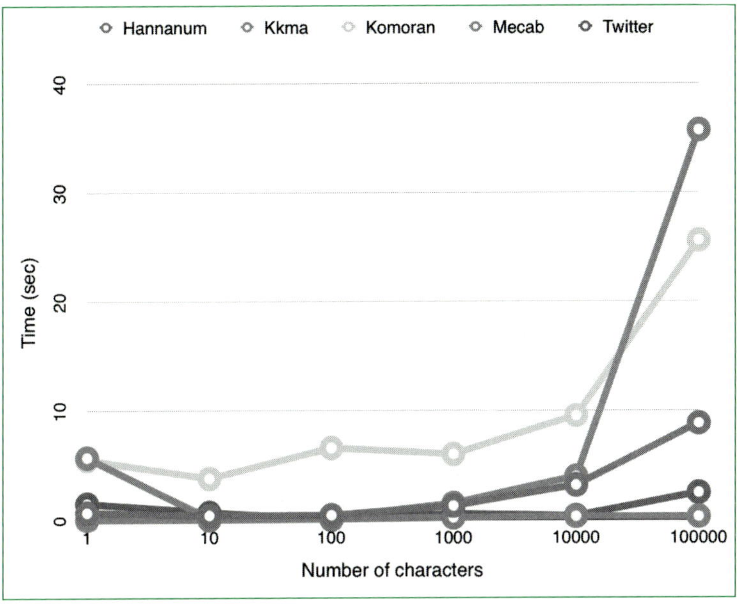

[그림 5-1] 태깅 클래스에 따른 형태소 분석 처리 시간[2)]

1) 한국어 토큰화

한국어는 조사, 어미 등으로 구성된 교착어이므로 단어 뒤에 붙어 있는 조사나 어미를 전부 분리해야만 하는데, 어절 단위가 아닌 형태소 단위로 토큰화를 해야 한다. 앞서 언급한 konlpy라는 한국어 자연어 처리 라이브러리에 속한 형태소 분석기(예: Okt, Mecab 등)를 사용하여 토큰화를 진행한다.[d]

---

d 이 책에서의 모든 예제는 형태소 분석기 중 Mecab을 사용하였다. 다른 형태소 분석기와 다르게 Mecab은 사용자의 의도에 맞춰서 보다 유연하게 사용자 사전을 구성하고, 이를 활용하여 자신의 입맛대로 텍스트를 분석할 수 있다는 장점이 있다. 예제 코드를 실습할 때 사용자 별로 구성

다음의 코드 예시는 한국어 토큰화 전처리 예시이다.

```
1   from konlpy.tag import Mecab
2
3   # 예제 문장
4   text = '텍스트 마이닝에서는 전처리가 매우 중요합니다!! 강조! 강조@@@!!'
5
6   # 토큰화
7   mecab = Mecab(dicpath= "C:/mecab/share/mecab-ko-dic")
8   tokens = mecab.morphs(text)
9
10  print("토큰화 결과: ")
11  print(tokens)
```

[그림 5-2] konlpy의 mecab을 이용한 토큰화 예시

```
토큰화 결과:
['텍스트', '마이닝', '에서', '는', '전처리', '가', '매우', '중요', '합니다', '!', '!', '강조', '!', '강조', '@@@!!']
```

[그림 5-3] konlpy의 mecab을 이용한 토큰화 결과

- mecab 불러오기: line 1에서는 konlpy 패키지의 mecab 형태소 분석기를 불러온다. 이는 한국어 텍스트를 형태소 기준으로 토큰화하기 위한 라이브러리다.
- 예제 문장 할당: line 4에서 text 변수에 예제로 분석할 문장을 할당한다.
- 토큰화: line 7에서 Mecab(dicpath="C:/mecab/share/mecab-ko-dic")를 사용하여 Mecab 객체를 생성한다. dicpath는 Mecab 사용자 사전의 경로다. 사용자 사전 경로는 실제 사

되어 있는 사용자 사전에 따라 똑같은 예제 코드를 실행하더라도 결과가 조금씩 다를 수 있다.

용자별로 다르므로, 본인이 설치한 사용자 사전의 경로를 설정하면 된다.

- line 8에서는 앞서 할당한 text 변수에 대해 토큰화를 수행한다.
- line 10~11을 통해 수행된 토큰화 결과를 출력한다.

2) 영어 토큰화

앞서 언급한 것처럼, 한국어와 영어는 언어적 특성 차이 때문에 토큰화 방법이 좀 다르다. 영어 텍스트에서는 주로 띄어쓰기, 공백, 구두점을 기준으로도 가능하다. 영어 텍스트는 주로 nltk라는 영어 자연어 처리 패키지를 사용하여 토큰화를 진행한다.

다음의 코드 예시는 파이썬의 nltk 패키지의 word_tokenize를 이용하여 영국의 전설적 그룹 Beatles의 'Yesterday' 가사 일부를 토큰화하는 예시이다.

```
from nltk import word_tokenize

# 예제 텍스트 할당
text = 'Yesterday all my troubles seemed so far away.'

# 단어 기준으로 토큰화
words = word_tokenize(text)

print("토큰화 결과: ")
print(words)
```

[그림 5-4] nltk의 word_tokenize를 이용한 토큰화 예시

```
토큰화 결과:
['Yesterday', 'all', 'my', 'troubles', 'seemed', 'so', 'far', 'away', '.']
```

[그림 5-5] nltk의 word_tokenize를 이용한 토큰화 결과

- word_tokenize 불러오기: line 1에서 nltk 패키지의 word_tokenize를 불러온다. 이는 영어 텍스트를 단어(word) 기준으로 토큰화하기 위한 라이브러리다.
- 예제 문장 할당: line 4에서 text 변수에 예제로 분석할 문장을 할당한다.
- 토큰화: line 7에서 앞서 할당한 text를 word_tokenize에 넣어 토큰화한다.
- line 9~10을 통해 수행된 토큰화 결과를 출력한다.

2. 정규 표현식을 이용한 텍스트 전처리

정규 표현식을 사용한 텍스트 처리는 특정 패턴의 문자열을 찾아 일관된 형태로 정리해 주는 과정이다. 대개 자연어 상태의 텍스트 안에는 특수 문자, 공란(공백) 등이 들어 있게 마련인데, 정규 표현식의 패턴 규칙을 활용하여 이러한 문자들을 찾아내고 제거하거나 다른 문자로 대체할 수 있다. 즉, 연구자의 의도에 따라 특정 패턴의 문자열을 찾아내어 처리하는 것이다.

정규 표현식은 각각의 의미를 지니고 있는 메타 문자로 이루어져 있는데, 자주 사용되는 메타 문자들은 〈표 5-2〉와 같다. 자세

한 정규 표현식은 re라이브러리의 정규 표현식 웹페이지[e]를 참조하면 된다.

<표 5-2> 정규 표현식에서 사용되는 메타 문자

메타 문자	설명	메타 문자	설명
.	줄바꿈(₩n)을 제외한 모든 문자	|	a|b의 경우 a또는 b와 매칭
?	앞의 문자들을 0회 혹은 1회 반복만 허용	[^문자]	대괄호 안의 문자가 아닌 문자와 매칭
*	앞의 문자를 0회 이상 반복과 매칭	\\	바로 뒤의 문자를 문자 그대로 인식
+	앞의 문자가 최소 1개 이상 존재	\d	모든 숫자를 매칭
^	바로 뒤의 문자로 문자열이 시작	\D	숫자를 제외한 문자를 매칭
$	바로 앞의 문자가 문자열의 끝	\s	공백(스페이스, 줄바꿈 등)과 매칭
{숫자}	앞의 문자를 숫자만큼 반복	\S	공백을 제외한 문자를 매칭
{숫자1, 숫자2}	앞의 문자를 숫자1-숫자2만큼 반복	\w	모든 문자 혹은 숫자
[문자]	대괄호 안의 문자 중 하나와 매칭	\W	문자와 숫자를 제외한 나머지

e python, re-Regular expression operations, https://docs.python.org/ko/3/library/re.html#regular-expression-syntax

간단하게 예시를 들어 보면, 다음과 같은 정규 표현식을 통해 이메일 주소가 올바르게 입력되었는지를 확인할 수 있다. 이러한 정규 표현식을 통해 전체 데이터 세트에서 분석하고자 하는 텍스트 데이터만 추출할 수 있다.

- \w+@\w+\.\w+라는 정규 표현식을 사용한다고 가정한다.
- 해당 정규 표현식은 '1개 이상의 문자 혹은 숫자가 등장하고(\w+), 다음에 골뱅이(@)가 있고, 다음으로 다시 1개 이상의 문자 혹은 숫자가 등장하고(\w+), 다음에 점(.)이 있고, 마지막으로 1개 이상의 문자 혹은 숫자가 등장하는(\w+) 텍스트'만을 찾아내라는 정규 표현식이다. 보다 간략하게 설명하면 '1개 이상의 문자/숫자 + @ + 1개 이상의 문자/숫자 + . + 1개 이상의 문자/숫자'로 이루어진 형태를 찾는 것이다.
- 이 정규 표현식에 의해, abc@gmail.com은 문제없이 찾아낼 수 있다. 반면, abc@gmail과 같은 경우에는 도메인을 나타내는 점(.)이 없기 때문에 규칙에 부합하지 않아서 찾을 수 없다.

다음의 코드 예시는 앞서 토큰화 예시의 결과를 파이썬의 re 패키지와 정규 표현식을 이용하여 특수문자를 처리한 모습이다.

```
1 import re
2 from konlpy.tag import Mecab
3
4 # 예제 문장
5 text = '텍스트 마이닝에서는 전처리가 매우 중요합니다!! 강조! 강조@@@!!'
6
7 # 토큰화
8 mecab = Mecab()
9 tokens = mecab.morphs(text)
10
11 # 특수문자 제거
12 cleaned_tokens = [re.sub(pattern='[^\w\s가-힣]', repl='', string=token) for token in tokens]
13
14 # 빈 문자열 제거
15 cleaned_tokens = [token for token in cleaned_tokens if token]
16
17 print("전처리 결과: ")
18 print(tokens)
```

[그림 5-6] re와 정규 표현식을 이용한 텍스트 전처리 예시

```
전처리 결과:
['텍스트', '마이닝', '에서', '는', '전처리', '가', '매우', '중요', '합니다', '강조', '강조']
```

[그림 5-7] re와 정규 표현식을 이용한 텍스트 전처리 결과

- re 패키지 불러오기: line 1에서 re 패키지를 불러온다. 이후 토큰화 과정은 [그림 5-1]과 동일하다.
- 정규 표현식을 통한 특수 문자 제거: line 12의 pattern에 할당된 [^\w\s가-힣]은 '공란(백), 한글을 제외한 모든 문자를 의미하는 정규 표현식이다. 해당 정규 표현식에 부합하는 문자를 찾아내고, 부합하지 않는 문자는 repl=' '을 사용하여 제거한다. 이때 repl은 부합하지 않는 문자를 어떤 문자로 대체할지를 설정하는 것인데, 본 예제에서는 ' ' 안에 아무것도 설정하지 않았으므로 정규 표현식에 해당하지 않는 문자는 빈 문자열로 대체된다.
- 빈 문자열 제거: line 15에서는 정규 표현식에 해당하지 않아

서 대체된 빈 문자열을 제거하여 불필요한 빈 토큰을 제거해 준다.

- line 17~18를 통해 수행된 전처리 결과를 출력한다.

3. 불용어 제거

불용어 제거는 텍스트에서 의미가 없는 단어를 제거하는 일이다. 의미가 없는 단어는 문장 구성에는 필요하지만, 분석 내용 측면에서 도움이 되지 않거나 텍스트의 주제나 감성 등을 파악하는 데에는 도움이 되지 않는다. 영어, 독일어, 프랑스어, 이탈리아어 등은 파이썬 nltk 패키지에서 불용어 리스트를 제공하지만, 한국어는 지원하지 않는다. 그래서 한국어 텍스트를 분석할 때 연구자가 직접 불용어 리스트를 생성하여 사용하거나 다른 연구자가 작성한 리스트를 구해서 사용하기도 한다. 한국어는 흔히 조사, 접미사, 접속사, 감탄사 등이 불용어로 처리되어 제거되며, 특정 주제에 대한 분석을 수행할 때는 연구자의 판단에 따라 그 주제와 관련이 없는 단어를 불용어로 추가하여 제거하기도 한다.

다음의 코드 예시는 앞선 토큰화 예제에 이어 임의로 불용어 리스트(stopwords)를 설정하고, 여기에 들어 있는 조사나 어미를 제거하는 모습이다. 연구자의 목적에 따라서 txt, csv와 같은 파일에 불용어 리스트를 작성하여 사용할 수 있다.

```
1  from konlpy.tag import Mecab
2
3  # 예제 문장
4  text = '텍스트 마이닝에서는 전처리가 매우 중요합니다!! 강조! 강조@@@!!'
5
6  # 토큰화
7  mecab = Mecab("C:/mecab/share/mecab-ko-dic")
8  tokens = mecab.morphs(text)
9
10 # 불용어 제거
11 stopwords = ['의', '가', '이', '은', '들', '는', '좀', '잘', '걍', '과', '도', '를', '으로', '자', '에', '와', '한', '하다']
12 final_tokens = [word for word in tokens if word not in stopwords]
13
14 print("불용어 제거 결과: ")
15 print(final_tokens)
```

[그림 5-8] 불용어 리스트를 통해 조사나 어미 제거 예시

```
불용어 제거 결과:
['텍스트', '마이닝', '에서', '전처리', '매우', '중요', '합니다', '!', '!', '강조', '!', '강조', '@@@!!']
```

[그림 5-9] 불용어 리스트를 통해 조사나 어미 제거 예시 결과

- line 9까지의 토큰화 과정은 [그림 5-1]과 동일하다.
- line 11에 나타난 것과 같이 stopwords = [ ] 대괄호 안에 불용어로 처리하고자 하는 키워드 혹은 문자를 입력하여 불용어 리스트를 생성한다.
- line 12를 통해 토큰화된 키워드 중 불용어가 있다면 제거한다.
- line 14~15를 통해 불용어 처리 결과를 출력한다.

다음의 코드 예시는 파이썬의 nltk 패키지의 불용어 리스트를 사용하여 Beatles의 'Yesterday' 가사 일부에서 불용어를 제거하는 모습이다.

```
1   from nltk import word_tokenize
2   from nltk.corpus import stopwords
3
4   # 예제 텍스트 할당
5   text = 'Yesterday all my troubles seemed so far away'
6
7   # 단어 기준으로 토큰화
8   words = word_tokenize(text)
9
10  # 불용어 불러오기
11  stopwords_list = stopwords.words('english')
12  final_tokens = [word for word in words if word not in stopwords_list]
13
14  print("불용어 제거 결과: ")
15  print(final_tokens)
```

[그림 5-10] nltk의 stopwords를 이용한 불용어 제거 예시

```
불용어 제거 결과:
['Yesterday', 'troubles', 'seemed', 'far', 'away']
```

[그림 5-11] nltk의 stopwords를 이용한 불용어 제거 예시 결과

- line 1~2에서는 영문 토큰화를 위한 nltk의 tokenize와, 불용어 리스트인 stopwords를 불러온다.
- line 5에서는 분석하고자 하는 Yesterday의 가사 일부를 text 변수에 할당한다.
- line 8에서는 text를 단어 기준으로 토큰화한다.
- line 11에서는 위의 line 2에서 불러온 stopwords 리스트 중 영어 리스트를 불러와 stopwords_list에 할당한다.
- line 12에서는 할당한 stopwords_list를 가지고 text를 순회하며 불용어를 제거한다.
- line 14~15를 통해 불용어 처리 결과를 출력한다.

4. 통합 예시를 통한 전처리 실제

앞의 전처리 과정을 한 번에 수행하기 위해서, 전처리 과정이 통합된 코드를 통해 보다 길고 복잡한 문장을 정제해 본다. 예제 텍스트로 에어비앤비에 게시된 임의의 숙소 리뷰를 가져왔다. 해당 리뷰에는 한글과 특수 문자가 혼재되어 있는데, 여기서 한글만 추출하여 형태소 단위로 토큰화하고, 불필요한 조사들을 불용어 처리하여 최종 정제된 토큰을 출력하고자 한다.

```
from konlpy.tag import Mecab
import re

# 예제 문서
text = '숙소가 너무 깨끗하고 예쁘고 편안해서 너무 행복한 시간보냈습니다~!! ' \
        '카페의 조식도 너무 맛있었는데 특히 커피가 정말정말 맛있었습니다. ' \
        '풍경도 너무 아름답고 좋아서 정말 머무는동안 오래 쌓인 스트레스가 다 날라가버렸어요!:) ' \
        '사진보다 더 예쁘고 좋은 숙소는 처음이에요!!!욕조도 정말 깨끗했습니다!! ' \
        '정말 행복한시간 보내고 갑니다~♡다음에 또 방문드리겠습니다~!감사합니다 항상 건강하세요!!'

# 토큰화
mecab = Mecab("C:/mecab/share/mecab-ko-dic")
tokens = mecab.morphs(text)

# 특수문자 제거
cleaned_tokens = [re.sub(pattern='[^\w\s가-힣]', repl='', string=token) for token in tokens]

# 빈 문자열 제거
cleaned_tokens = [token for token in cleaned_tokens if token]

# 불용어 제거
stopwords = ['은', '는', '이', '가', '하', '고']
final_tokens = [word for word in cleaned_tokens if word not in stopwords]

print("텍스트 전처리 결과: ")
print(final_tokens)
```

[그림 5-12] 통합 예시 코드

```
텍스트 전처리 결과:
['숙소', '너무', '깨끗', '예쁘', '편안', '해서', '너무', '행복', '한', '시간', '보냈', '습니다', '카페', '의', '조식', '도', '너무', '맛있', '었', '는데', '특히', '커피', '정말', '정말', '맛있', '었', '습니다', '풍경', '도', '너무', '아름답', '좋', '아서', '정말', '머무', '동안', '오래', '쌓인', '스트레스', '다', '날라가', '버렸', '어요', '사진', '보다', '더', '예쁘', '좋', '숙소', '처음', '에요', '욕조', '도', '정말', '깨끗', '했', '습니다', '정말', '행복', '한', '시간', '보내', '갑니다', '다음', '에', '또', '방문', '드리', '겠', '습니다', '감사', '합니다', '항상', '건강', '세요']
```

[그림 5-13] 통합 예시 전처리 결과

앞의 전처리 예제들을 충실히 따라왔다면, 해당 통합 예제 실습은 무리 없이 수행할 수 있을 것이다.

- 라이브러리들을 불러오고 예제 문서를 text에 할당한 뒤 토큰화를 수행하는 과정은 전술한 과정들과 동일하다.
- line 16~17에서는 텍스트가 토큰화된 tokens와 공백 및 한글만 추출하는 정규 표현식을 통하여 특수문자와 빈 문자열이 제거된 토큰들을 cleaned_tokens에 할당한다.
- line 22~23에서는 stopwords에 할당된 불용어 리스트와 cleaned_tokens를 이용하여 불용어가 제거된 토큰들을 final_tokens에 할당한다.
- 마지막으로 line 25~26에서 정제가 완료된 final_tokens를 출력한다.

Chapter 6

단어빈도분석

1. 정의

문서는 기본적으로 여러 단어로 이루어진 여러 문장으로 구성된다. 이때 모든 문장이 완전히 서로 다른 단어들로 이루어지지는 않는다. 동일한 단어들이 여기저기 문장에서 등장한다. 그중 어떤 단어는 다른 단어에 비해 상대적으로 자주 사용되기도 하며, 어떤 단어는 문서 전체에서 딱 한 번만 사용되기도 한다. 자주 사용되는 단어는 높은 빈도의 단어이므로 문서에서 여러 번 등장하지만, 덜 사용되는 단어는 낮은 빈도의 단어이므로 문서에서 몇 번 등장하지 않는다.

단어빈도분석 또는 용어빈도분석이란 분석하려는 문서의 문장에서 문법을 무시하고 낱개의 개별 단어만을 추출하여, 그 개별 단어들의 출현 횟수, 즉 빈도(frequency)를 파악하는 것이다. 출현 빈도는 반복해서 나타나는 것을 수치화한 것이기 때문에, 특정 단어의 빈도는 그 단어가 문서에서 얼마나 많이 출현하는지와 관련된다. 따라서 단어빈도분석은 특정한 단어가 문서 작성자에 의해 얼마나 많이 사용되었는가를 문서에 출현한 수치인 횟수를 통해 살펴보는 방법이다. 문서 내에서 단어와 그 단어의 출현 횟수를 기재하고 간략한 설명을 부가하기 때문에 어렵지도 않다. 대개 표를 제시하면서 단어들 사이의 출현 빈도를 비교하게 한다.

2. 목적

단어빈도분석을 실시하는 목적은 문서 내에서 단어 출현 횟수를 확인하고 비교하여 중요한 단어, 즉 핵심 키워드를 파악하려는 것이다. 단어의 출현빈도라는 비교적 간단한 지표를 통해서도 이를 파악하는 것이 가능하기 때문이다. 단어빈도분석은 텍스트 마이닝에서 가장 기초적이면서도 보편적으로 자주 활용되는 기법이다. 텍스트 마이닝을 활용한 연구나 보고서는 단어빈도분석을 거의 틀림없이 수행하고 그 결과를 제시한다고 보면 된다. 마치 전통적 통계법에서 성별, 연령, 학력 등의 인구통계학적 변인의 분포와 평균과 표준편차 같은 기술통계량을 제시하는 것과 같다. 인구통계학적 변인의 분포와 기술통계량을 보면 연구에 참여한 사람들의 대략적 정보와 이들의 점수 및 수준을 가늠할 수 있는 것처럼, 단어빈도분석 결과를 보면, 문장 속에는 어떤 단어들이 포함되어 있는지, 어떤 단어가 빈번하게 언급되는지를 알 수 있어서 개별 단어들의 분포를 파악할 수 있고 개별 단어들의 중요성을 감지할 수 있다. 문서에서 출현 빈도가 높은 단어는 빈번하게 언급되는 단어란 뜻이며, 아무래도 자주 출현하는 단어가 드물게 출현하는 단어보다 그 문서 내에서 중요한 단어일 가능성이 크다. 혹은 그 빈번한 단어가 그 문서의 주제와 밀접한 관련을 맺을 가능성이 크다. 따라서 출현 빈도가 높은 단어들을 주의하여 살피면 문서의 내용이나 주제를 추정할 수 있다.

예컨대, 2022년에 있었던 우리나라 대통령 선거와 관련하여 생산된 문서를 단어빈도분석을 수행한다고 가정하고, 말뭉치의 문서들에는 어떤 단어들이 자주 등장할지 생각해 보자. '대통령' '정치' '후보' '선거' '정책' '검증' '정당' '민주당' '국민의힘' 등의 단어와 '윤석열' '이재명' '이준석' '안철수' '이낙연' '김종인' '홍준표' 등의 유력 정치인이 자주 거론될 것이다. 이 예는 대통령 선거 관련 문서를 분석한다는 사실을 알고 있는 상태에서 도출될 수 있는 있는 결과다. 만일 어떤 문서인지 정보가 하나도 없는 상태에서 수행하면 어떻게 될까? 만일 이와 유사한 결과를 얻었다면, 그 문서가 대통령 선거 관련 혹은 적어도 정치 관련 문서라는 것을 추정할 수 있을 것이다. 이런 추정이 가능한 이유는 문서가 특정 주제를 반영하는 단어들로 채워져 있어서다. 어떤 예외적인 경우가 아니면, 1개의 문서가 전혀 별개의 주제들을 반영한 단어들이 한꺼번에 뒤섞여 기술되어 있지는 않다. 따라서 위의 예를 든 문서들 내에서 '미술' '음악' '풍경' '뇌' '인지' '여행' 등의 단어들이나 '이순신' '을지문덕' '김연경' '김연아' '장동건' '블랙핑크' '아인슈타인' '베토벤' 등의 이름은 웬만해서는 출현하지 않을 것이다.

마찬가지로 교육청에서 발행하는 문서를 분석하면, 개별적 문서들에서 차이는 발견할 수 있겠지만 '학교' '교과서' '교사' '교육' '대학' '입시' '수능' '교육청' '학생' '교장' '국어' '수학' '영어' '디지털' 'AI 교육' 등의 단어들이 등장할 것이다. 다른 영역이나 분야의 문서라면 아마도 다른 단어들이 출현하게 될 것이다. 이처럼 어떤 영역이나 분야에서 다루고 있는 주제가 다르며, 이에 따라 문서를 채우고 있는 단어들이 다르다.

3. 핵심 용어

1) TF

'3장 텍스트 데이터/2. 텍스트 데이터 구조/2) 집합과 단어 주머니'에서 텍스트 마이닝의 수학적 기원이 집합이며, 집합의 성질을 이용하여 텍스트에 나오는 단어들을 단어 집합(단어 주머니)으로 만들고, 각 단어 옆에 출현 횟수, 즉 출현 빈도를 병기한다고 했다. 이 개별 단어의 단순한 출현 빈도를 TF(Term Frequency, 단어빈도 또는 용어빈도)라고 부른다고도 했다. 분석하고자 하는 말뭉치(코퍼스) 내의 모든 개별 단어들의 TF를 구하면, 이 TF 수치를 표의 형태로 나타낼 수 있고, 이를 여러 형태의 시각적 표현으로 나타낼 수 있다.

2) TF-IDF

TF는 단어들의 단순한 출현 빈도만을 보여 준다. 극단적으로 높은 TF의 단어가 말뭉치 속 하나의 문서에서만 집중적으로 나타날 수도 있고, 작은 TF의 단어라도 여러 문서에 골고루 등장하는 단어일 수도 있다. 따라서 TF의 크기만으로 텍스트 내에서 단어의 중요도를 결정하기에는 부족한 면이 있다. 단순한 출현 빈도를 보완하는 일종의 가중치를 고려할 필요가 있다. 예컨대, 10개의 문서 속에서 하나의 문서에만 '사과'라는 단어가 50회 등장하는 경우와, 10개의 문서 전체에서 '바나나'라는 단어가 20회 가량 골고루 분포하는 경우를 들 수 있을 것이다. 이러한 경우, 단순히 빈도가 높다는 이유만으로 '사과'가 중요한 단어라고 볼 수 있을까? 전체 데이터를 살펴볼 필요가 있겠지만, 특정 문서 하나에서 하나의 단어가 다수 등장하는 것이 전체 문서에서 중요하다고 판단하기는 다소 어려울 수 있을 것이다. 오히려 빈도는 '사과'보다 낮지만, 전체 문서에서 빠짐없이 언급되는 '바나나'가 더 중요할 수 있다.

전체 문서 집합 내에서 각 단어가 출현하는 문서의 개수, 즉 문서빈도 DF(Document Frequency)가 가중치를 계산할 때 핵심이다. 각 단어는 DF를 갖는데, 가장 큰 DF는 말뭉치를 이루는 문서의 총 개수이다. 이 DF의 로그(log) 값을 계산한 것이 역문서빈도 IDF(Inverse Document Frequency)이며, 이 수치를 TF와 곱한 값이 TF-IDF인 것이다. TF-IDF는 문서의 횟수까지 고려함으로써 단어의 중요도를 산출한 지표다. 이에 대해 '3장 텍스트 데이터/2. 텍스트 데이터 구조/5) 단어의 중요성 결정과 TF-IDF'에서 자세히 언급하였다.

4. 결과 제시 방법

1) 빈도표를 통한 각 단어들의 빈도수 제시

빈도가 높은 단어부터 순서대로 제시하여 어떤 단어가 중요한 핵심 단어인지 비교하기 용이하게 한다. 텍스트 마이닝을 수행한 많은 보고서와 논문은 대개 TF와 TF-IDF를 동시에 제시한다.

<표 6-1> 빈도표를 이용한 결과 제시의 예 1[1)]

<Table 3> Keyword Frequency Analysis Results

2022 (N=2,406)				2023 (N=2,409)				2024 (N=835)			
Rank	Keyword	Freq.	TF-IDF	Rank	Keyword	Freq.	TF-IDF	Rank	Keyword	Freq.	TF-IDF
1	Digital	335	0.105	1	AI	374	0.089	1	University	89	0.128
2	Software	196	0.097	2	Digital	254	0.068	2	Support	86	0.091
3	Education	154	0.072	3	Support	208	0.043	3	Teacher	62	0.076
4	AI	153	0.058	4	Education	206	0.050	4	Digital	61	0.083
5	Support	152	0.046	5	Operation	167	0.049	5	Project	58	0.088
6	Company	150	0.060	6	Company	163	0.044	6	Education	54	0.063
7	Field	126	0.047	7	University	155	0.052	7	Selection	51	0.076
8	Operation	119	0.045	8	Software	142	0.054	8	Student	47	0.067
9	University	112	0.049	9	Selection	140	0.049	9	Operation	45	0.059
10	Student	94	0.050	10	Student	122	0.037	10	Class	40	0.055

2) 단어의 빈도수를 그래프로 제시(막대그래프, 선그래프, 원그래프, 트리맵 등)

그래프는 시각적으로 크기의 비교를 쉽게 한다. 경우와 필요에 따라서는 x축과 y축의 좌표 평면을 이용한다. 예컨대, 빈도수를 중심으로 정렬한 단어의 출현 빈도와 해당 단어들의 누적 비율을 좌표에 배치하는 것이다.

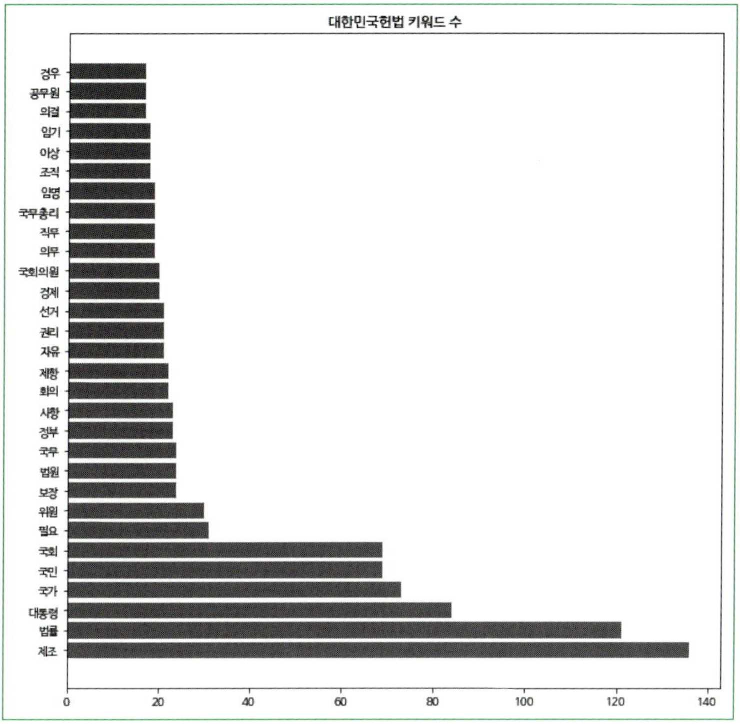

[그림 6-1] 막대그래프 제시의 예[2)]

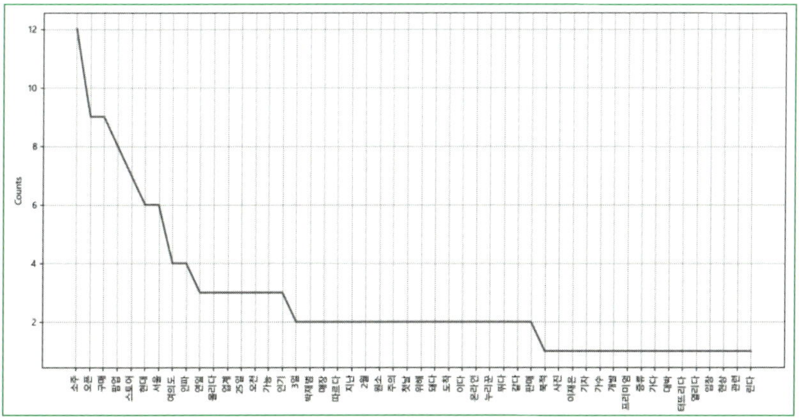

[그림 6-2] 선그래프 제시의 예[3)]

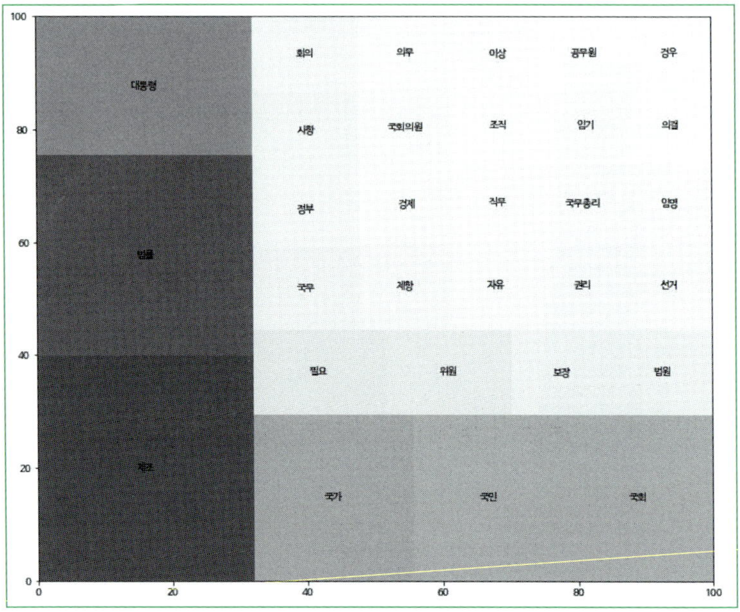

[그림 6-3] 트리맵 제시의 예[4)]

3) 단어구름(word cloud)으로 시각화

단어구름에서는 높은 TF의 단어를 크게, 적은 TF의 단어를 작게 표현하기 때문에 직관적으로 출현 빈도에 따른 단어를 용이하게 파악할 수 있다. 또한 단어구름의 전체 모양과 단어들의 색상을 분석자가 지정하는 것이 가능하여, 시각적으로 화려하고 임팩트 넘치는 효과도 줄 수 있다. 문서의 특성에 따라 상이하고 독특한 모양과 색상을 적용하면 문서들의 차이점을 빠르고 확실히 식별할 수 있다.

[그림 6-4] 단순 단어구름 시각화 제시의 예[5)]

[그림 6-5] 이미지 마스킹 단어구름 시각화 제시의 예[6)]

5. 유의사항

언어의 특성에 따라 특정 단어는 중요하지도 않고 문서의 주제와 내용에 관계가 없을 수 있다. 예컨대, 영문 말뭉치라면 압도적으로 정관사 the와 전치사 of의 TF가 클 것이다. 또 부정관사인 'a' 'an', 또 다른 전치사인 'for' 'to' 'in' 'at' 'with', 접속사인 'and' 'but' 'or', 대명사인 'it' 'me' 'us' 'him' 'her', 관계사인 'that' 'which', 시제를 나타내는 'have' 'had' 등의 단어들 역시 어떤 주제와 상관없이 모든 문서에 자주 출현한다. '4장 텍스트 마이닝을 위한 전처리/8. 불용어 제거'와 '5장 주요 전처리 과정/3. 불용어 제거'에서 설명한 것처럼, 불용어는 특별한 경우가 아니면 빈도분석에서 제외해야 한다. 제외하지 않는다면, 이 같은 단어들이 최상위 빈도를 나타낼 것이고 이런 빈도는 유의미한 분석 결과가 아니다. 물론, 관사나 전치사, 접속사나 대명사 혹은 관계사나 시제에 대한 연구가 목적이라면 이런 단어들은 불용어가 아닐 것이다. 당연히 이런 단어에 대한 TF는 제시되어야 한다.

비록 TF-IDF가 가중치를 부여하여 단어의 중요도를 산출한 지표임에는 틀림없지만, 완벽하다고 말할 수는 없다. 개별 단어가 상투어일 경우는 TF-IDF로도 단어의 중요도 순위를 완전히 파악하기가 어렵기 때문이다. 상투어는 특정 문서 내에서 너무 흔히 발견되는 단어다. 그렇기 때문에 높은 출현 빈도를 갖지만, 오히려 전혀 중요하지 않은 단어일 확률이 높다. 문서의 출처 정보를 알고 있다면 어떤 단어가 상투어인지 조사하여 빈도분석에서 제외하는 것도 진지하게 고려할 필요가 있다. 예컨대, 교육청 보도 자료이거나 학교교육 관련 문서에서는 '교육' '학교' '교사'와 같은 단어는 빈번하게 등장하는 상투어에 속할 가능성이 매우 높다. 교육 관련 문서라면 이런 단어들을 포함한 문장으로 이루어지는 것은 당연한 일이다. 그렇다면 교육 관련 문서로 이루어진 말뭉치에서는 이런 단어들보다 다른 단어들이 더 주의 깊게 보아야 하는 중요한 단어가 될 가능성이 훨씬 높다.

한편, '4장 텍스트 마이닝을 위한 전처리, 5. 띄어쓰기 처리'에서 설명한 것처럼, 붙여 쓴 단어와 띄어 쓴 단어는 사람이 보아서는 동일한 의미이지만 컴퓨터는 다른 의미로 해석하므로 주의해야 한다. 한 문서 내에 '우리나라'와 '우리∨나라'가 함께 존재해도 사람이 이를 혼동할 염려는 없다. 하지만 붙여 써서 단어의 빈도를 구하지 않으면, 컴퓨터로 단어빈도분석을 할 때, '우리나라'라는 단어도 TF가 나오고 '우리'라는 단어와 '나라'라는 단어도 각각의 TF가 산출된다. 또 정당 관련 문서에서 출현할 수 있는 '국민의∨힘'은 '국민의힘'으로 붙여 써야만 한다. 보수를 표방하는 정당의 이름이기 때문이다. 붙여 쓰지 않으면, '국민'과 '힘'이라는 전혀 다른 단어로 분석되어 나오게 된다.

또한 동의어, 축약어 등을 처리를 어떻게 하는지도 매우 중요한 문제이다. 우리가 사용하는 언어 속에는 무수히 많은 동의어와 축약어가 존재한다. 직접적인 동의어가 아닐지라도 연구의 주제에 따라 동의어 처리를 해야 하는 경우도 종종 발생한다. 예컨대, 코퍼스 내에 존재하는 문서 중 어떤 문서에는 '컴퓨터'라는 단어가 등장하지만 다른 문서에는 'PC'라는 단어가 등장한다고 하자. 이때 연구자는 어떤 판단을 해야 할까? '컴퓨터'와 'PC'를 개별적인 두 개의 단어로 분리하여 분석할 것인지, 혹은 두 개의 단어를 '컴퓨터'나 'PC' 한쪽으로 합쳐서 분석할 것인지를 판단해야 한다. 이러한 예시 외에도 분석하고자 하는 주제나 데이터에 따라 '초등학교' '중학교' '고등학교'를 개별 단어로 둘 것인지, '학교'라는 하나의 단어로 합칠 것인지와 같은 고민도 필요하다. 이것은 분석을 수행하기 전에 할 수 있는 고민이 아니다. 왜냐하면, 분석 수행 전에 연구자가 모든 텍스트를 면밀히 읽지 않는 이상, 어떤 단어가 도출될 것인지는 정확하게 판단할 수 없기 때문이다.

이 때문에 연구자는 1차로 추출한 단어들을 훑어보며 같은 의미를 지닌 단어 혹은 하나의 단어로 묶을 수 있는 단어들을 정리하여 데이터 세트를 수정한다. 이후 다시 형태소 분석을 통해 단어를 추출하고, 다시 단어를 정리하는 과정을 반복하면서 최종적으로 분석할 데이터 세트의 단어들을 정리한다. 이와 같은 과정을 거친 이후에 최종적인 분석을 수행해야 오염되지 않은 분석 결과를 얻을 수 있다.

6. 단어빈도분석 순서도

일반적으로 단어빈도분석은 다음과 같은 순서로 진행된다.

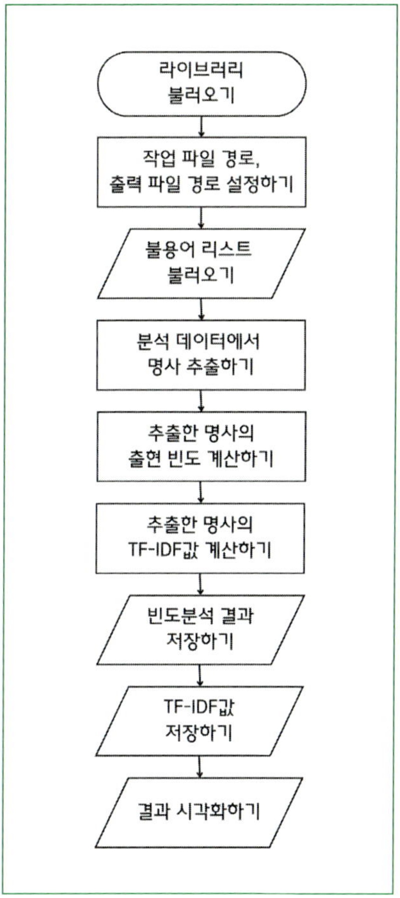

7. 단어빈도분석 파이썬 실습 예제

본 실습 예제에서는 Mecab의 사용자 사전을 구성해 두었다는 것을 전제로 설명한다. Mecab 사용자 사전의 설치 및 구성은 이 책에서 다루기에는 사용자별로 환경 및 발생하는 오류 등이 너무 다양하므로 관련 블로그나 웹사이트에서 정보를 찾아보는 것을 추천한다.

본 실습 예제는 단어의 빈도(Frequency)를 분석하므로 독자의 이해를 위해 제시하는 그림의 이름은 F로 시작하며, [FO-1], [FO-2], [FO-3]…, [FC-1], [FC-2], [FC-3]…처럼 제시된다. [FO-1], [FO-2], [FO-3]…,는 데이터 모습과 출력 결과(Output)를 보여 주는 화면 캡처 그림이며, [FC-1], [FC-2], [FC-3]…는 파이썬 코드(Code)를 보여 주는 그림이다.

텍스트 마이닝의 기초가 되는 단어빈도분석은 텍스트 데이터에서 각 단어의 출현 빈도를 측정하는 가장 기본적인 기법이다. 본 실습에서는 학술지 논문의 서지정보를 대상으로 단어빈도분석을 수행하며, 데이터 전처리부터 단어구름 시각화까지의 전체 과정을 직접 실습해 본다. 비교적 단순한 알고리즘으로 구성되어 있지만, 텍스트 마이닝의 핵심 개념과 분석 흐름을 파악할 수 있고, 향후 다른 기법을 실습하고 이해할 때 기초가 된다.

사용할 텍스트 데이터

단어빈도분석 실습 예제에 사용할 분석 데이터 파일은 data.

xlsx이다. 이 파일은 한국학술지인용색인(KCI), 학술연구정보서비스(RISS)에 등재된 공학 분야의 논문들에서 2022년 기준 '메타버스'를 키워드로 검색하여 수집한 서지정보를 엑셀로 정리한 것이다. 데이터는 제목, 저자, 발행기관, 학술지명, 발행연도, 주제어, 문서번호(doc), 초록(abstract)로 구성되어 있다([FO-1]).

이번 실습 예제에서는 분석할 텍스트 데이터 파일인 초록(abstract) 데이터를 사용하여 데이터 파일에 어떤 단어들이 몇 번 등장하는지, 각 단어의 중요도는 어떠한지를 파악한다.

	A	B	C	D	E	F	G	H
1	제목	저자	발행기관	학술지명	발행연도	주제어	doc	abstract
2	메타버스 기반 K-환경	이한진,구현희	한밭대학교 적	적정기술(App	2022	메타버스 리터	a1	그 어느 해보다 기후위기를 실감할 수 있었던 202
3	보행자 편의성 향상을	박현철,김인희	대한교통학회	대한교통학회	2021		a2	지역 간 통행이 증가함에 따라 낯선 환경을 마주하
4	가상 현실을 이용한 작	박수형,김남훈	대한산업공학	대한산업공학	2021		a3	생산시스템에서의 인간 작업자는 여전히 중요한 역
5	메타버스 내 가상세계	한혜원	한국과학기술	디지털콘텐츠	2008	Virtual World,	a4	메타버스 내 가상세계는 가상적으로 확장된 물리적
6	헤드 무브먼트 데이터	김정호(Jungho	한국방송·미디	방송공학회논	2021	Head Movem	a5	가상현실 산업은 코로나바이러스 이후 비대면 콘텐
7	물리 세계와 가상 세계	양수림;조중호	한국방송·미디	방송과 미디어	2021		a6	코로나바이러스로 인한 디지털 전환의 가속화와 비
8	메타버스 기반의 실감	고병수;김명하	한국방송·미디	방송과 미디어	2022		a7	한국콘텐츠진흥원에서는 문화 콘텐츠 발전과 세계
9	메타버스(Metaverse)와	정상섭	한국방송·미디	방송과 미디어	2022		a8	메타버스 서비스란 '가상', '초월' 등을 뜻하는 영어
10	미디어 콘텐츠의 메타버	송민정	한국방송·미디	방송과 미디어	2022		a9	본 고는 미디어 산업 관점에서 미디어 콘텐츠의 메
11	디지털 휴먼의 현재와	서영호,오문석	한국방송·미디	방송과 미디어	2021		a10	디지털기술의 발전에 따라 메타버스가 콘텐츠 시장

[FO-1] 파이썬 실습 예제 데이터의 모습(파일명: data.xlsx)

분석을 위한 파이썬 코딩

① 라이브러리들을 불러온다.

단어빈도분석을 위해 필요한 라이브러리들을 먼저 불러와 작업 환경을 만든다([FC-1]). 실습에 사용할 라이브러리들의 기능을 간략하게 설명하면 다음과 같다.

- openpyxl은 엑셀 파일을 읽고 쓰는 데 사용한다.
- csv는 csv파일을 읽고 쓰기 위해 사용한다.

- re는 정규 표현식을 위해 사용한다.
- konlpy의 Mecab은 한국어 형태소 분석을 위해 사용한다.
- collections의 Counter는 단어 빈도수 계산에 사용한다.
- sklearn.feature_extraction.text의 TfidfVectorizer는 TF-IDF 점수 계산에 사용한다.
- pandas는 데이터를 데이터프레임 형태로 처리하는 데 사용한다.

```
1. import openpyxl
2. import csv
3. import re
4. from konlpy.tag import Mecab
5. from collections import Counter
6. from sklearn.feature_extraction.text import TfidfVectorizer
7. import pandas as pd
```

[FC-1] 라이브러리 불러오기

② 작업 파일 및 결과 출력 파일 경로를 설정한다.

분석에 사용할 작업 파일을 불러올 수 있도록 각 변수들에 작업 파일의 경로를 지정하고, 파이썬으로 분석한 결과를 파일로 저장할 경로를 설정한다([FC-2]).

- line 9의 file_path에는 분석에 사용할 엑셀 데이터 파일 경로를 설정한다. 본 실습 예제에서 사용할 엑셀 데이터 파일은 data.xlsx이다.
- line 10의 stopwords_file_path 변수에는 분석에 사용하고자 하는 불용어 파일 경로를 설정한다. 본 실습 예제에서 사용하

고자 하는 불용어 리스트는 stopwords.txt 파일에 들어 있다. 만약 실제로 분석을 수행할 때 불용어를 txt와 같은 별개 파일로 만들지 않고 5장에서 실습한 것과 같이 불용어를 코드 안에서 직접 설정한다면, 이러한 불용어 리스트 경로 설정은 필요하지 않을 것이다.

- line 12의 freq_csv_path 변수에는 단어 빈도(TF)의 결과 파일이 저장될 경로와 파일명을 설정한다. 본 실습 예제에서는 분석한 단어와 그 단어의 빈도수가 freq.csv 파일로 작성되어 저장된다.
- line 13의 tfidf_mean_csv_path 변수에는 TF-IDF 분석 결과 파일이 저장될 경로와 파일명을 설정한다. 본 실습 예제에서 분석한 각 단어의 평균 TF-IDF 값은 tfidf_mean_results.csv 파일로 작성되어 저장된다.
- line 14의 tfidf_sum_csv_path 변수에는 TF-IDF 분석 결과 파일이 저장될 경로와 파일명을 설정한다. 본 실습 예제에서 분석한 각 단어의 합계 TF-IDF 값은 tfidf_sum_results.csv 파일로 작성되어 저장된다.

작업 파일 경로와 출력 파일을 설정할 때 주의할 사항이 있는데, 그것은 다음과 같다.

- 데이터 파일이 코드 파일과 같은 폴더에 있는 경우:
  파일명만 지정(예: file_path="data.xlsx")

• 데이터 파일이 다른 폴더에 있는 경우:

전체 경로 지정 필요(예: file_path="c:/textmining/data.xlsx")

```
9. file_path = "data.xlsx"
10. stopwords_file_path = "stopwords.txt"
11.
12. freq_csv_path = "freq.csv"
13. tfidf_mean_csv_path = "tfidf_mean_results.csv"
14. tfidf_sum_csv_path = "tfidf_sum_results.csv"
```

[FC-2] 작업 파일 경로 설정 및 결과 출력 파일 경로 설정

③ 불용어 리스트를 불러온다.

5장에서 불용어가 무엇인지, 어떻게 불용어가 처리되는지를 확인해 보았다. 5장에서는 사용하고자 하는 불용어를 코드 내에 직접 입력하는 방법을 사용했는데, 처리해야 할 불용어의 수가 늘어난다면 이러한 방식은 코드가 복잡해지고, 불용어 리스트를 관리하는 데 어려움이 발생한다. 그러므로 불용어가 많을 경우에는 불용어 리스트를 txt파일 등으로 만들어 두고 코드 내에 불러와서 사용한다(파일명 stopwords.txt), 대개 이러한 불용어 리스트는 다른 누군가가 만들어 놓은 불용어를 참조하여 연구자가 자신의 텍스트 데이터 세트에 맞게 만들어 사용하는 것이 일반적이다([FO-3], [FC-3]).

한국어 불용어 리스트는 다음의 사이트를 참조할 수 있다.

• https://www.ranks.nl/stopwords/korean
• https://deep.chulgil.me/hangugeo-bulyongeo-riseuteu

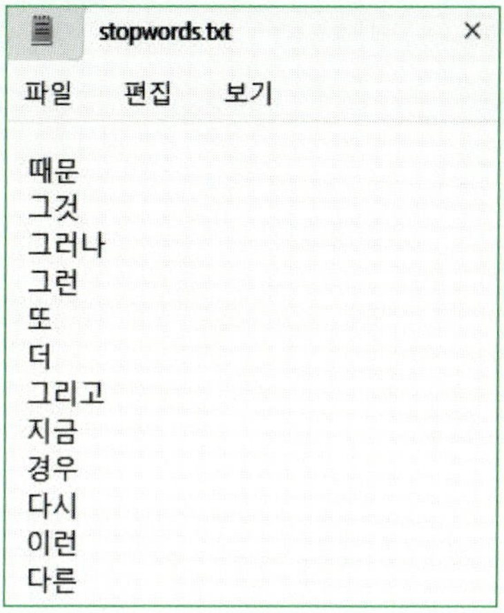
stopwords.txt ×
파일 편집 보기

때문
그것
그러나
그런
또
더
그리고
지금
경우
다시
이런
다른

[FO-2] 불용어 리스트의 모습(파일명: stopwords.txt)

- 불용어 처리를 위해 line 16부터 21까지 다음의 함수를 작성한다: load_stopwords
- load_stopwords 함수는 입력 경로에 설정된 파일을 불러와 set 형태의 불용어(stopwords)로 반환하는 기능을 지닌 함수이다.
- line 23에서는 바로 위에서 만든 load_stopwords 함수에 [FC-2]에서 설정한 불용어 경로변수의 이름(stopwords_file_path)을 입력하여 해당 변수에 할당된 불용어 리스트 파일을 불러와 load_stopwords 함수를 거쳐 set형태의 불용어 리스트로 반환한 후 stopwords 변수에 저장한다.
- line 24를 통해 사용하고자 하는 불용어 리스트가 제대로 설정되었는지 확인한다.
- [FO-3]을 보면, stopwords.txt에 저장되어 있던 '그리고' '때

문' '지금' '그것' '그러나' 등이 stopwords로 출력하는 것을 확인할 수 있다.

```
def load_stopwords(file_path):
    stopwords = set()
    with open(file_path, 'r', encoding='utf-8-sig') as file:
        for line in file:
            stopwords.add(line.strip())
    return stopwords

stopwords = load_stopwords(stopwords_file_path)
print("Loaded stopwords:", stopwords)
```

[FC-3] 불용어 세팅하기

```
Loaded stopwords: {'그리고', '때문', '지금', '그것', '그러나', '다른', '경우', '다시', '더', '이런',
'또', '그런'}
```

[FO-3] 설정된 불용어 출력

④ 분석할 텍스트 데이터(abstract)에서 명사를 추출하여 출력한다.

단어빈도분석은 코퍼스 속 문장에서 특히 단어로서의 명사를 추출하여 그 단어의 출현 횟수를 파악하는 작업이다. 앞서 〈사용할 텍스트 데이터〉에서 언급한 것처럼, 본 실습 예제는 논문들의 초록(abstract)에 나오는 단어의 출현빈도를 파악하고자 한다. 분석할 데이터의 모습이 data.xlsx의 모습과 다르거나, 혹은 내용이 다른 경우에도 분석하고자 하는 데이터 세트의 열 이름을 설정하면 해당 열 아래에 있는 데이터를 분석할 수 있다. 본 실습 예제에서는 abstract 열에 있는 데이터를 분석하였다([FC-4]).

- 엑셀 데이터로부터 명사를 추출하기 위해 line 26부터 46까지 다음의 함수를 작성한다: extract_nouns_from_excel
- extract_nouns_from_excel 함수에는 매개변수(file_path, col_name, stopwords)들이 존재하는데, 해당 함수의 기능은 file_path에 입력된 파일을 열어서, 특정 열(col_name)의 데이터로부터 Mecab 형태소 분석기를 사용하여 명사를 추출하는 것이다. 이러한 과정에서 [FC-3]에서 설정한 불용어(stopwords) 리스트를 사용해 불용어 처리를 거치는 것이다.
- 함수를 크게 두 부분으로 나누면 line 27~37까지는 엑셀에서 데이터를 불러오기, line 39~46까지는 Mecab을 사용한 단어 추출하기로 볼 수 있다.
- line 44의 filtered_nouns = [noun for noun in nouns if noun not in stopwords and len(noun) 〉= 2]는 단어의 길이가 2글자 이상이면서 불용어에 포함되지 않는 단어만을 필터링한다는 것을 의미한다. 여기서 len(noun) 〉= 2는 최소 길이를 설정하는 조건이며, 필요한 경우 이 값을 변경하여 추출하고자 하는 단어의 최소 길이를 조정할 수 있다. 예컨대 len(noun) 〉= 3으로 설정한다면 3글자 이상의 단어들만 추출될 것이다.
- line 48에서는 extract_nouns_from_excel 함수를 호출하여 file_path에 위치한 data.xlsx로부터 'abstract'열의 명사를 추출하여 documents 변수에 저장한다. 이때, 열 이름(col_name)을 함수에 입력할 때는 텍스트 형태여야 하므로 반드시

따옴표 안에 입력해야 한다. 이렇게 추출된 단어는 각 문서마다 공백으로 구분된 문자열 형태로 documents 변수에 리스트로 저장된다.

- 앞의 과정을 간략하게 요약하면, '설정된 경로에 있는 파일 불러오기 → 불러온 파일에서 설정된 열의 데이터 추출 → stopwords에 있는 불용어를 제외하고 형태소 분석 후 documents에 저장'이라는 과정으로 진행되는 것이다.
- line 49를 통해 명사 추출 결과를 확인한다[FO-3]. documents[:5]는 documents 변수에 저장된 리스트 상위 5개를 확인한다는 것을 의미한다. 즉, 전체 초록 데이터에서 가장 먼저 등장한 5개의 문서 분석 결과가 출력된다는 것이다. 5개가 아니라 10개, 20개를 확인하고 싶다면 [:5]의 숫자를 원하는 만큼 바꾸면 된다.

```
26. def extract_nouns_from_excel(file_path, col_name, stopwords):
27.     workbook = openpyxl.load_workbook(file_path)
28.     worksheet = workbook.active
29.     mecab = Mecab(dicpath= "C:/mecab/share/mecab-ko-dic")
30.     documents = []
31.     for idx, col in enumerate(worksheet.iter_cols(1,worksheet.max_column)):
32.         if col[0].value == col_name:
33.             comment_col_index = idx + 1
34.             break
35.     else:
36.         print(f"Could not find the '{col_name}' column.")
37.         return []
38.
39.     for row in worksheet.iter_rows(min_row=2, max_row=worksheet.max_row, min_col=comment_col_index, max_col=comment_col_index):
40.         cell = row[0].value
41.         if cell:
42.             filtered_text = re.sub(r'[^\w\s]', '', cell)
43.             nouns = mecab.nouns(filtered_text)
44.             filtered_nouns = [noun for noun in nouns if noun not in stopwords and len(noun) >= 2]
45.             documents.append(' '.join(filtered_nouns))
46.     return documents
47.
48. documents = extract_nouns_from_excel(file_path, 'abstract', stopwords)
49. print("Extracted nouns:", documents[:5])
```

[FC-4] 명사 추출하기

```
Extracted nouns: ['기후 위기 실감 세계 이슈 우리 과제 코로나 확산 아피씨씨 보고서 경고 식량 위기 물가 재난 수준 가뭄 폭염 우리 영향 각계각층 사
람 시작 변화 시작 우리 여정 시작 다년 멤버 기후 위기 탄소 중립 관련 활동 진행 서울시 사회 혁신 로우 과정 자리 목표 처음 방향 리듬 공명 시작 하나 궤도
본고 궤도 동심원 소개 물결 에너지 자리 마이에 코버스 이름 프로젝트 그룹 동아리 메타버스 기반 환경 교육 활성 모델 개발 목표 가상 공간 정기 모임 국내 지
속 증가 기후 위기 탄소 중립 환경사회기업지배구조 연계 환경 교육 최신 메타버스 플랫폼 구축 생애 주기 맞춤 서비스 제공 추구 시범 플랫폼 숙도 교육 효과
초등 학교 학년 대상 운영 프로토타입 성과 확인 단계 수요 확대 소정 성과 서울 특별시 사회 혁신 주최 공모전 최우수 탄소 중립 실천 모임 우수 사례 선정 쾌
거 진행 과정 비전 자리 소개 국내 아세안 국가 아이 탄소 중립 실천 환경 공동체 마중물 역할 애자일 방법 추진', '지역 통행 증가 환경 통행자 증가 사람 대
형 시설 기술 발달 거대 실내 경로 정보 제공 방안 한정 실정 실내 공간 사용 내비게이션 개발 필요 발견 연구 공간 제약 가상 시각 정보 제공 메타버스 증강현
실 기술 활용 보행자 위치 실행 가능 실내 내비게이션 개발 개발 도구 유니티 엑스코드 사용 매터 포트 포리 아이 적용 내비게이션 공주 대학교 공과 대학 학관
실증 테스트 결과 다수 사용 기존 지피에스 기반 내비게이션 입도 건물 시설 정보 만족도 결과', '생산시스템 인간 작업자 중요 역할 수행 모델 시뮬레이션 관점
분석 사례 실정 연구 메타버스 기술 이용 인간참여형실험 연계 행위자기반모델링 시뮬레이션 방법 제안 인간참여형실험 작업자 신체 역량 수집 생성 행동데이터 시
스템 영향 개념증명차원 시뮬레이션 분석 향후 연구 토대 실제 생산 시스템 스마트 시뮬레이션 개발 가능 기대', '메타버스 가상세계 가상 확장 물리 현실 물리
영구 가상공간 융합 문명 컴퓨터 인터페이스 기능 역할 확대 발전 가상 패러다임 전환 가상 현실 복제 단계 상상력 독자 가상 세계 구현 가상세계 환상 유희 게
임 강조 유희적가상세계 실재성 효율 네트워크 강조 사회 가상 세계 분류 북미 사회 가상 세계 중시 반면 한국 허구 세계관 입각 유희적가상세계 각광 한국 가상
세계 발전방향 현실 욕망 허구 상상 극대 유희적가상세계', '가상현실 산업 코로나바이러스 이후 비대면 콘텐츠 수요 급증 메타버스 관심 도약 기회 흐름 가상현
실 콘텐츠 대중 양질 콘텐츠 제작 가상현실 특성 스토리텔링 연구 지속 가상현실 특성 적용 콘텐츠 사용 피드백 효과 제작 해당 콘텐츠 평가 정량 지표 필요 연
구 가상현실 콘텐츠 관람 과정 분석 머리 정량 지표 설정 이후 실험 애니메이션 관람 기록 머리 움직임 정보 몰입 상관 관계 분석 분석 결과 머리 움직임 속도
상대 입도 머리 움직임 속도 콘텐츠 몰입 정도 지표 유의미 사용 도출 결과 이후 창작자 가상현실 콘텐츠 제작 프로토타입 제작 적용 스토리텔링 방식 유효 검증
정량 지표 사용 방식 제안 스토리텔링 방식 문제점 파악 방식 제안 콘텐츠 향상 연구 머리 움직임 속도 정량 지표 기반 입도 분석 기초 연구 양질 가상현실 콘텐
츠 제작 가상현실 콘텐츠 대중 기여']
```

[FO-4] 추출된 명사

⑤ 추출한 단어들(명사들)의 출현 빈도(TF: term frequency)를 파악한다.

이 작업은 분석 데이터 파일에서 추출한 단어들이 전체 데이터에서 몇 번 출현 또는 등장하는지를 알아보는 것이다([FC-5]). 단어빈도분석에서 가장 핵심적인 부분으로, 해당 과정을 통해 빈도분석 결과를 도출할 수 있게 된다.

- 추출한 단어들의 빈도 계산을 위해 line 51부터 53까지 다음의 함수를 작성한다: calculate_word_counts
- calculate_word_counts 함수는 [FC-4]에서 작성한 documents 리스트의 데이터를 공백을 기준으로 분리하여 개별 단어로 나누고, 나눈 단어를 세어 빈도를 계산한다.
- 이러한 과정이 필요한 이유는 다음과 같다. [FO-4]에서 확인할 수 있듯이 documents 리스트에는 개별 문서별로 추출된 단어들이 공백으로 구분된 문자열 형태로 저장되어 있다. 전

체 문서에서의 단어 빈도를 계산하기 위해서는 이 문자열들을 다시 개별 단어로 분리할 필요가 있다. 그러므로 공백을 기준으로 데이터를 리스트를 분리해 개별 단어의 형태로 만드는 것이다.

- 이렇게 분리한 단어는 Counter를 사용해 각 단어의 빈도를 계산한다. 이러한 과정을 거쳐 전체 문서에 나타난 단어의 빈도를 한 번에 계산할 수 있는데, 앞서 추출한 단어들을 세는(카운팅하는) 것이 전부이므로 매우 간단한 과정이다.
- line 55에서는 word_counts 변수에 위의 calculate_word_counts 함수를 호출하여 documents 리스트에서 계산한 단어들의 빈도를 저장한다.
- line 57을 통해 word_counts에 저장된 단어 빈도 중 상위 5개 단어와 이들의 출현 빈도를 확인할 수 있다. most_common(5) 안의 숫자를 조정하여 원하는 상위 n개의 결과를 확인할 수도 있다.
- [FO-5]를 보면, 단어들의 출현 빈도를 파악하여 예제 데이터에서 가장 많이 등장하는 키워드 5개가 무엇인지, 이들은 전체 데이터에서 몇 번 등장하는지를 확인할 수 있다.

```
51. def calculate_word_counts(documents):
52.     words = [word for doc in documents for word in doc.split()]
53.     return Counter(words)
54.
55. word_counts = calculate_word_counts(documents)
56.
57. print("Top 5 most frequent words:", word_counts.most_common(5))
```

[FC-5] 단어들의 출현 빈도 파악하기

```
Top 5 most frequent words: [('메타버스', 268), ('가상', 105), ('교육', 96), ('기술', 92), ('연구', 84)]
```

[FO-5] 단어들의 출현 빈도

⑥ TF-IDF 값을 계산한다.

앞에서 파악한 TF 값은 단지 문서 내에서 그 단어들이 몇 번 출현한 것인지만을 나타내는 숫자일 뿐이다. 문서 내에서 그 단어가 실제로 얼마나 중요한지를 파악하기 위해서는 TF 값과 IDF (inverse document frequency: 역문서빈도) 값을 곱한 TF-IDF 값을 구해야 한다.

TF-IDF 값에는 두 가지가 있다. 하나는 특정 단어가 각 문서 내에서 지니는 TF-IDF 값을 평균한 값이다. 이는 각 문서에서 단어가 갖는 중요도를 평등하게 취급하는데, 문서의 길이나 단어들의 빈도 차이에 영향을 덜 받는 장점을 갖는다. 또 하나는 특정 단어의 문서별 TF-IDF 값을 전부 합산한 값이다. 이 값은 단어가 전체 문서 집합, 즉 코퍼스 내에서 갖는 누적 중요도를 나타내는데, 수치가 큰 단어일수록 더 중요한 단어로 간주할 수 있는 장점을 갖는다. 핵심을 요약하면, 코퍼스 내의 각각의 문서에서 특정 단어의 상대적 중요도를 파악하고 싶다면 TF-IDF의 평균값을 사용하고, 특정 단어가 전체 코퍼스 내에서 얼마나 중요한지를 알고 싶다면 TF-IDF의 합산값을 사용하면 된다.

• TF-IDF 점수를 계산하기 위해 line 59부터 62까지 다음의 함

수를 작성한다: calculate_tfidf

- calculate_tfidf 함수는 [FC-4]에서 작성한 documents 리스트 내에 있는 개별 문서의 단어들에 대한 TF-IDF값을 계산하기 위한 함수이다. 해당 함수에서는 'TfidfVectorizer'라는 라이브러리를 이용하여 단어들의 TF-IDF 값을 벡터화한 뒤 문서(행) × 단어(열)로 구성된 행렬 형태로 만든다. 이러한 형태의 행렬은 DataFrame으로 변환되어 나타난다.
- line 64에서는 tfidf_df 변수에 calculate_tfidf 함수를 호출하여 documents 리스트에서 계산한 단어들의 TF-IDF 점수를 DataFrame 형태로 저장한다.
- line 66에서 tfidf_df변수에 mean() 메서드를 붙여서 각 단어가 지닌 TF-IDF 값의 평균값을 계산한다. 계산한 TF-IDF평균값은 tfidf_mean 변수에 저장한다.
- line 68에서는 평균 점수가 가장 높은 상위 5개 단어를 출력하기 위해 평균값이 저장된 tfidf_mean 변수에 nlargest() 메서드를 붙여서 평균 점수가 가장 높은 상위 5개 단어를 선택하여 top_tfidf_words 변수에 저장한다. 이를 통해 문서 집합에서 가장 중요한 단어들을 확인할 수 있다. 이때, nlargest(n)에 n개의 숫자 입력을 통해 원하는 상위 단어 개수를 출력할 수 있다.
- line 69~70을 통해 top_tfidf_words에 저장된 TF-IDF평균 상위 5개의 키워드를 출력한다.
- [FO-6]을 보면, 예제 파일에서 TF-IDF의 평균값이 가장 높

은 5개의 키워드는 '메타버스' '기술' '교육' '연구' '콘텐츠'임을 확인할 수 있다.

```
59. def calculate_tfidf(documents):
60.     vectorizer = TfidfVectorizer()
61.     X = vectorizer.fit_transform(documents)
62.     return pd.DataFrame(X.toarray(), columns=vectorizer.get_feature_names_out())
63.
64. tfidf_df = calculate_tfidf(documents)
65.
66. tfidf_mean = tfidf_df.mean()
67.
68. top_tfidf_words = tfidf_mean.nlargest(5)
69. print("Top 5 words with highest average TF-IDF scores:")
70. print(top_tfidf_words)
```

[FC-6] 단어들의 TF-IDF의 평균값 계산하기

```
Top 5 words with highest average TF-IDF scores:
메타버스     0.107686
기술        0.067694
교육        0.057569
연구        0.044432
콘텐츠      0.043336
dtype: float64
```

[FO-6] 5개 단어들의 TF-IDF의 평균값

다음으로, TF-IDF의 합산값을 계산한다([FC-7]).

- 우리는 앞서 [FC-6]에서 calculate_tfidf 함수를 호출하여 tfidf_df 변수에 저장한 바 있다. 이번에는 tfidf_df 변수에 저장된 각 단어의 TF-IDF 값을 합산하여 계산한다.
- line 72에서 앞서 설정한 tfidf_df 변수에 값을 합산하는 sum() 메서드를 붙여 TF-IDF의 합산값을 계산한다. 계산한 TF-IDF 합산 값은 tfidf_sum 변수에 저장한다.

- 다음 line 74에서도 [FC-6]과 동일하게 합산 점수가 가장 높은 상위 5개 단어를 출력하기 위해 합산값이 저장된 tfidf_sum변수에 nlargest() 메서드를 붙여서 합산 점수가 가장 높은 상위 5개 단어를 선택하여 top_tfidf_words_by_sum 변수에 저장한다.
- line 75~76을 통해 top_tfidf_words_by_sum에 저장된 TF-IDF 합산 상위 5개의 키워드를 출력한다.
- [FO-7]을 보면, 중요도 순위는 TF-IDF의 평균값과 차이가 없으나 합산값은 문서 수에 따라 누적되므로 평균값보다 훨씬 큰 값을 보여 준다는 것을 확인할 수 있다.

```
72. tfidf_sum = tfidf_df.sum()
73.
74. top_tfidf_words_by_sum = tfidf_sum.nlargest(5)
75. print("Top 5 words with highest total TF-IDF scores:")
76. print(top_tfidf_words_by_sum)
```

[FC-7] 단어들의 TF-IDF의 합산값 계산하기

```
Top 5 words with highest total TF-IDF scores:
메타버스     7.645682
기술        4.806270
교육        4.087392
연구        3.154693
콘텐츠      3.076878
dtype: float64
```

[FO-7] 5개 단어들의 TF-IDF의 합산값

⑦ 단어빈도분석 결과를 저장한다.

지금까지 수행한 단어빈도분석 결과(TF 값)를 [FC-2]에서 설정한 파일 경로에 저장한다([FC-8]).

- 빈도를 저장하기 위해 line 78부터 83까지 다음의 함수를 작성한다: save_word_counts
- save_word_counts함수는 [FC-5]에서 계산한 word_counts를 저장하고자 하는 file_path에 csv 파일로 저장하는 함수이다.
- line 81을 보면 저장되는 csv 파일의 첫 번째 줄에는 열 제목('Word' 'Frequency')이 작성되며, 이후 각 줄에는 단어와 해당 단어의 빈도수가 기록되도록 한다. 이때, 열 제목은 사용자가 원하는 대로 수정이 가능하다.
- line 85에서는 save_word_counts 함수를 호출하여 word_counts에 저장된 빈도분석 결과를 [FC-1]에서 설정한 freq_csv_path라는 빈도분석 결과 저장 경로 변수에 저장한다.
- [FO-8]을 보면, 높은 빈도수를 나타내는 단어 순서대로 분석 결과(TF 결과)가 제시되는 것을 확인할 수 있다.

```
78. def save_word_counts(word_counts, file_path):
79.     with open(file_path, 'w', newline='', encoding='utf-8-sig') as csvfile:
80.         csv_writer = csv.writer(csvfile)
81.         csv_writer.writerow(['Word', 'Frequency'])
82.         for word, count in word_counts.items():
83.             csv_writer.writerow([word, count])
84.
85. save_word_counts(word_counts, freq_csv_path)
```

[FC-8] 단어빈도분석 결과 저장하기

⑧ 각 단어들의 중요도를 나타내는 값을 저장한다.

지금까지 수행하여 분석한 결과인 TF-IDF의 평균값과 TF-IDF의 합산값을 [FC-2]에서 설정한 경로 파일에 저장한다([FC-9]).

- line 87~90에서 각 단어들의 TF-IDF 평균값을 DataFrame 형식으로 변환하여 [FC-2]에서 설정한 tfidf_mean_csv_path 경로 변수에 저장한다.
- line 92~95에서 각 단어들의 TF-IDF 합산값을 DataFrame 형식으로 변환하여 [FC-2]에서 설정한 tfidf_sum_csv_path 경로 변수에 저장한다.
- line 88과 93에 나타나 있듯, csv 파일의 첫 번째 줄에는, TF-IDF의 평균값은 열 제목('Word' 'Mean_TFIDF')이 들어가도록 작성하고, TF-IDF의 합산값은 열 제목('Word', 'Sum_TFIDF')이 들어가도록 작성한다. 이후 각 줄에는 단어와 해당 단어의 TF-IDF 값이 기록되도록 한다.
- [FO-9]와 [FO-10]을 보면, TF-IDF의 평균값과 TF-IDF의 합산값의 크기 순서대로 분석결과가 제시되는 것을 확인할 수 있다. 앞서 [FC-2]에서 결과 출력 파일명을 확인하기 바란다.

```
87. tfidf_mean_df = tfidf_mean.reset_index()
88. tfidf_mean_df.columns = ['Word', 'Mean_TFIDF']
89.
90. tfidf_mean_df.to_csv(tfidf_mean_csv_path, index=False, encoding='utf-8-sig')
91.
92. tfidf_sum_df = tfidf_sum.reset_index()
93. tfidf_sum_df.columns = ['Word', 'Sum_TFIDF']
94.
95. tfidf_sum_df.to_csv(tfidf_sum_csv_path, index=False, encoding='utf-8-sig')
```

[FC-9] TF-IDF의 평균값과 합산값 결과 저장하기

	A	B
1	Word	Frequency
2	메타버스	268
3	교육	98
4	기술	97
5	연구	79
6	활용	72
7	가상	60
8	플랫폼	52
9	디지털	52
10	세계	51

[FO-8] TF 결과 (파일명: freq.csv)

	A	B
1	Word	Mean_TFIDF
2	메타버스	0.1076857
3	기술	0.0676939
4	교육	0.0575689
5	연구	0.0444323
6	콘텐츠	0.0433363
7	플랫폼	0.0412555
8	가상	0.0400831
9	활용	0.0394574
10	디지털	0.0387771

[FO-9] TF-IDF의 평균값(파일명: tfidf_mean_results.csv)

	A	B
1	Word	Sum_TFIDF
2	메타버스	7.6456824
3	기술	4.8062704
4	교육	4.0873924
5	연구	3.1546926
6	콘텐츠	3.0768780
7	플랫폼	2.9291416
8	가상	2.8459020
9	활용	2.8014777
10	디지털	2.7531771

[FO-10] TF-IDF의 합산값(파일명: tfidf_sum_results.csv)

⑨ 분석 결과를 시각화한다.

지금까지 분석의 결과는 모두 csv 파일의 형태로 각 단어와 수치로 나타났다. 이를 한눈에 파악하기 쉽도록 만드는 방법이 직관적인 시각화다. 단어빈도분석에서 자주 사용되는 단어구름을 통해 분석 결과를 시각화 한다([FC-10]).

- line 97~99에서는 시각화를 위해 필요한 라이브러리들을 불러온다.
- 예제에 사용된 라이브러리는 단어구름 생성을 위한 WordCloud 라이브러리, 생성된 단어구름 출력을 위한 matplotlib.pyplot 라이브러리, 단어구름에 사용될 한글 폰트 적용을 위한 matplotlib.font_manager 라이브러리이다.
- line 101에서는 단어구름에 사용할 폰트 경로를 지정한다. 단

어구름을 출력하는 matplotlib 라이브러리에는 기본적으로 한글 폰트가 탑재되어 있지 않기 때문에 한글 키워드로 단어구름 시각화를 하는 경우에는 정상적으로 출력이 되지 않는다. 이러한 문제를 해결하기 위해 자신이 가지고 있는 한글 폰트 경로를 직접적으로 font_path 경로에 설정해 주면 된다. 해당 폰트 경로는 모든 사용자에 따라 다를 수 있다.

- 단어구름을 생성하기 위해 line 104에 다음의 함수를 작성한다: generate_wordcloud
- generate_wordcloud 함수는 시각화하고자 하는 데이터를 매개변수 word_data에 입력받아 단어구름 형태로 시각화하는 함수이다.
- line 104에서 볼 수 있는 max_words는 단어구름에 몇 개의 단어를 시각화할 것인지를 정하는 파라미터이며, background_color는 단어구름의 배경색을 설정하는 파라미터이고, width, height는 출력될 그림의 가로, 세로 픽셀 크기를 나타낸다. 예제에서는 800 × 400의 사이즈로 그림을 출력한다.
- line 106~109를 통해 생성한 단어구름을 출력한다. 이때 line 106의 figsize는 최종 결과물이 출력되는 팝업 창의 크기를 나타낸다. 앞서 말한 width, height와 혼동이 발생할 수 있으므로 주의한다. 예제를 통해 생성된 단어구름은 별도의 팝업창에 출력이 되는데, 이때 창 안에 출력되는 단어구름 그림의 사이즈는 width, height를 통해 설정하고, 팝업 창 자체의 크기는 figsize로 설정하는 것이다.

- line 111에서는 작성한 generate_wordcloud 함수를 호출하여 단어구름을 생성한다. 이때 함수 안에 빈도분석 결과(word_counts), TF-IDF 합산값(tfidf_sum), TF-IDF 평균값(tfidf_mean) 중에 사용자가 시각화하고자 하는 결과를 넣을 수 있다.
- [FO-11]과 [FO-12]처럼 지금까지의 분석 결과를 시각화할 수 있다. 그림에서 확인 가능하듯이 단어의 크기가 수치(TF 혹은 TF-IDF)가 큰 단어이다.

```
97. import matplotlib.pyplot as plt
98. from wordcloud import WordCloud
99. import matplotlib.font_manager as fm
100.
101. font_path = 'C:\windows\Fonts\gulim.ttc'
102.
103. def generate_wordcloud(word_data):
104.     wordcloud = WordCloud(
             font_path=font_path,
             max_words=100,
             background_color='white',
             width=800,
             height=400
         ).generate_from_frequencies(word_data)
105.
106.     plt.figure(figsize=(5, 5))
107.     plt.imshow(wordcloud, interpolation='bilinear')
108.     plt.axis('off')
109.     plt.show()
110.
111. generate_wordcloud(word_counts)
```

[FC-10] 분석 결과 단어구름 시각화하기

[FO-11] TF 결과 단어구름

[FO-12] TF-IDF 합산값 단어구름

8. 단어빈도분석 실제 논문 사례

실제 논문 사례[7]는 '디지털교육전환' 정책 관련 교육부 보도 자료를 연도별로 분석한 것으로 교육부 홈페이지(https://www.moe.go.kr) 정책의 디지털교육전환 탭에 게시된 관련 보도 및 설명 자료를 수집하여 텍스트 마이닝을 수행한 논문이다. 이 사례에서는 논문 전체를 모두 인용하지 않고, 텍스트 마이닝 기법 중에서 단어빈도분석 내용만을 원문 그대로 발췌하여 제시한다. 발췌한 원문을 제시할 때, 1) 연구방법 예시와 2) 연구결과 예시로 나누었다.

1) 연구방법 예시

3.1. 분석 대상

본 연구의 목적은 '디지털교육전환' 정책 관련 교육부 보도자료를 연도별로 분석하는 것이다. 이를 위해 교육부 홈페이지(https://www.moe.go.kr)의 정책〉디지털교육전환 탭에 게시된 관련 보도·설명자료를 수집하였다. 수집 기간은 해당 탭에 최초로 보도자료가 게시된 2022년 9월 16일부터 연구 시점인 2024년 5월 16일까지로 설정하였으며, 이에 따라 수집된 보도자료는 총 104개이다〈Table 1. 참조〉. 수집한 보도자료에 포함된 붙임 자료는 보도자료의 내용을 뒷받침하는 경우를 제외하고, 단순 행사 일정, 시상식 내역과 같은 경우는 모두 제외하였다.

<Table 1> Number of Press Releases by Year

Year	Number of Press Releases
2022	34
2023	56
2024	14
Total	104

3.2. 분석 절차

본 연구는 다음과 같은 절차로 분석을 수행하였다. 먼저 분석의 대상인 보도자료를 수집하여 연도별 데이터셋을 구축하고, 구축한 데이터셋의 키워드 정제 작업을 실시하였다. 키워드 정제는 선행 연구를 참고하여, 첫째, 동의어를 하나의 키워드로 통합하였다. 예컨대, Brain Korea를 BK로, SW를 software로 통합하는 것이다. 둘째, 특수문자나 공백으로 연결된 키워드는 이를 제거하여 하나의 키워드로 통합하였다. 예컨대, K-digital training을 KdigitalTraining으로, Software Industy를 SoftwareIndusrty로 통합한 것이다. 셋째, 분석에 큰 의미가 없다고 판단되는 특정 대학명과 같은 키워드들을 불용어 처리하였다[22]. 이후 정제된 데이터를 기반으로 빈도분석, TF-IDF분석, 키워드 네트워크 분석, CONCOR 분석을 수행하고, 분석 결과에 따른 해석 및 논의를 실시하였다〈Table 2. 참조〉.

<Table 2> Analysis Procedure

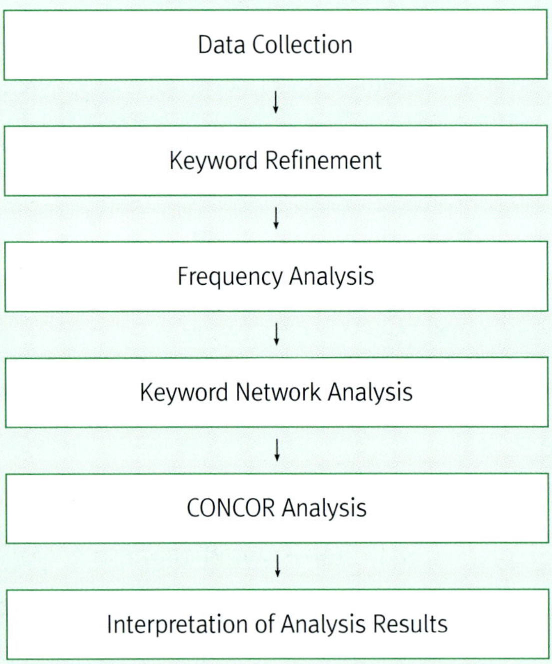

3.3. 분석 방법

3.3.1. 빈도분석과 TF-IDF분석

본 연구에서는 '디지털교육전환' 관련 보도자료에서 많이 언급되는 주요 키워드를 파악하기 위하여 키워드의 빈도분석을 실시하였고, 단순 빈도만으로 파악할 수 없는 키워드의 중요성을 파악하기 위하여 TF-IDF분석을 실시하였다.

키워드 빈도분석은 단순히 그 키워드가 몇 번 출현하는가를 알아보는 것인데, 출현빈도 자체가 문서자료 내에서 반드시 주요 단어가 되는 것은 아니다. 이를 보완한 것이 단어 빈도와 그 단어가 출현한 문서 빈도의 역수를 취해서 곱하는 TF-IDF 분석이다.

2) 연구결과 예시

4.1. 키워드 빈도분석

〈Table 3〉은 각 연도별 '디지털교육전환' 정책에 대한 보도자료에 등장한 키워드의 빈도와 TF-IDF 점수를 나타낸 것이다. 각 연도마다 빈도 기준으로 상위 10개의 키워드를 나열하였다. 각 연도별 주요 키워드를 살펴보면 2022년에는 Digital(335회), Software(196회), Education(154회), AI(153회), Support(152회)와 같은 키워드가 주로 나타나고 있었으며 2023년에는 AI(374회), Digital(254회), Support(208회), Education (206회), Operation(167회)과 같은 키워드가, 2024년에는 University(89회), Support(86회), Teacher(62회), Digital(61회), Project(58회)가 주요 키워드로 나타

났다. 이러한 결과를 통해 연도에 관계없이 'Digital', 'Support'가 공통된 주요 키워드로 사용되고 있음을 파악할 수 있다.

나아가 TF-IDF 점수를 통해 상위 빈도 키워드들이 데이터셋 내에서 어느 정도의 중요도를 지니고 있는지 파악하였다. 각 연도별로 빈도수 1위 키워드를 제외한 다른 키워드들의 TF-IDF 점수는 큰 차이를 보이지 않았다. 빈도분석에서 모든 연도에서 상위권에 위치했던 Digital의 경우 연도별 TF-IDF점수에서도 상위권에 위치하여 전체 기간 보도자료에서 높은 중요도를 지니는 것을 확인할 수 있었다. 반면, 빈도에서는 상위에 위치했던 Support의 경우, 2024년을 제외한 분석결과에서는 TF-IDF 점수가 상대적으로 낮게 나타나 2024년 이외의 보도자료에서는 중요도가 떨어짐을 확인할 수 있었다.

<Table 3> Keyword Frequency Analysis Results

2022 (N=2,406)				2023 (N=2,409)				2024 (N=835)			
Rank	Keyword	Freq.	TF-IDF	Rank	Keyword	Freq.	TF-IDF	Rank	Keyword	Freq.	TF-IDF
1	Digital	335	0.105	1	AI	374	0.089	1	University	89	0.128
2	Software	196	0.097	2	Digital	254	0.068	2	Support	86	0.091
3	Education	154	0.072	3	Support	208	0.043	3	Teacher	62	0.076
4	AI	153	0.058	4	Education	206	0.050	4	Digital	61	0.083
5	Support	152	0.046	5	Operation	167	0.049	5	Project	58	0.088
6	Company	150	0.060	6	Company	163	0.044	6	Education	54	0.063
7	Field	126	0.047	7	University	155	0.052	7	Selection	51	0.076
8	Operation	119	0.045	8	Software	142	0.054	8	Student	47	0.067
9	University	112	0.049	9	Selection	140	0.049	9	Operation	45	0.059
10	Student	94	0.050	10	Student	122	0.037	10	Class	40	0.055

Chapter 7

토픽모델링

1. 정의

문서는 토픽들의 혼합이며, 대체적으로 큰 토픽(주제) 아래에 여러 하위 토픽들로 구성된다. 예컨대, 경제학 문서는 경제라는 큰 토픽에 관한 내용에 대한 글이며, 그 안에 저자가 말하고 싶은 경제 관련 하위 토픽들이 들어 있다. 여러 경제학 문서들로 이루어진 말뭉치라면, 공통적인 하위 토픽들이 여러 문서들 안에서 발견될 수 있다. 소설은 작가가 구상한 커다란 토픽이 전체 플롯에 담겨 있고 여러 작은 토픽들로 나누어져 사건이 전개된다. 비록 상이한 소설들로 말뭉치를 이루었다고 해도 각 소설들 속에는 공통의 토픽들이 있을 수 있다.

토픽모델링은 문서 집합인 말뭉치 내에서 주제(토픽)를 자동으로 식별하여 분류하는 작업이다. 토픽을 찾아내는 방법은 말뭉치를 이루는 개별 문서 내에 들어있는 단어들의 동출현 빈도나 확률 또는 패턴을 이용하여 비슷한 단어를 묶어 단어묶음을 만드는 것이다. 따라서 토픽모델링을 수행하면, 여러 개의 단어묶음들이 추출되어 제시되는데, 각각의 묶음은 함께 등장할 확률이 높고 유사성이 높은 단어들로 이루어진다. 즉, 이 각각의 묶음이 하나의 토픽이라고 말할 수 있는 단어들의 모임인 것이다. 이 단어묶음 하나하나가 말뭉치 내에 존재하는 토픽이며, 묶음의 수가 토픽의 개수가 된다. 각 문서는 여러 토픽들이 혼합되어 있으며, 추출된 토픽들은 어느 한 문서에만 존재하는 것이 아니라 여러 문서(말뭉치)를 관통하여 존재한다. 이 때문에 각 토픽들은 말뭉치 문서들이 공통적으로 표출하고 있는 쟁점이나 이슈로 볼 수 있다.

예를 들어, 문서에서 관측된, 즉 출현한 단어들이 백신, 마스크, 팬데믹, 아스트로제네카, 우한(중국도시), 바이러스가 있다면, 이들로부터 추론할 수 있는 토픽은 무엇일까? 아마 독자 대부분은 '코로나' 혹은 'COVID19'를, 또는 '코로나와 관련된 어떤 것'을 떠올릴 것이다. 관측된 여러 단어들로부터 잠재된 토픽인 '코로나' 혹은 '코로나와 관련된 어떤 것'을 추론한 것이다. 그런데 백신으로부터 반드시 코로나를 추론할 필요는 없다. 독감을 추론할 수도 있다. 마찬가지로 마스크도 팬데믹도 그리고 각 모든 단어도 개별적으로 판단하면 반드시 코로나라는 토픽일 필요는 없다. 즉, 단어들이 묶음처럼 존재하지 않고 개별적으로 존재한다면 굳이 토픽이 코로나일 필요는 없다. 하지만 단어들을 이렇게 하나의 묶음으로 본다면 다른 어떤 토픽보다 코로나가 더 관련될 것이다.

[그림 7-1]은 토픽모델링을 쉽게 이해할 수 있도록 간결하게 그려놓은 이미지다. 1개의 페이지가 1개의 문서라고 간주하면 총

6개의 문서로 이루어진 말뭉치를 보여 주고 있다(물론 실제 연구와 분석에 사용하는 말뭉치를 이루는 문서들은 6개보다는 훨씬 많을 것이다). 토픽모델링 결과, 이 말뭉치를 관통하는, 즉 주제화할 수 있는 토픽은 총 4개라는 것을 알 수 있으며, 각 토픽에 속한 단어들에는 어떤 것이 있는지가 제시되고 있다.

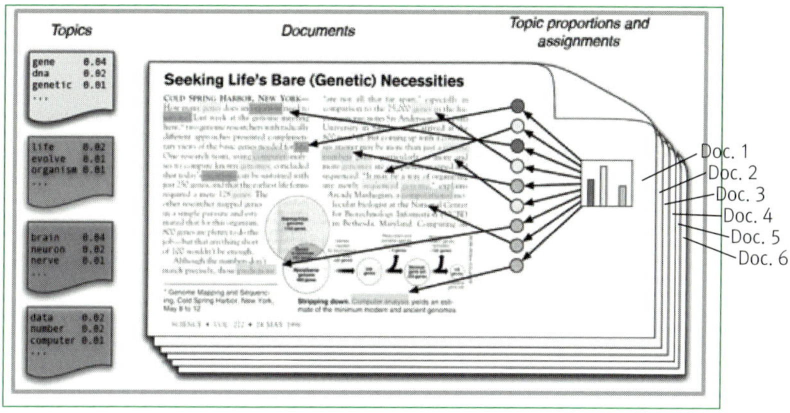

[그림 7-1] 토픽모델링 이해를 위한 도식

2. 목적

토픽모델링의 목적은 여러 문서들 사이에 공통적으로 논의되는 주제(토픽)를 파악하기 위함이다. 전술한 바와 같이, 토픽모델링을 수행하면, 토픽을 구성하는 단어들의 묶음들이 여럿 도출된다. 개별 단어묶음 속의 단어들은 그 출처가 하나의 문서가 아니라 여러 문서이기 때문에 하나의 단어묶음은 여러 문서에서 등장하는 단어들로 이루어진다. 이것은 어느 저자가 자신의 문서에서 A, B, C, D라는 토픽을 논하고 있는데, 알고 보니 다른 문서의 저자도 그 A, B, C, D라는 토픽을 논하고 있더라는 점을 보여 준다. 그러니까 토픽이 4개가 도출된 말뭉치는 그 말뭉치를 이루는 문서들의 저자들이 4개의 주제를 공통적으로 논하고 있음을 뜻한다.

그러나 모든 문서들이 공통된 주제를 논하고 있다 해도, 각 문서가 지닌 토픽의 비중은 상이하게 나타난다. 이러한 차이로 인해 토픽모델링 분석으로 각 토픽에 해당하는 문서를 분류할 수도 있다.

또한 토픽모델링은 이 단어묶음, 즉 이 토픽에 이름을 부여함으로써 토픽의 개수뿐만 아니라 그 토픽이 무엇을 나타내는지도 밝혀내고자 한다. 토픽의 이름은 단어묶음을 이루는 단어들의 의미와 관련성, 단어들의 공통된 내용을 바탕으로 연구자가 지어 붙인다. 결과적으로 토픽의 이름 짓기는 토픽의 내용을 요약해서 밝히는 것과 같다.

서로 상이한 문서들 안에서 여러 저자들이 공통의 토픽들을 논하고 있다면, 이 토픽들이 현재 화제성을 띠고 있는 주제가 된다고 말할 수 있다. 여러 사람들은 이런 주제의 이야기를 말로 나누고 글로써 드러내고 있다는 뜻이다. 이런 현상은 다수가 여기저기서 어떤 주제들을 중심으로 공통적인 이야기를 하고 있는 담론의 현상과 유사하다. 담론분석을 토픽모델링을 통해 수행할 수 있는 이유가 여기에 있다.

토픽모델링은 문헌과 문서를 데이터로 사용하는 분야에서 매우 유용하다. 초중고교에서 학생들이 사용하는 교과서, 언론에서 매일 발행하거나 방송하는 신문과 뉴스, 주간 혹은 월간으로 발간되는 잡지, 정부 기관에서 발표하는 보도자료, 출판사가 내어놓는 소설책을 포함한 각종 서적, 학회에서 출간하는 학술저널 등 사실상 거의 전 분야와 영역이 문헌과 문서를 사용하고 있기 때문에 토픽모델링은 활용 분야도 꽤 넓다.

현재 우리는 책, 신문, 잡지 등의 전통적 종이 출판물이든 블로그, 페이스북, 카카오톡, 유튜브, 인스타그램 등의 소셜 미디어의 전자적 형태든 대규모의 문서들이 폭발적으로 생산되고 저장되는 시대에 살고 있다. 개인이 이 모든 텍스트를 읽을 여유도 없을뿐더러, 대량의 텍스트가 구조화되어 있지 않은 비정형 상태도 많아서, 또한 주제가 드러나 있지 않고 애매하거나 숨겨진 경우도 많아서 주제를 파악하는 것은 쉽지 않은 작업이다. 더욱이 설사 텍스트를 다 읽었을지라도 그 안에 들어 있는 핵심 이슈나 주제를 발견하는 일은 별개의 일이다. 토픽모델링은 이 어려운 문제를 해결해 주는 방안이 될 수 있다. 토픽모델링은 다른 어느 때보다 더 많은 문헌과 문서, 대화와 콘텐츠가 텍스트화되어 저장되고 있는 21세기 빅데이터 시대에 더욱 많이 분석에 이용될 것으로 기대된다.

3. 알고리즘

토픽모델링의 알고리즘에는 잠재 디리클레 할당(Latent Dirichlet Allocation, LDA) 모형과 이 모형의 수정 또는 파생 형태인 상관토픽모형(Correlated Topic Model, CTM)과 구조적 토픽모형(Structured Topic Model, STM), 잠재의미분석(Latent Semantic Analysis, LSA) 모형, BERT 기반의 복합모형 등이 있다. 앞서 1절에서 토픽모델링의 정의를 설명할 때 "단어들의 동출현 빈도나 확률 또는 패턴을 이용하여 비슷한 단어를 묶어 단어묶음을 만드는 것"이라고 했는데, 이 모형들은 '비슷한 단어묶음을 만드는' 알고리즘인 것이다. 이 중에서 어떤 알고리즘을 사용해야 하는가는 연구자가 결정해야 할 사항이다. 이 책에서는 LDA를 사용한 예제를 제시한다. 각각의 알고리즘에 대한 수식을 동원한 자세한 설명은 이 책의 목적과 의도를 벗어나기 때문에 생략한다. 깊게 파고들고 싶은 독자는 관련 전문서적을 참고해야 한다.

다만, 토픽모델링을 수행한 많은 논문들이 LDA를 많이 사용하였기 때문에 LDA에 대한 간략한 설명을 추가하고자 한다. LDA의 기본 아이디어는 확률에 있다. 문서 내에서 잠재된 토픽들이 확률 분포에 기반을 두고 단어들을 생성한다고 가정한다. 이는 특정 관측 단어는 특정 잠재 토픽을 반영할 확률을 갖고 있다는 뜻이며, 또한 백신, 마스크, 팬데믹이란 단어가 코로나라는 토픽을 반영하는 확률이 게임이라는 잠재된 토픽을 반영할 확률보다 크다는 뜻이다. 이처럼 각 단어의 잠재 토픽에 대한 확률을 토대로 토픽모델링 분석을 한다.

●● 4. 결과 제시 방법

1) 토픽의 수 및 특정 토픽 내의 단어들을 나타낸 그래프 제시

말뭉치가 몇 개의 토픽이 존재하는지 그리고 특정 토픽에 속하는 단어들은 무엇이고 그 비중은 어떻게 되는지를 나타내는 그래프를 제시한다.

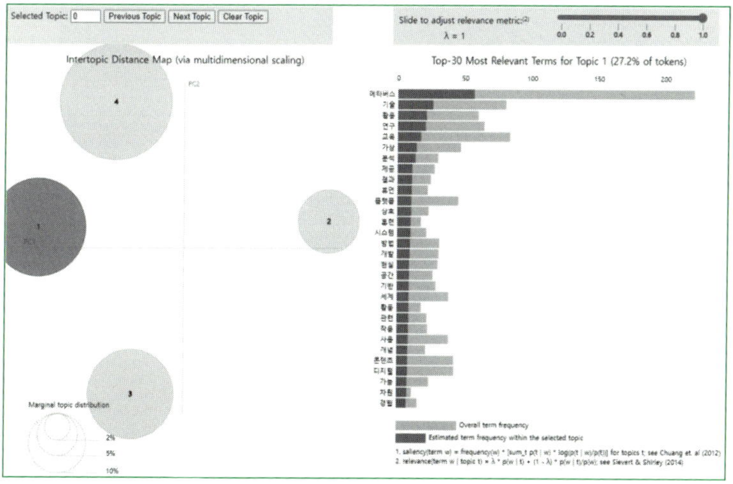

[그림 7-2] 토픽의 수와 토픽 1에 속하는 관련 단어들을 나타낸 그래프 제시의 예[1)]

2) 문서 내 토픽 비중의 그래프 제시

각 문서들 내에서 여러 토픽들이 어느 정도 비중을 차지하고 있는지를 그래프로 제시한다. 개별 문서들 안에 어떤 토픽이 다른 토픽들에 비해 어느 정도 크기를 갖고 있는지를 쉽게 비교할 수 있다.

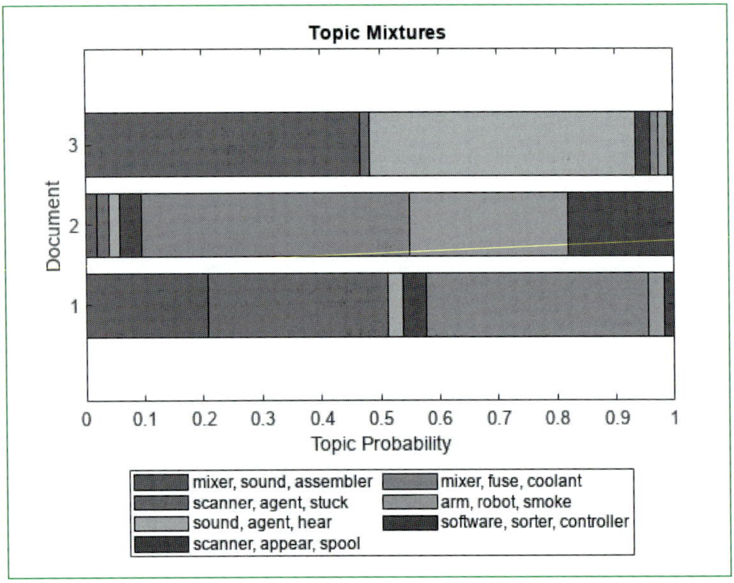

[그림 7-3] 토픽 내 키워드 비중 그래프 제시의 예[2)]

3) 토픽 내 키워드 비중과 토픽 비중의 시계열적 변화의 그래프 제시

도출된 토픽이 어떤 키워드들로 이루어져 있고 그 키워드들의 토픽 내 비중은 어떠한지를 막대그래프로 제시하거나, 또 그 토픽이 시간의 흐름에 따라 비중이 어떻게 달라지는지를 시계열 그래프로 제시한다.

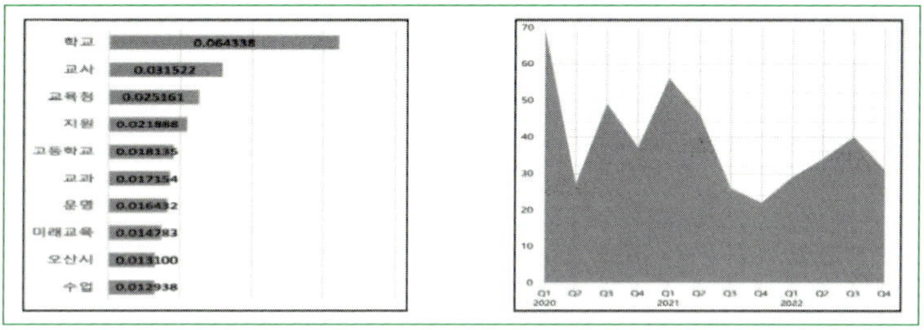

[그림 7-4] 토픽 내 키워드 비중 및 시계열 변화 그래프 제시의 예[3)]

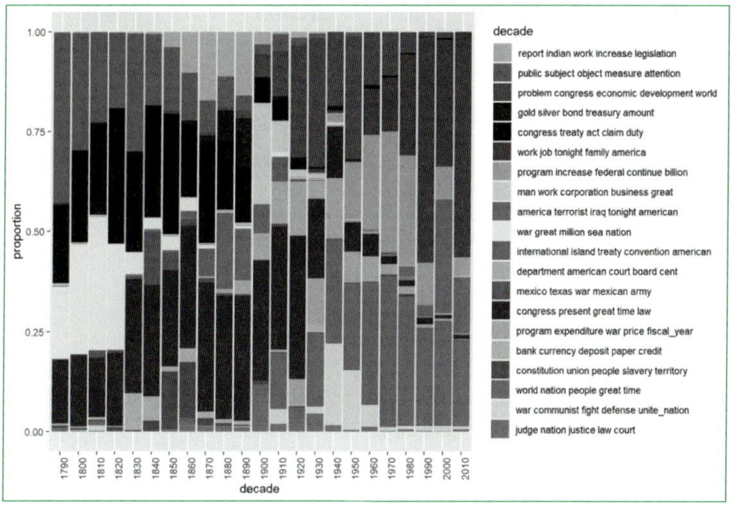

[그림 7-5] 토픽 내 키워드 비중 및 시계열 변화 그래프 제시의 예[4)]

4) 토픽을 구성하는 단어들의 공간적 위치 제시

도출된 여러 토픽들을 구성하는 단어들의 공간적 위치를 좌표에 제시한다. 총 12개의 토픽들을 이루고 있는 개별 단어들의 위치를 쉽게 비교해서 볼 수 있다.

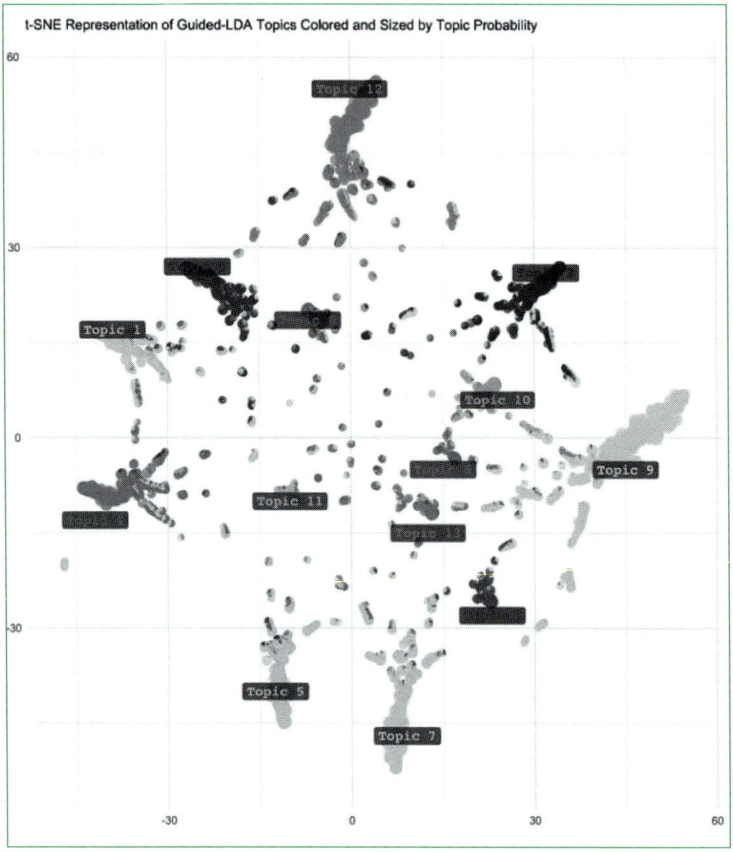

[그림 7-6] 토픽을 구성하는 단어들의 공간적 위치 제시의 예[5)]

5) 단어구름으로 토픽 내 주요 키워드 시각화 제시

도출된 각 토픽들이 어떤 단어로 이루어져 있는지를 제시할 때 단어구름을 이용한다. 비중이 높은 단어가 크게 제시되는 단어구름의 특징을 이용함으로써 각 토픽 내 주요 단어를 빠르게 확인할 수 있다.

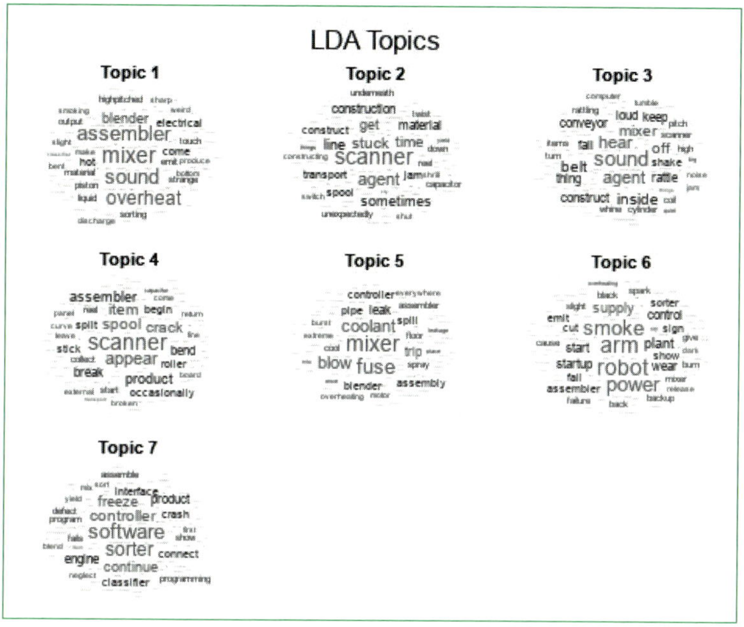

[그림 7-7] 단어구름으로 토픽의 키워드 제시의 예[6]

5. 유의사항

토픽모델링을 수행할 때 적절한 토픽의 수를 결정하는 것이 중요하다. 너무 적은 토픽의 수는 문서의 내용을 충분히 반영하지 못할 위험이 있으며, 반대로 너무 많은 토픽의 수는 토픽 사이의 구분이 모호해질 위험이 있다. 그런데 이렇게 중요한 토픽의 수를 연구자가 직접 결정해야 한다. 따라서 연구자는 분석하고자 하는 문서의 내용을 파악해서 토픽의 수를 결정해야 한다. 다행히도 토픽의 수를 결정하는 데 도움을 주는 몇 가지 방법이 존재한다. Coherence Score(정합 점수), Perplexity Score(혼잡도), Elbow Method, Log-likelihood(로그우도) 등 여러 가지 지표가 토픽 수 결정에 도움을 준다.

이와 같은 과정을 거쳐 적절한 토픽의 수를 결정하고 토픽을 구성하는 단어 묶음이 도출되었다고 해서 그 토픽이 무엇인지, 어떤 의미를 가지고 있는지 등은 즉각적으로 알 수 없다. 몇 개의 토픽이 있는지(즉, 단어 묶음이 몇 개인지), 어떤 단어들이 각각의 토픽에 속하는지, 그 단어들이 특정 토픽에 속할 확률이 얼마인지, 그 단어들이 어떤 문서에 들어 있는지 등을 알려줄 뿐이다. 각 토픽의 이름 부여와 토픽의 의미를 밝히는 작업은 연구자의 몫이다. 연구자는 토픽 내의 단어들을 살펴보고 그 단어들을 아우를 수 있는 적절한 이름을 토픽 이름으로 명명하며, 이 토픽 이름과 그 의미에 대한 적절한 설명과 해석을 곁들여야 하고 이론적이고 성찰적인 논의를 해야 한다. 물론 이 과정에서 어느 분야의 말뭉치인지, 말뭉치를 이루는 각 문서의 출처가 어디인지를 연구자는 고려해야 한다.

6. 토픽모델링 순서도

일반적으로 토픽모델링은 다음과 같은 순서로 진행된다.

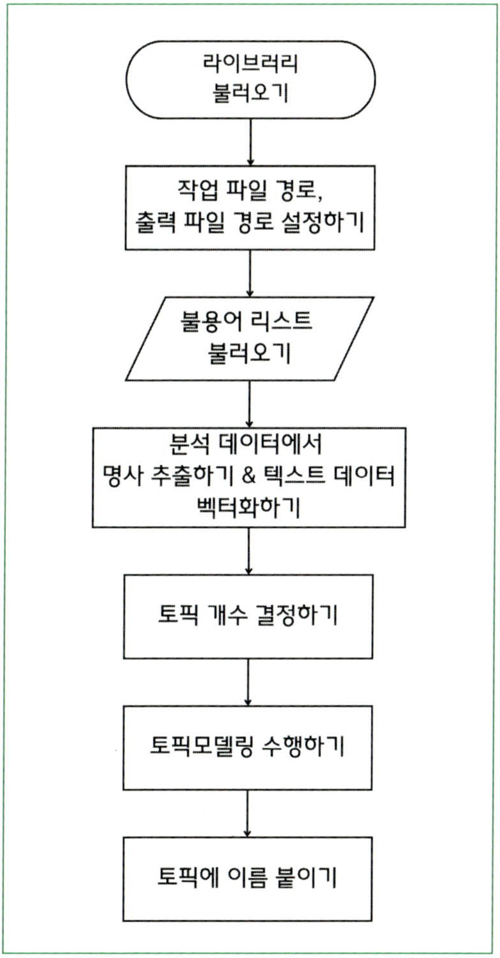

7. 토픽모델링 파이썬 실습 예제

본 실습 예제에서는 Mecab의 사용자 사전을 구성해 두었다는 것을 전제로 설명한다. Mecab 사용자 사전의 설치 및 구성은 이 책에서 다루기에는 사용자별로 환경 및 발생하는 오류 등이 너무 다양하므로 관련 블로그나 웹사이트에서 정보를 찾아보는 것을 추천한다.

본 실습 예제는 단어의 토픽(Topic)을 분석하므로 독자의 이해를 위해 제시하는 그림의 이름은 T로 시작하며, [TO-1], [TO-2], [TO-3]…, [TC-1], [TC-2], [TC-3]…처럼 제시된다. [TO-1], [TO-2], [TO-3]…,는 데이터 모습과 출력 결과(Output)를 보여 주는 화면 캡처 그림이며, [TC-1], [TC-2], [TC-3]…는 파이썬 코드(Code)를 보여 주는 그림이다.

텍스트 마이닝의 기법 중 하나인 토픽모델링은 대량의 문서에서 주요 주제들을 추출하고 문서들을 추출한 주제들로 분류하는 기법이다. 본 실습에서는 학술지 논문의 서지정보를 대상으로 LDA(Latent Dirichlet Allocation) 기반 토픽모델링을 수행하며, 데이터 전처리부터 토픽모델링 결과 시각화까지의 전체 과정을 직접 실습해 본다.

사용할 텍스트 데이터

파이썬 실습 예제에 사용할 분석 데이터 파일은 단어빈도분석에서 사용한 것과 동일한 data.xlsx이다. 이 파일은 한국학술지인용색인(KCI), 학술연구정보서비스(RISS)에 등재된 공학 분야의 논문들에서 2022년 기준 '메타버스'를 키워드로 검색하여 수집한 서지정보를 엑셀로 정리한 것이다. 데이터는 제목, 저자, 발행기관, 학술지명, 발행연도, 주제어, 문서번호(doc), 초록(abstract)로 구성되어 있다([TO-1]). 토픽모델링 파이썬 실습 예제에서는 이 분석 데이터 파일에서 초록(abstract) 데이터를 사용하여 실습한다.

이번 실습 예제에서는 분석할 텍스트 데이터 파일인 초록(abstract) 데이터를 사용하여 데이터 파일 내에 어떤 토픽들이 존재하고, 이 토픽들은 어떤 키워드들로 구성되어 있는지 파악한다.

	A	B	C	D	E	F	G	H
1	제목	저자	발행기관	학술지명	발행연도	주제어	doc	abstract
2	메타버스 기반 K-환경	이한진,구현희	한밭대학교 적	적정기술(App	2022	메타버스 리터	a1	그 어느 해보다 기후위기를 실감할 수 있었던 202
3	보행자 편의성 향상을	박현철,김인희	대한교통학회	대한교통학회	2021		a2	지역 간 통행이 증가함에 따라 낯선 환경을 마주하
4	가상 현실을 이용한 작	박수형,김남훈	대한산업공학	대한산업공학	2021		a3	생산시스템에서의 인간 작업자는 여전히 중요한 역
5	메타버스 내 가상세계	한혜원	한국과학기술	디지털콘텐츠	2008	Virtual World,	a4	메타버스 내 가상세계는 가상적으로 확장된 물리적
6	헤드 무브먼트 데이터	김정호(Jungho	한국방송·미디	방송공학회논	2021	Head Movem	a5	가상현실 산업은 코로나바이러스 이후 비대면 콘텐
7	물리 세계와 가상 세계	양수림;조중호	한국방송·미디	방송과 미디어	2021		a6	코로나바이러스로 인한 디지털 전환의 가속화와 비
8	메타버스 기반의 실감	고병수;김명하	한국방송·미디	방송과 미디어	2022		a7	한국콘텐츠진흥원에서는 문화 콘텐츠 발전과 세계
9	메타버스(Metaverse)오	정상섭	한국방송·미디	방송과 미디어	2022		a8	메타버스 서비스란 '가상', '초월' 등을 뜻하는 영어
10	미디어 콘텐츠의 메타버	송민정	한국방송·미디	방송과 미디어	2022		a9	본 고는 미디어 산업 관점에서 미디어 콘텐츠의 메
11	디지털 휴먼의 현재와	서영호,오문석	한국방송·미디	방송과 미디어	2021		a10	디지털기술의 발전에 따라 메타버스가 콘텐츠 시장

[TO-1] 파이썬 실습 예제 데이터의 모습(파일명: data.xlsx)

분석을 위한 파이썬 코딩

① 라이브러리들을 불러온다.

토픽모델링을 위해 필요한 라이브러리들을 먼저 불러와 작업할 환경을 만든다([TC-1]). 실습에 사용할 라이브러리들의 기능을 간략하게 설명하면 다음과 같다.

- openpyxl은 엑셀 파일을 읽고 쓰는 데 사용한다.

- re는 정규 표현식을 위해 사용한다.
- konlpy의 Mecab은 한국어 형태소 분석을 위해 사용한다.
- gensim은 LDA 토픽모델링 분석을 위해 사용한다.
- matplotlib은 토픽의 개수를 설정할 때 사용하는 Coherenece Score 그래프를 그리기 위해 사용한다.
- pyLDAvis은 토픽모델링 결과를 시각화할 때 사용한다.
- pandas는 데이터를 데이터프레임 형태로 처리하는 데 사용한다.
- CoherenceModel은 토픽 개수 결정을 위한 Coherence Score 계산을 위해 사용한다.

```
import openpyxl
import re
from konlpy.tag import Mecab
from gensim import corpora, models
import matplotlib.pyplot as plt
import matplotlib.font_manager as fm
import pyLDAvis.gensim_models
import pandas as pd
from gensim.models import CoherenceModel
```

[TC-1] 라이브러리 불러오기

② 작업 파일 및 결과 출력 파일 경로를 설정한다.

분석에 사용할 작업 파일을 불러올 수 있도록 각 변수들에 작업 파일의 경로를 지정하고, 파이썬으로 분석한 결과를 파일로 저장할 경로를 설정한다([TC-2]). 단어빈도분석과 같은 원리로 작업 파일 및 결과 출력 파일의 경로를 설정한다.

- line 11의 file_path에는 분석에 사용할 엑셀 데이터 파일 경로를 설정한다. 본 실습 예제에서 사용할 엑셀 데이터 파일은 data.xlsx이다.
- line 12의 stopwords_file_path에는 불용어 파일 경로를 설정한다. 본 실습 예제에서 사용하고자 하는 불용어 리스트는 stopwords.txt이다. 이에 대한 자세한 설명은 단어빈도분석 실습을 참고하기 바란다.
- line13의 lda_path에는 토픽모델링의 시각화 파일이 저장될 경로와 파일명을 설정한다. 본 실습 예제에서는 토픽모델링 시각화 결과가 topicmodeling.html 파일로 작성되어 저장된다.

작업 파일 경로와 출력 파일을 설정할 때 주의할 사항은 단어빈도분석 실습 예제에 설명되어 있다.

```
11. file_path = "data.xlsx"
12. stopwords_file_path = 'stopwords.txt'
13. lda_path = 'topicmodeling.html'
```

[TC-2] 작업 파일 경로 설정 및 결과 출력 파일 경로 설정

③ 불용어 리스트를 불러온다.

불용어 리스트에 관한 코드는 단어빈도분석 실습 예제와 동일하므로 구체적인 설명은 단어빈도분석 실습을 참고하면 된다 ([TC-3], [TO-2]).

```
15. def load_stopwords(file_path):
16.     stopwords = set()
17.     with open(file_path, 'r', encoding='utf-8-sig') as file:
18.         for line in file:
19.             stopwords.add(line.strip())
20.     return stopwords
21.
22. stopwords = load_stopwords(stopwords_file_path)
```

[TC-3] 불용어 세팅하기

```
Loaded stopwords: {'그리고', '때문', '지금', '그것', '그러나', '다른', '경우', '다시', '더', '이런',
'또', '그런'}
```

[TO-2] 설정된 불용어 출력

④ 분석할 텍스트 데이터(abstract)에서 단어(명사)를 추출하고 벡터화한 형태의 텍스트 데이터(코퍼스)를 생성한다.

토픽모델링은 코퍼스 속 문장에서 중요한 단어들을 추출하고 이 단어들의 유사성을 기반으로 몇 개의 유사한 묶음이 나오는지를 파악하는 작업이다. 이러한 단어들의 묶음이 하나의 topic을 형성하며, 연구자는 이 묶음에 이름을 붙이면 topic 이름이 되는 것이다. 앞서 〈사용할 텍스트 데이터〉에서 언급한 것처럼, 본 예제는 논문들의 초록(abstract)에 나오는 단어를 갖고 묶음을 파악하고자 한다. 분석할 텍스트 데이터에서 단어를 추출하는 과정은 단어빈도분석의 [FC-4]부분과 동일하나 토픽모델링에서는 추가로 추출한 단어를 벡터화하는 작업이 추가된다. 본 실습 예제에서는 abstract 열에 있는 데이터를 분석하였다([TC-4]).

- line 24~47까지의 코드는 앞선 단어빈도분석 실습 예제의

명사 추출 코드와 완전히 동일하다. 해당 코드에 대한 설명은 단어빈도분석 실습 예제를 참고하기 바란다.

- line 49에서는 [TO-3]를 통해 확인할 수 있듯, 추출된 단어들이 하나의 문자열로 출력되어 있기 때문에, 단어의 벡터화를 위해 split()을 사용해 문자열을 토큰 리스트(단어 리스트)로 변환한 후 tokenized_documents 변수에 저장한다.
- line 51의 dictionary = corpora.Dictionary(documents)를 통해 각 단어들마다 고유한 정수형 ID를 생성한 뒤 단어와 ID를 매핑하는 사전을 작성한다. 부연하면, 각 문서에서 여러 개의 단어가 추출되는데, 각 단어마다 정수형 ID를 생성하고 이 생성한 정수형 ID와 단어를 매칭시키는 사전을 만드는 것이다(예컨대, 1: 사과, 2: 오렌지. 3: 포도…). 이렇게 작성한 사전은 dictionary 변수에 저장한다.
- line 52에서는 corpus = [dictionary.doc2bow(document) for document in documents]를 통해 각 문서를 정수형의 단어 ID와 그 단어의 출현 빈도의 쌍(예컨대, 1:7, 2:5, 3:9…라면, 1(사과)은 7번 출현, 2(오렌지)는 5번 출현, 3(포도)는 9번 출현)으로 표현한 벡터로 변환한다. 이는 텍스트 데이터를 수치화된 형태로 나타내어 컴퓨터가 처리하기 쉬운 형태로 만드는 과정이다. 이것을 추후 DTM(문서-단어 행렬: document term matrix) 또는 TDM(단어-문서 행렬: term document matrix)으로 정리할 수도 있다. 이러한 과정을 통해 생성된 코퍼스는 corpus 변수에 저장한다.

```
def extract_nouns_from_excel(file_path, col_name, stopwords):
    workbook = openpyxl.load_workbook(file_path)
    worksheet = workbook.active
    mecab = Mecab(dicpath= "C:/mecab/share/mecab-ko-dic")
    documents = []
    for idx, col in enumerate(worksheet.iter_cols(1, worksheet.max_column)):
        if col[0].value == col_name:
            comment_col_index = idx + 1
            break
    else:
        print(f"Could not find the '{col_name}' column.")
        return []

    for row in worksheet.iter_rows(min_row=2, max_row=worksheet.max_row, min_col=comment_col_index, max_col=comment_col_index):
        cell = row[0].value
        if cell:
            filtered_text = re.sub(r'[^\w\s]', '', cell)
            nouns = mecab.nouns(filtered_text)
            filtered_nouns = [noun for noun in nouns if noun not in stopwords and len(noun) >= 2]
            documents.append(' '.join(filtered_nouns))
    return documents

documents = extract_nouns_from_excel(file_path, "abstract", stopwords)
print("Extracted nouns:", documents[:5])

tokenized_documents = [doc.split() for doc in documents]

dictionary = corpora.Dictionary(tokenized_documents)
corpus = [dictionary.doc2bow(doc) for doc in tokenized_documents]
```

[TC-4] 단어를 추출하고 벡터화한 형태의 텍스트 데이터 생성하기

```
Extracted nouns: ['기후 위기 실감 세계 이슈 우리 과제 코로나 확산 아피씨씨 보고서 경고 식량 위기 물가 재난 수준 가뭄 폭염 우리 영향 각계각층 사
람 시작 변화 시작 우리 여정 시작 다년 멤버 기후 위기 탄소 중립 관련 활동 진행 서울시 사회 혁신 로우 과정 자리 목표 처음 방향 리듬 공명 시작 하나 궤도
본고 궤도 동심원 소개 물결 에너지 자리 마이에 코버스 이름 프로젝트 그룹 동아리 메타버스 기반 환경 교육 활성 모델 개발 목표 가상 공간 정기 모임 국내 지
속 증가 기후 위기 탄소 중립 환경사회기업지배구조 연계 환경 교육 최신 메타버스 플랫폼 구축 생애 주기 맞춤 서비스 제공 추구 시범 플랫폼 숙도 교육 효과
초등 학교 학년 대상 운영 프로토타입 성과 확인 단계 수요 확대 소정 성과 서울 특별시 사회 혁신 주최 공모전 최우수 탄소 중립 실천 모임 우수 사례 선정 쾌
거 진행 과정 비전 자리 소개 국내 아세안 국가 아이 탄소 중립 실천 환경 공동체 마중물 역할 애자일 방법 추진', '지역 통행 증가 환경 통행자 증가 사람 대
형 시설 기술 발달 거대 실내 경로 정보 제공 방안 한정 실정 실내 공간 사용 내비게이션 개발 필요 발견 연구 공간 제약 가상 시각 정보 제공 메타버스 증강현
실 기술 활용 보행자 위치 실행 가능 실내 내비게이션 개발 개발 도구 유니티 엑스코드 사용 매터 포트 포리 아이 적용 내비게이션 공주 대학교 공과 대학 학관
실증 테스트 결과 다수 사용 기존 지피에스 기반 내비게이션 입도 건물 시설 정보 만족도 결과', '생산시스템 인간 작업자 중요 역할 수행 모델 시뮬레이션 관점
분석 사례 실정 연구 메타버스 기술 이용 인간참여형실험 연계 행위자기반모델링 시뮬레이션 방법 제안 인간참여형실험 작업자 신체 역량 수집 생성 행동데이터 시
스템 영향 개념증명차원 시뮬레이션 분석 향후 연구 토대 실제 생산 시스템 스마트 시뮬레이션 개발 가능 기대', '메타버스 가상세계 가상 확장 물리 현실 물리
영구 가상공간 융합 문명 컴퓨터 인터페이스 기능 역할 확대 발전 가상 패러다임 전환 가상 현실 복제 단계 상상력 독자 가상 세계 구현 가상세계 환상 유희 게
임 강조 유희적가상세계 실재성 효율 네트워크 강조 사회 가상 세계 분류 북미 사회 가상 세계 중시 반면 한국 허구 세계관 입각 유희적가상세계 각광 한국 가상
세계 발전방향 현실 욕망 허구 상상 극대 유희적가상세계', '가상현실 산업 코로나바이러스 이후 비대면 콘텐츠 수요 급증 메타버스 관심 도약 기회 흐름 가상현
실 콘텐츠 대중 양질 콘텐츠 제작 가상현실 특성 스토리텔링 연구 지속 가상현실 특성 적용 콘텐츠 사용 피드백 효과 제작 해당 콘텐츠 평가 정량 지표 필요 연
구 가상현실 콘텐츠 관람 과정 분석 머리 정량 지표 설정 이후 실험 애니메이션 관람 기록 머리 움직임 정보 몰입 상관 관계 분석 분석 결과 머리 움직임 속도
상대 입도 머리 움직임 속도 콘텐츠 몰입 정도 지표 유의미 사용 도출 결과 이후 창작자 가상현실 콘텐츠 제작 프로토타입 제작 적용 스토리텔링 방식 유효 검증
정량 지표 사용 방식 제안 스토리텔링 방식 문제점 파악 방식 제안 콘텐츠 향상 연구 머리 움직임 속도 정량 지표 기반 입도 분석 기초 연구 양질 가상현실 콘텐
츠 제작 가상현실 콘텐츠 대중 기여']
```

[TO-3] 추출된 명사

⑤ 토픽 수를 결정한다.

이 과정을 통해 데이터 세트에서 몇 개의 토픽으로 단어들을 묶을지를 결정한다. 토픽의 수를 결정하는 방법은 여러 가지가 있지만 본 실습 예제에서는 Coherence Score를 사용한다.

Coherence Score는 토픽 모델의 품질을 평가하는 척도 중의 하나인데, 이 점수는 생성된 토픽들이 얼마나 일관성 있는 의미를 지니는지를 측정하는 것이다. 높은 Coherence Score는 개별 토픽 내의 단어들이 의미상 일관적이며, 해당 토픽이 실제로 의미 있는 주제임을 나타낸다. 이와 반대로 낮은 Coherence Score는 각 토픽 내의 단어들이 의미상 잘 연결되지 않거나 일관성이 떨어진다는 것을 뜻한다([TC-5]).

- line 54의 RANDOM_STATE는 코드를 실행할 때마다 결과가 다르게 나오는 것을 방지하기 위하여 결과값을 고정하기 위함이다. 쉽게 생각하면, RANDOM_STATE에 입력하는 수마다 모두 다른 실행 결과가 나올 수 있고, 특정 실행 결과를 고정시켜 코드를 여러 번 실행해도 같은 결과를 출력하기 위하여 RANDOM_STATE값을 설정하는 것이다. 본 실습 예제에서는 39로 설정하였다. RANDOM_STATE는 다른 실습에서도 다양한 부분에서 활용된다.
- 토픽 수를 결정하기 위한 Coherence Score를 계산하기 위해 line 56부터 62까지 다음의 함수를 작성한다:
  compute_coherence_values
- compute_coherence_values 함수는 dictionary와 corpus, 분석을 위한 토큰 리스트인 texts를 가지고 start~limit까지, step=n개의 간격으로 토픽의 개수를 증가시키며 Coherence Score를 계산한다.

- 이때, 다양한 Coherence Score 측정 방법 중의 하나인 'c_v' 방식을 사용하여 토픽 내 단어들의 의미적 유사성을 통해 Coherence를 계산한다.
- line 64에서는 compute_coherence_values 함수를 호출하여 [TC-4]에서 작성한 dictionary, corpus, tokenized_documents를 가지고 2~11의 범위 내에서 1개씩 토픽을 늘려가며 Coherence Score를 계산한다. 이후 계산된 점수는 coherence_values에 저장한다.
- 계산된 점수를 확인하고 몇 개의 토픽을 설정했을 때 Coherence Score가 가장 높은지 직관적으로 확인하기 위해 계산한 점수를 그래프로 나타낸다.
- line 66~72에서는 그래프의 시각화를 위한 파라미터를 설정하고 그래프를 출력한다. x축의 값은 2~10까지 1씩 증가하는 범위로, 토픽의 개수를 나타낸다. y축은 각 토픽별 coherence score 값을 나타내고, 각 축의 레이블(xlabel, ylabel), x축의 눈금 범위(xticks), 그래프 전체의 범례(legend) 등을 설정한 뒤 plt.show()로 출력한다.
- [TO-4]를 보면, 계산된 Coherence Score 그래프를 볼 수 있다. 이를 통해 몇 개의 토픽이 가장 높은 Coherence Score를 나타내는지 알 수 있고, 가장 높은 점수를 지니는 토픽의 수를 적용한다. 이때 주의할 점은 기본적으로 가장 높은 점수를 지니는 토픽의 수를 차용하되, 반드시 이것이 최적의 토픽 수가 아니라는 것이다. 때로는 데이터 세트와 관련된 영역의

지식과 분류된 토픽의 결과에 따라 연구자가 토픽 수를 조절해야 하는 경우가 있다. 본 실습 예제에서는 토픽의 수가 4일 때 제일 높은 Coherence Score를 보인다.

```
RANDOM_STATE = 39

def compute_coherence_values(dictionary, corpus, texts, limit, start, step):
    coherence_values = []
    for num_topics in range(start, limit, step):
        model = models.LdaModel(corpus=corpus, num_topics=num_topics, id2word=dictionary, random_state=RANDOM_STATE)
        coherencemodel = CoherenceModel(model=model, texts=texts, dictionary=dictionary, coherence='c_v', processes=1)
        coherence_values.append(coherencemodel.get_coherence())
    return coherence_values

coherence_values = compute_coherence_values(dictionary=dictionary, corpus=corpus, texts=tokenized_documents, start=2, limit=11, step=1)

x = range(2, 11, 1)
plt.plot(x, coherence_values)
plt.xlabel("Number of Topics")
plt.ylabel("Coherence score")
plt.xticks(range(2, 11))
plt.legend(("coherence_values",), loc='best')
plt.show()
```

[TC-5] 토픽의 수를 결정하기 위한 Coherence Score 계산하기

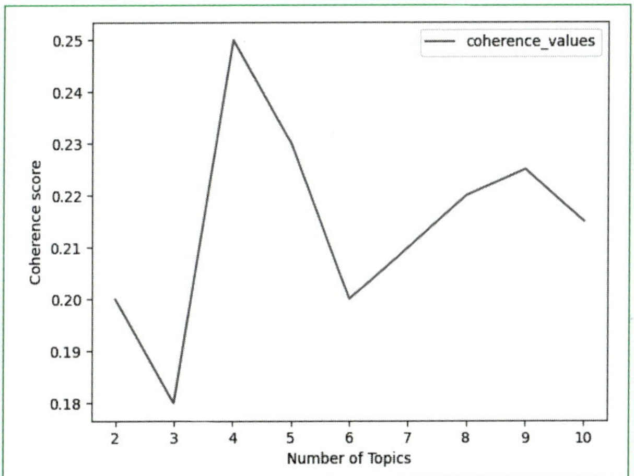

[TO-4] 계산된 Coherence Score 그래프

⑥ 토픽모델링을 수행하고, 이를 시각화한다.

앞서 계산한 Coherence Score에 의해 최적의 토픽의 수가 4개임을 파악하였다. 이를 적용하여 코드를 작성한다([TC-6]).

- LDA토픽모델링을 수행하기 위해서는 우선 LDA모델을 학습시킬 필요가 있다. 이를 위해 line 74부터 76까지 다음의 함수를 이용하여 LDA모델을 학습시킨다: train_lda_model
- train_lda_model 함수는 [TC-4]에서 작성한 corpus와 dictionary, [TC-5]에서 계산을 통해 도출한 토픽의 개수 및 앞서 설정한 random_state 값을 통해 LDA 모델을 학습시킨다.
- line 78에서는 train_lda_model 함수를 호출한 뒤 앞서 말한 바와 같이 corpus와 dictionary 데이터로 LDA 모델을 학습시켜 전체 데이터에서 4개의 토픽으로 나누었을 때 각 토픽에 어떤 키워드들이 속해 있는지, 각 키워드의 토픽 내 점수는 어떠한지를 계산한 후 이를 lda_model 변수에 저장한다.
- line 80~81에서는 [TO-5]와 같이 lda_model에 저장된 토픽 모델링 결과를 출력한다.
- 마지막으로 line 83~84에서 토픽모델링 결과를 pyLDAvis 라이브러리를 사용하여 시각화하고, 그 결과는 [TC-1]에서 설정한 출력 파일명인 topicmodeling.html 파일로 출력한다. [TO-6]은 토픽모델링 결과를 시각화한 모습이다.

```
def train_lda_model(corpus, dictionary, num_topics, random_state):
    lda_model = models.LdaModel(corpus=corpus, id2word=dictionary, num_topics=num_topics, random_state=random_state)
    return lda_model

lda_model = train_lda_model(corpus, dictionary, 4, RANDOM_STATE)

for idx, topic in lda_model.print_topics(-1):
    print(f'Topic: {idx} \nWords: {topic}\n')

vis = pyLDAvis.gensim_models.prepare(lda_model, corpus, dictionary, sort_topics=False)
pyLDAvis.save_html(vis, lda_path)
```

[TC-6] 토픽모델링 수행하기

```
Topic: 0
Words: 0.038*"메타버스" + 0.018*"기술" + 0.014*"활용" + 0.014*"연구" + 0.012*"교육" + 0.010*"가상" + 0.009*"분석" + 0.007
*"제공" + 0.007*"결과" + 0.007*"휴먼"

Topic: 1
Words: 0.028*"메타버스" + 0.014*"세계" + 0.013*"가상" + 0.012*"교육" + 0.011*"연구" + 0.009*"기반" + 0.008*"사용" + 0.008
*"기술" + 0.008*"디지털" + 0.008*"학습"

Topic: 2
Words: 0.043*"메타버스" + 0.018*"기술" + 0.012*"활용" + 0.012*"연구" + 0.008*"플랫폼" + 0.008*"사용" + 0.008*"개발" + 0.008
*"디지털" + 0.007*"세계" + 0.007*"가상"

Topic: 3
Words: 0.045*"메타버스" + 0.024*"교육" + 0.013*"기술" + 0.011*"플랫폼" + 0.011*"콘텐츠" + 0.010*"연구" + 0.010*"서비스" + 0.00
9*"디지털" + 0.009*"활용" + 0.007*"가상"
```

[TO-5] 토픽모델링 분석 결과

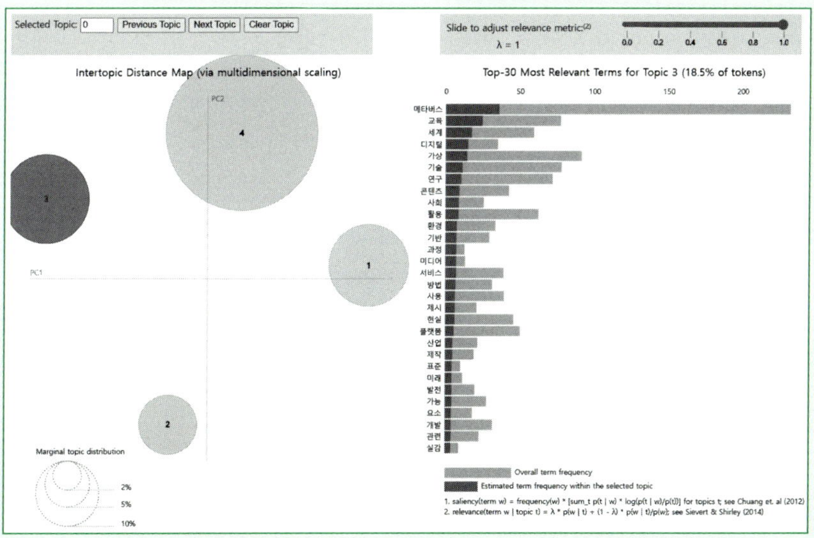

[TO-6] 토픽모델링 결과의 시각화(파일명: topicmodeling.html)

⑦ 토픽에 적절한 이름을 붙인다.

토픽모델링은 문서들 속에 들어 있는 토픽(혹은 주제)이 몇 개이고, 그 토픽들은 어떤 단어들로 이루어져 있는지를 알려준다. 하지만 각 토픽의 이름이 무엇인지는 토픽모델링 분석이 알려줄 수 없다. 토픽 속의 단어들을 보면서 적절하게 이름을 짓는 일은 연구자 혹은 분석자의 몫이다. 때문에 연구자의 주관이 반영될 여지가 상당하며, 어떤 이름을 붙이느냐 하는 연구자의 고민과 숙고가 필요하다.

본 실습 예제에서는 4개의 토픽과 이 4개 토픽에 포함할 수 있는 단어들을 파악하였다. 그리고 4개의 토픽 중 첫 번째 토픽에는 메타버스, 기술, 활용, 연구, 교육 등의 주요 단어가 포함되어 있어서 연구자는 '메타버스 기술의 교육 활용 연구'이란 이름을 붙였다. 나머지 토픽은 '메타버스 기반 디지털 학습 환경 연구' '메타버스 플랫폼 개발 및 기술 활용 연구' '메타버스 교육 플랫폼 및 콘텐츠 개발 연구'로 이름을 부여하였다. 이처럼 도출된 단어를 기반으로 하여 이름을 짓는다.

8. 토픽모델링 실제 논문 사례

실제 논문 사례[7)]는 2020년부터 2022년까지 언론은 AI교육에 관하여 어떤 시각을 견지하고 있는지를 언론의 키워드 변화와 주제를 통해 탐색하고자 텍스트 마이닝을 수행한 논문이다. 이를 위해 뉴스 빅데이터 시스템 '빅카인즈(BIGKinds)'를 활용하여 AI 교육에 관련된 기사를 수집하여 토픽모델링을 수행하였는데, 본 사례에서는 논문 전체를 모두 인용하지 않고, 텍스트 마이닝 기법 중에서 토픽모델링 내용만을 원문 그대로 발췌하여 제시한다. 발췌한 원문을 제시할 때, 1) 연구방법 예시와 2) 연구결과 예시로 나누었다.

1) 연구방법 예시

1. 연구 절차

본 연구는 다음과 같은 빅데이터 분석법 절차로 수행되었다. 먼저 언론 기사의 제목에 'AI 교육'을 기준으로 수집하여 분석대상 자료로 선정하였다. 자연어인 기사를 데이터 분석에 이용하려면 키워드를 추출해야 하는데 이 작업은 키워드 정제 작업으로서 데이터 필터링을 거쳐야 한다. 이 정제한 키워드를 기반으로 데이터 분석에 실제로 사용될 문서-단어 행렬을 생성하게 된다. 이후 빅데이터 분석법에서 텍스트마이닝 기법인 키워드 빈도분석과 토픽 모델링 분석을 수행하고, 시각화하였으며, 그 분석 결과에 대해 해석과 논의를 하였다([그림 1 참조]).

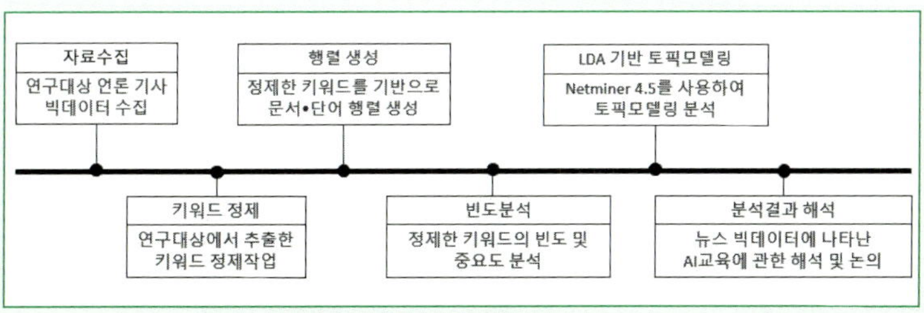

[그림 1] 연구 절차 및 방법

2. 분석 대상 및 자료수집

본 연구에서는 뉴스 빅데이터를 한국언론진흥재단에서 운영하는 뉴스 빅데이터 시스템 '빅카인즈(BIGKinds)'를 활용하여 AI 교육에 관련된 기사를 수집하였다. 'AI 교육' 또는 '인공지능 교육'에 대해 처음으로 보도된 2001년 1월 1일부터 2022년 12월 31일까지 'AI 교육', '인공지능 교육'으로 검색하여 제목에 'AI', '인공지능'이 포함된 뉴스만 분류하였다. 그 결과, 기사 수는 2001년부터 매년 10건 이하가 보도되다가 2016년을 기점으로 보도 건수가 상승하기 시작하더니 특히 2020년부터 급격히 증가하였다. 본 연구는 이 기간의 총 2,464건의 뉴스 빅데이터를 수집하여 분석 대상으로 선정하였다. 수집된 뉴스 빅데이터의 언론매체는 'AI교육'에 관한 뉴스가 보도된 전국일간지 11개, 경제일간지 8개, 지역일간지 28개, 방송사 5개, 전문지 2개이다(〈표 1〉참조).

3. 분석 방법

나. 토픽모델링

LDA 토픽 모델링을 수행하기 위하여 앞서 추출한 키워드들과 분석 대상 뉴스들을 활용한 문서-단어 행렬을 작성하였고, 이를 NetMiner 4.5를 사용하여 분석하였다. 최적의 토픽 수를 결정하기 위하여 Python 3.9의 Gensim 라이브러리의 응집성 점수(Coherence Score)를 계산하였다. 응집성 점수는 토픽 모델링으로 분류된 각 토픽의 상위 단어 간의 유사도를 계산하여 실제 각 토픽 내에 의미론적으로 유사한 단어들이 모여 있는지 파악할 수 있는 척도이다(Newman et al., 2010). 응집성 점수가 높다는 것은 토픽 내 단어들의 유사성이 높아 토픽이 잘 형성되어 있음을 뜻한다. 계산한 토픽 응집성 점수와 토픽의 내용 등을 검토하여 총 6개의 토픽을 선정하였다. [그림 2]를 보면 토픽의 수가 6일 때 응집성 점수가 제일 높음을 알 수 있다.

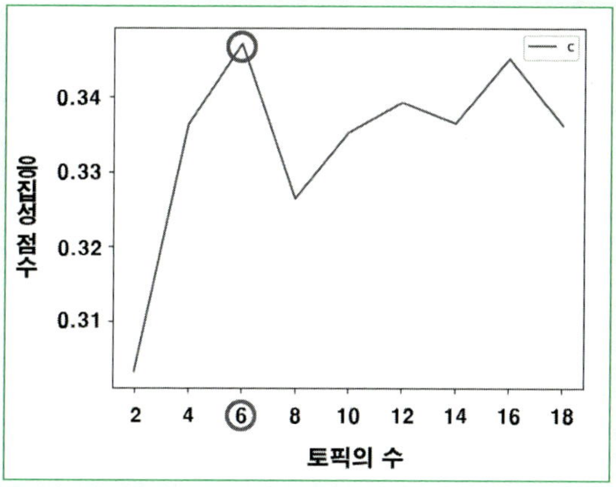

[그림 2] 토픽 응집성 점수 그래프

추출한 토픽은 먼저 연구진이 토픽을 구성하는 출현확률 빈도가 높은 키워드 중심으로 뉴스 데이터의 내용을 검토하고, 다른 주요 키워드와의 관련성을 파악한 후에 회의와 의논을 거쳐서 명칭을 부여하였다. 이후 안면타당도 방법으로 부여된 토픽 명칭이 타당한지를 확인하고자 교육전문가, 교육공학자에게 연구결과를 제시하고 의견을 수렴하여 확정하였다.

2) 연구결과 예시

3. AI 교육에 관한 언론 기사에 나타난 주요 토픽 및 시기별 토픽의 변화

AI 교육 관련 뉴스 빅데이터 2,464건을 대상으로 토픽모델링 분석을 실시한 결과, 6개의 토픽을 추출하였다([그림 4] 참조). [그림 5]는 시기에 따른 전체 토픽의 변화를 보여 주고 있으며, 이러한 토픽의 변화는 2021년 1분기에 토픽 대부분이 증가한 것을 제외하면 지속적으로 증가와 감소를 반복하며 일정 수준을 유지하다가 2022년 4분기에 AI수업, 소프트웨어 수업과 관련된 토픽 2, 토픽 5, 토픽 6의 비중이 높은 폭으로 증가하는 추세를 보였다. 각 토픽의 주요 키워드별 출현확률 및 주요 뉴스는 〈표 3〉부터 〈표 8〉까지 나타났다. 주요 뉴스는 각 키워드의 출현확률이 높게 나타난 보도자료의 내용을 분석하여 토픽을 구성하고 있는 내용과 가장 연관성이 높은 뉴스를 선정하였다.

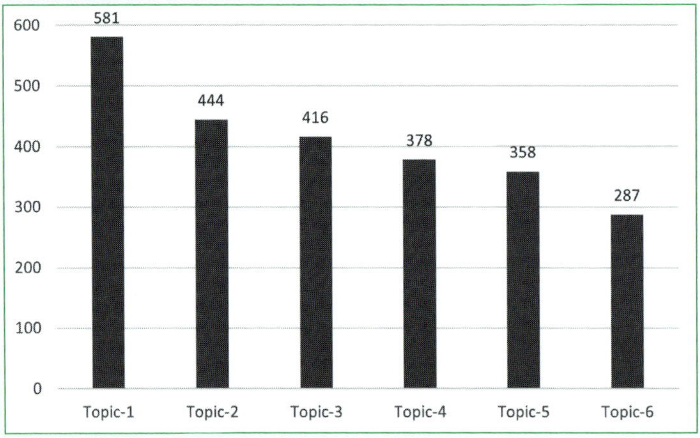

[그림 23] AI 교육 뉴스 빅데이터 토픽별 기사의 수

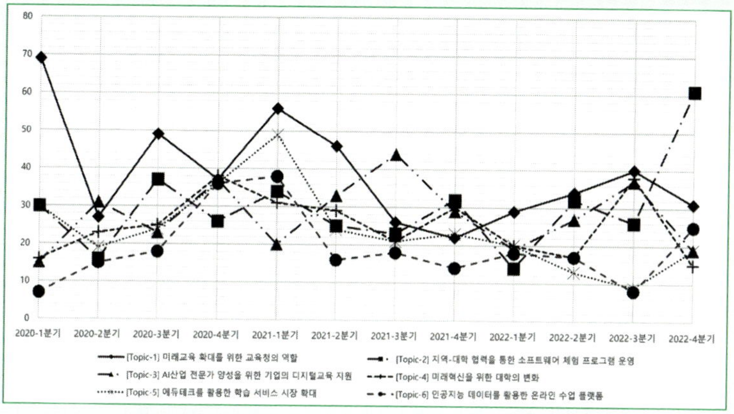

[그림 24] AI 교육 뉴스 빅데이터 토픽별 시계열 변화

가. AI 교육 토픽 1-미래교육 확대를 위한 교육청의 역할

1번 토픽은 [그림 7]에 나타난 바와 같이 '학교', '교사', '교육청', '지원', '고등학교', '교과', '운영', '미래교육', '오산시', '수업' 등의 키워드를 통해 '미래교육 확대를 위한 교육청의 역할'이라는 토픽명을 선정하였다. 1번 토픽의 뉴스 수는 581건으로, 전체 데이터의 24%를 차지하고 있으며 [그림 7]과 같이 2020년 2분기에 급감하는 것을 시작으로 증감을 반복하다가 2021년 3분기에 비중이 매우 감소하였고, 이후 완만한 증가세를 보이다 2022년 4분기에 다시 감소하는 추세를 보였다. 토픽 키워드별 출현확률과 주요 뉴스는 〈표 3〉과 같다.

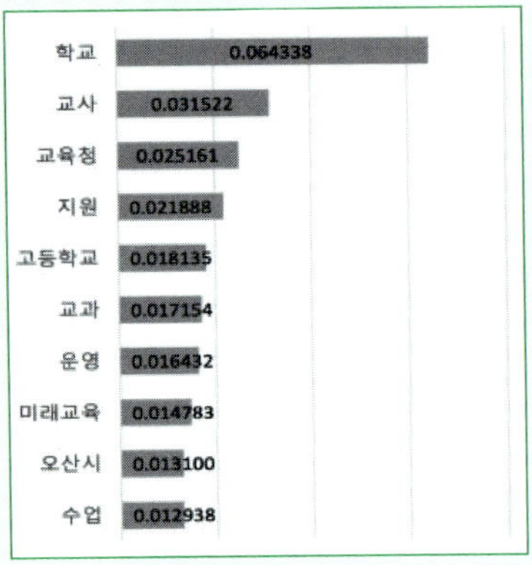

[그림 25]
AI 교육 토픽1 주요 키워드

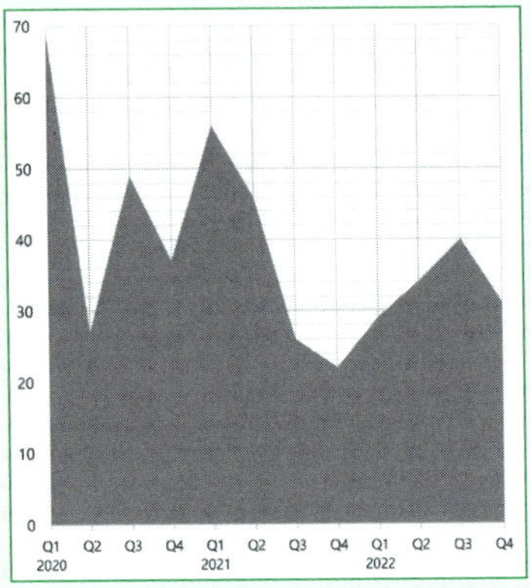

[그림 26]
AI 교육 토픽1 시계열 변화

<표 3> AI 교육 토픽1 키워드별 출현확률 및 주요 뉴스

키워드	출현확률	주요 뉴스
학교	0.064338	AI인재 토대는 코딩교육 학교 현장선 "수업시간 더 늘려야" (매일경제, 2020. 12. 02)
교사	0.031522	AI 교사 키울 컴퓨터교육과, 전국에 8곳뿐 (한국경제, 2021. 02. 28)
교육청	0.025161	부산교육청, 인공지능 교육 진학지도 전격 시행 (헤럴드경제, 2021. 11. 01)
지원	0.021888	경북교육청, 누구나 가능한 SW-AI 교육 기반 마련 (아시아경제, 2022. 08. 05)
고등학교	0.018135	울산시교육청, 인공지능 교육 활성화 나서 (울산매일, 2021. 08. 30)
교과	0.017154	어려워 외면받는 AI교육, 흥미 유도할 대책 절실 (충청투데이, 2021. 10. 12)
운영	0.016432	尹정부, 디지털 인재 100만명 양성한다...AI교육 필수화 추진 (머니투데이, 2022. 05. 03)
미래교육	0.014783	빅데이터 AI 활용 미래교육 강화 교부금 축소 철회해야(국제신문, 2022. 08. 01)

Chapter 8

군집분석

1. 정의

다음과 같은 상황을 가정해 보자. 대량의 문서들이 앞에 놓여 있다. 문서의 전체 내용은 꼭 파악해야 하는데, 문서 모두를 읽을 시간은 절대적으로 부족하다. 요약본 또한 없어서 결국 문서들 중에서 몇 개만 골라내어 읽어야 한다. 하지만 아무거나 고를 수도 없고 몇 편을 읽어야 하는지도 알 수 없다. 적어도 주제별로 한 편씩은 읽어야 문서 전체 내용을 파악할 수 있는데, 몇 개의 주제가 있는지도 모른다. 어떻게 하면 좋을까? 이럴 때 텍스트 마이닝의 군집분석이 답이 될 수 있다.

군집분석은 서로 유사한 특성을 가진 문서들을 묶어주는 텍스트 마이닝 기법이다. 문서들이 가지고 있는 유사한 주제나 패턴이나 특성을 찾아내어 서로 비슷한 문서끼리 묶어 분류하는 것이다. 이렇게 묶어 분류해 놓으면, 전체 문서들이 몇 개의 주제나 성격으로 구분될 수 있는지 알 수 있고, 그렇게 구분된 문서 묶음들에서 최소 한 편씩만 골라 읽으면 문서 전체의 내용을 대강이라도 파악할 수 있다. 앞서 서술한 상황을 대입하여, 텍스트 마이닝 군집분석을 통해 대량의 문서들이 총 7개의 군집으로 묶여진다면, 문서들이 총 7개의 주제로 분류할 수 있음을 알 수 있고, 7개의 묶음에서 각 한 편의 문서만 읽어도, 비록 완벽한 파악이 아니라 어렴풋하게나마, 문서 전체의 내용을 알 수 있게 되는 것이다.

현대는 디지털이든 아날로그든 텍스트를 실어 나르는 문서가 쉴 틈 없이 출현하는 시대다. 책, 신문과 잡지의 기사, 저널과 학위 논문, TV 방송 대본, 연설문, 전자우편, 문자 메시지, 카톡과 같은 대화방 속의 대화 내용, 대중의 영화나 드라마 평론, 상품 비평, 각종 소셜 미디어(예컨대, 페이스북, 블로그, 유튜브 등)에 업로드하는 콘텐츠의 스크립트와 그걸 시청하고 반응하는 댓글 등등 그 종류와 생산되는 규모가 엄청나다. 이 때문에 모든 텍스트와 문서를 읽는 것은 불가능하며, 그럴 여유도 없다. 현대인에게 텍스트 마이닝의 군집분석이 효용성을 갖는 이유다.

2. 목적

군집분석은 이름에서 추정할 수 있듯이 문서들을 군집화하여, 즉 묶어서 분류하기 위해 수행한다. 마치 사람의 행동 모습을 관찰하면서 비슷한 유형으로 군집화하는 것처럼, 문서들의 주제나 특성 등의 유사성을 기반으로 유사한 문서끼리 묶는 작업이다.

군집분석만 수행하는 것으로 문서 분석을 마치지 않을 수도 있다. 비슷하게 묶어 놓은 군집별 문서들을 대상으로 텍스트 마이닝 기법인 단어빈도분석, 토픽모델링, 연관어 분석, 감성분석을 실시할 수 있고, 또 그 결과를 군집별로 비교해 볼 수도 있다. 아니면 군집별 문서들을 텍스트 마이닝이 아닌 다른 데이터 분석법을 적용해 볼 수도 있다. 예컨대, 군집별로 문서 몇 편씩만 골라서 정성적 분석법을 사용하여 내용분석을 해 보는 것이다. 또 그것을 군집별로 비교해 보는 것이다. 이렇게 연구를 설계하는 것은 다른 데이터 분석을 수행하기 위한 사전 작업으로 군집분석을 수행하는 것이며, 이를 통해서 보다 심층적인 문서 분석 결과를 얻게 될 것이다.

3. 알고리즘

군집분석의 알고리즘은 많다. 어떤 저서는 분할 군집분석과 구조적 군집분석으로 나누어 설명하지만, 이 책에서는 계층적 군집분석과 비계층적 군집분석으로 나누어 설명한다. 각각의 알고리즘에 대한 수식을 동원한 자세한 설명은 이 책의 목적과 의도를 벗어나기 때문에 생략하고, 핵심적인 사항만 제시하고자 한다. 자세히 알고 싶은 독자는 관련 전문서적을 참고해야 한다.

1) 계층적 군집분석(Hierarchical Clustering Analysis)

구조적 군집분석으로도 불리는 이 방법은 데이터를 계층적 혹은 구조적으로 그룹화하는 방법이다. 개별 데이터 간의 거리를 이용하여 가장 가까이 있는 데이터를 결합하여, 유사한 데이터끼리 트리(나무) 형태의 계층구조로 형성해 간다. 예를 들어, 학교의 구성원을 군집화하면 교장 1인을 정점으로 교감, 교사, 행정직원, 학생으로 나누어진다. 교감은 다시 역할에 따라 나누어지고, 교사는 다시 일반 교사와 부장 교사로 나누어지며, 일반 교사는 다시 여러 교과별 교사로, 부장 교사는 교무부장, 학생부장, 생활부장 등의 직무에 따른 여러 부장 교사로 나누어진다. 행정직원도 행정실장과 직원으로 나누어지며, 학생도 학생회장, 반장(또는 회장)과 부반장, 일반 학생으로 나누어진다. 이 모습은 위계적 계층을 보여 준다. 이처럼 계층적 군집분석은 데이터 집단을 하위집단으로 나누고, 하위집단을 또 다른 하위집단으로 나누는 방식이다. 이 방법은 주로 트리 형태의 덴드로그램(dendrogram)을 사용하여 계층적으로(혹은 구조적으로) 집단으로 묶는다.

2) 비계층적 군집분석(Non-hierarchical Clustering Analysis)

분할 군집분석이라고도 알려진 이 방법은 묶을 집단(또는 군집)의 수를 미리 정하고, 데이터를 해당 집단에 할당하는 방법이다. 즉, 나누고 싶은 데이터의 집단의 수를 정한 상태에서 그 집단의 중심 데이터를 기반으로 하여 계산하여 군집화한다. 계층적 군집분석은 군집으로 묶을 때 데이터의 계층(위계)적 구조를 고려하는 반면에, 비계층적 군집분석은 데이터의 계층구조를 고려하지 않은 상태에서 평면에 다 펼쳐놓고 데이터 간의 거리를 고려하여 일일이 비교 분석한다. 이 방법은 계산이 간단하고 여러 데이터를 쉽고 빠르게 분류하는 장점이 있지만, 군집의 수를 미리 결정한다는 면에서 그 군집의 수를 몇으로 정하느냐에 따라 군집 결과가 달라지는 단점이 있다. 가장 널리 사용되는 방식으로는 k-means(k-평균) 군집분석이 있다.

4. 결과 제시 방법

1) 덴드로그램 제시

계층적 군집분석을 실시했다면, 덴드로그램을 제시하여 문서들이 어떻게 군집화되는지를 제시한다. 다음 그림에서 제시한 단어들이 문서의 ID라고 가정한다면, 코퍼스(말뭉치)가 총 4개의 군집으로 분류될 수 있는 것을 알 수 있다. 경우에 따라서 크게 2개의 군집으로, 더 작게는 8개 혹은 그 이상으로도 묶을 수도 있다.

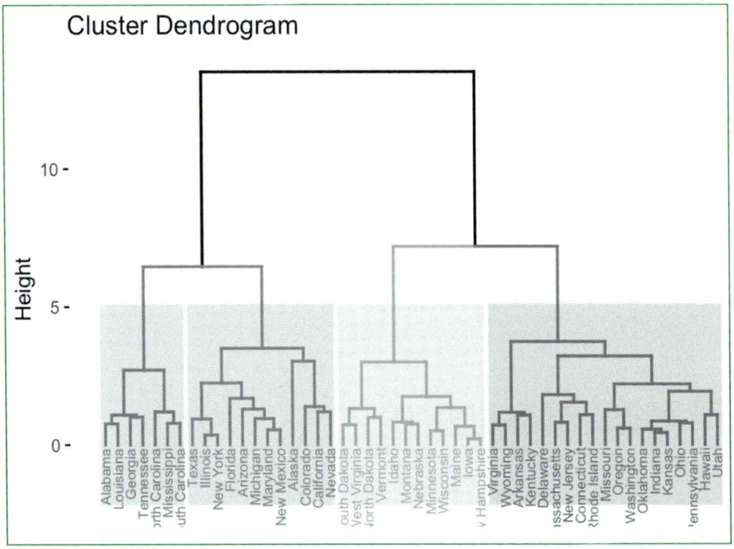

[그림 8-1] 덴드로그램 제시의 예[1]

2) 2차원 혹은 3차원 공간적 위치 제시

각 점들이 문서의 ID라고 가정한다면, 문서집합(코퍼스)을 이루는 각 개별 문서가 위치한 공간적 좌표를 파악하여 시각적으로 제시할 수 있다. [그림 8-2]에서는 크게 2개의 군집으로, [그림 8-3]에서는 크게 3개(음영이 아주 진한 점들, 음영이 진한 점들, 음영이 여린 점들)로 군집되어 있음을 볼 수 있다.

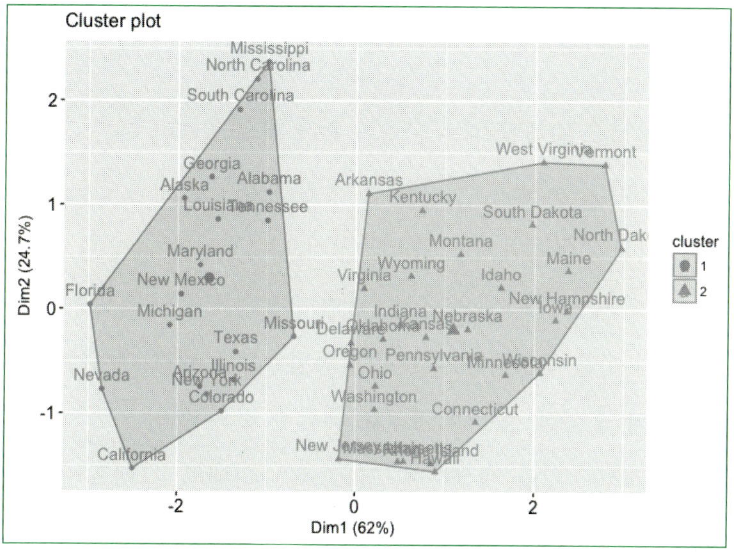

[그림 8-2] 2차원 공간적 위치 제시의 예[2)]

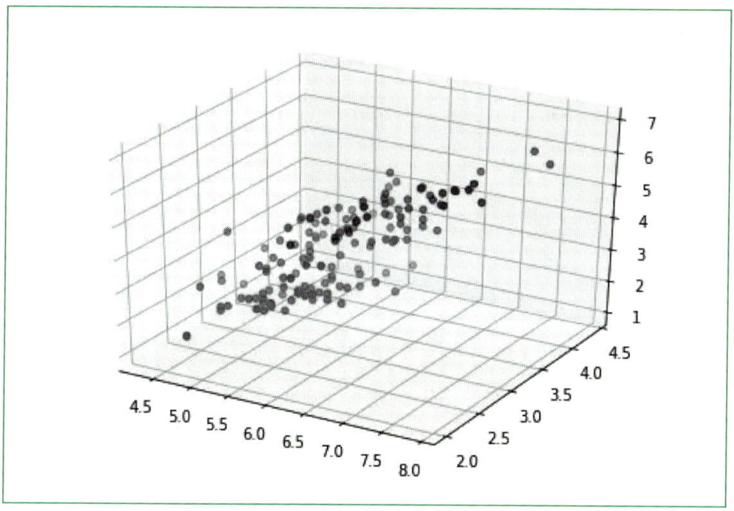

[그림 8-3] 3차원 공간적 위치 제시의 예[3)]

5. 유의사항

군집분석을 수행할 때는 군집의 수를 미리 정해야 하는 경우가 많다. 특히 k-means 군집분석은 군집의 개수를 미리 정하게 되는데, 적절한 군집의 수를 주먹구구식으로 결정할 수 없다. 따라서 군집의 수를 결정할 수 있는 방법이나 지표를 알고 있어야 한다. 군집 수를 결정하는 대표적인 방법으로는 개별 데이터와 클러스터의 중심점 사이의 거리를 제곱한 값의 합인 SSE(Sum of Squared Erros) 값을 계산하여 그래프로 나타내고, 그래프가 급격하게 꺾이는 지점(엘보우 포인트)을 최적의 군집 수로 설정하는 엘보우 방법과, 클러스터 내부의 데이터들의 일관성을 측정하여 군집이 잘 분리되었는지를 수치화하는 실루엣 계수 등이 있다.

군집분석이 다른 데이터들과 현저히 다르거나 극단적인 값인 이상치(outlier)와 데이터의 무작위 변동과 오류와 같은 노이즈에 민감하다는 점도 염두에 둘 필요가 있다. 이런 이상치와 노이즈가 군집의 결과에 영향을 미치기 때문이다. 또한 종종 군집분석의 결과로 나온 군집들을 어떻게 해석해야 할지 어려울 때가 생긴다. 군집은 군집 내 개체들의 유사성을 바탕으로 묶여진 것이지만 군집 간의 차이가 뚜렷하지 않은 경우가 생기기 때문이다.

6. 군집분석 순서도

일반적으로 군집분석은 다음과 같은 순서로 진행된다.

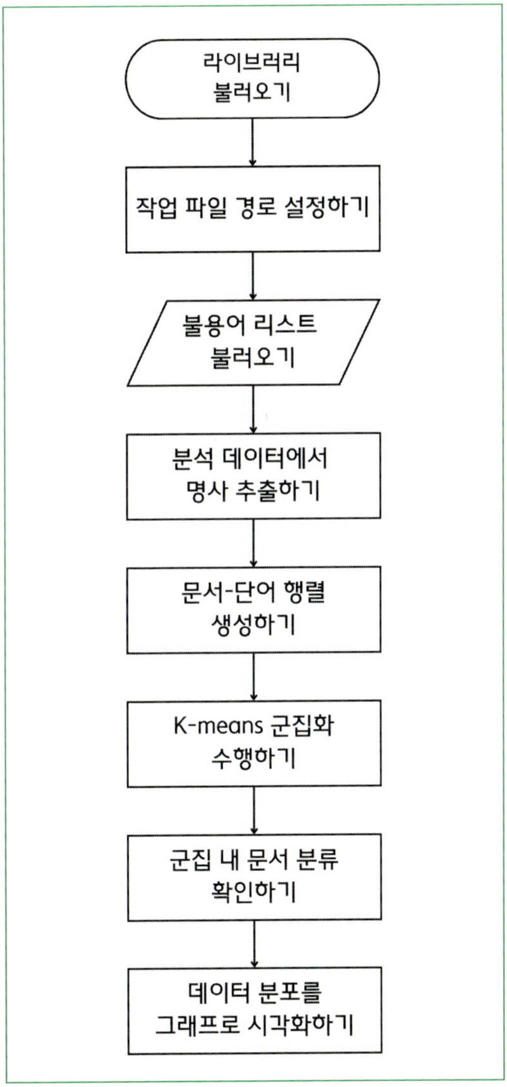

7. 군집분석 파이썬 실습 예제

본 실습 예제에서는 Mecab의 사용자 사전을 구성해 두었다는 것을 전제로 설명한다. Mecab 사용자 사전의 설치 및 구성은 이 책에서 다루기에는 사용자별로 환경 및 발생하는 오류 등이 너무 다양하므로 관련 블로그나 웹사이트에서 정보를 찾아보는 것을 추천한다.

본 실습 예제는 여러 문서들을 유사한 군집(Cluster)으로 묶는 분석이므로 독자의 이해를 위해 제시하는 그림의 이름은 C로 시작하며, [CO-1], [CO-2], [CO-3]…, [CC-1], [CC-2], [CC-3]…처럼 제시된다. [CO-1], [CO-2], [CO-3]…,는 데이터 모습과 출력 결과(Output)를 보여 주는 화면 캡처 그림이며, [CC-1], [CC-2], [CC-3]…는 파이썬 코드(Code)를 보여 주는 그림이다.

군집분석은 문서들 간의 유사성을 기반으로 서로 비슷한 특성을 가진 문서들을 자동으로 그룹화하는 분석 방법이다. 본 실습에서는 학술지 논문의 서지정보를 대상으로 K-means 알고리즘을 활용한 군집분석을 수행하며, 데이터 전처리부터 군집 시각화까지의 전체 과정을 직접 실습해 본다.

사용할 텍스트 데이터

군집분석 실습 예제에 사용할 분석 데이터 파일은 단어빈도분석과 토픽모델링에서 사용한 것과는 유사하게 보이지만 상이한 파일로서 파일명은 Cluster_data.xlsx이다. 이 파일은 한국학술지

인용색인(KCI), 학술연구정보서비스(RISS)에 등재된 논문들에서 2022년 기준 '메타버스'를 키워드로 검색하여 수집한 서지정보라는 점에서 앞서 실습한 data.xlsx과 같으나 여기서는 공학에 국한하지 않고 다양한 분야의 논문 데이터를 한데 모아 두었다는 차이가 있다. 데이터는 제목, 저자, 발행기관, 학술지명, 발행연도, 주제어, 문서번호(doc), 초록(abstract)로 구성되어 있다([CO-1]).

이번 실습 예제에서는 이 분석 데이터 파일에서 제목 데이터를 사용하여 전체 데이터 파일을 어떤 군집으로 나눌 수 있는지 파악한다.

	A	B	C	D	E	F	G	H
1	제목	저자	발행기관	학술지명	발행연도	주제어	doc	abstract
2	메타버스 시대 온라인 타인사	김종구(Kim, J	4차산업혁명융	4차산업혁명	2021	온라인 타인사	a1	현실세계와 가상공간을 넘나드는
3	코로나19 이후 등장한 온라인	이은영 (Eun-	한독경상학회	경상논총	2021	코로나19, 온리	a2	본 연구는 코로나바이러스 이후 전
4	메타버스의 저작권 쟁점에 관	이철남 (Lee,	한국경영법률	경영법률	2021	메타버스, 가상	a3	컴퓨팅 및 네트워크, 시뮬레이션 및
5	온라인 실시간 콘서트의 저작	김현숙 (Hyun	한국경영법률	경영법률	2021	음악저작권, 자	a4	코로나바이러스 팬데믹 이후 전 세
6	NFT의 발행 및 저작권적 쟁점	현소진	한국경영법률	經營法律	2022	NFT,블록체인,	a5	대체 불가능한 토큰 이하 '대체불가
7	NFT 아트를 둘러싼 저작권 쟁	박경신(Park, K	한국저작권위	계간 저작권	2021	NFT,대체불가	a6	대체불가능토큰는 블록체인에 저장
8	메타버스 광고에 대한 업계와	김동성,장정헌	한국광고PR실	광고PR실학연	2021	Metaverse,Me	a7	본 연구는 확장현실을 구현하는 테
9	메타버시티의 도래와 교양교육	정연재	중앙대학교 대	교양학연구	2022	curriculum,ed	a8	코로나 팬데믹(코로나바이러스)은
10	메타버스를 경험한 교육 분야	조연직,신소영	전남대학교 교	교육연구	2022	metaverse,exp	a9	본 연구의 목적은 메타버스를 경험
11	메타버스(metaverse)에서 디자	김신애(Sineae	한국교육원리	교육원리연구(	2021	자아의 확장,교	a10	본 논문은 확장현실, 빅데이터, 5지

[CO-1] 파이썬 실습 예제 데이터의 모습(파일명: Cluster_data.xlsx)

분석을 위한 파이썬 코딩

① 라이브러리들을 불러온다.

군집분석을 위해 필요한 라이브러리들을 먼저 불러와 작업 환경을 만든다([CC-1]). 실습에 사용할 라이브러리들의 기능을 간략하게 설명하면 다음과 같다.

- openpyxl은 엑셀 파일을 읽고 쓰는 데 사용한다.

- pandas는 데이터를 데이터프레임 형태로 처리하는 데 사용한다.
- re는 정규 표현식을 위해 사용한다.
- konlpy의 Mecab은 한국어 형태소 분석을 위해 사용한다.
- sklearn의 TfidfVectorizer는 단어의 TF-IDF 점수 계산에 사용한다.
- sklearn의 KMeans는 군집분석 방법인 K-means 군집분석을 위해 사용한다.
- matplotlib은 군집 분포도와 차원 축소 결과의 시각화를 위하여 사용한다.
- sklearn의 PCA는 군집분석 결과를 시각화하기 위하여 데이터 차원을 축소시키는 데 사용한다.

```
import openpyxl
import pandas as pd
import re
from konlpy.tag import Mecab
from sklearn.feature_extraction.text import TfidfVectorizer
from sklearn.cluster import KMeans
import matplotlib.pyplot as plt
from sklearn.decomposition import PCA
```

[CC-1] 라이브러리 불러오기

② 작업 파일 경로를 설정한다.

분석에 사용할 작업 파일을 불러올 수 있도록 각 변수들에 작업 파일의 경로를 지정하고, 분석한 결과를 파일로 저장할 경로를 설정한다([CC-1]). 단어빈도분석과 같은 원리로 작업 파일 및 결과 출력 파일의 경로를 설정한다.

- line 10의 file_path에는 분석에 사용할 엑셀 데이터 파일 경로를 설정한다. 본 실습 예제에서 사용할 엑셀 데이터 파일은 Cluster_data.xlsx이다.
- line 11의 stopwords_file_path에는 불용어 파일 경로를 설정한다. 본 실습 예제에서 사용하고자 하는 불용어 리스트는 stopwords.txt이다. 이에 대한 자세한 설명은 단어빈도분석 실습을 참고하기 바란다.
- 기존의 실습과 다르게 군집분석은 군집의 수만큼 결과 파일을 출력하게 된다. 결과 파일명에 번호를 자동 부여하기 위하여 반복문을 사용하는데, 이 때문에 여기서 먼저 파일명을 설정하지 않고 [CC-9]에서 출력 파일명을 설정하였다.

작업 파일 경로와 출력 파일을 설정할 때 주의할 사항은 단어빈도분석 실습 예제에 설명되어 있다.

```
10. file_path = "Cluster_data.xlsx"
11. stopwords_file_path = 'stopwords.txt'
```

[CC-2] 작업 파일 경로 설정

③ 불용어 리스트를 불러온다.

불용어 리스트에 관한 코드는 단어빈도분석 실습 예제와 동일하므로 구체적인 설명은 단어빈도분석 실습을 참고하면 된다

([CC-3], [CO-2]).

```
def load_stopwords(file_path):
    stopwords = set()
    with open(file_path, 'r', encoding='utf-8-sig') as file:
        for line in file:
            stopwords.add(line.strip())
    return stopwords

stopwords = load_stopwords(stopwords_file_path)
print("Loaded stopwords:", stopwords)
```

[CC-3] 불용어 세팅하기

```
Loaded stopwords: {'그리고', '때문', '지금', '그것', '그러나', '다른', '경우', '다시', '더', '이런',
'또', '그런'}
```

[CO-2] 설정된 불용어 출력

④ 분석할 텍스트 데이터(제목)에서 단어(명사)를 추출한다.

군집분석은 코퍼스 내의 문서들에서 단어 단위로 명사를 추출하고, 이 문서의 단어들 사이의 연관성을 중심으로 유사한 문서들끼리 묶어주는 작업이다. 앞서 〈사용할 텍스트 데이터〉에서 언급한 것처럼, 본 실습 예제는 논문들의 제목에 나오는 단어들의 연관성을 통해 어떻게 군집이 형성되는지를 파악하고자 한다. 분석할 텍스트 데이터에서 단어를 추출하는 과정은 단어빈도분석의 [FC-4] 부분과 동일하다. 본 실습 예제에서는 제목 열에 있는 데이터를 분석하였다([CC-4]).

- 단어빈도분석의 단어 추출 부분과 한 가지 다른 점은 line 45에서 documents 변수에 extract_nouns_from_excel 함수

를 통해 추출한 명사를 저장하는 부분인데, 앞선 단어빈도분석에서는 'abstract'열에서 명사를 추출했다면, 본 실습에서는 제목에서 명사를 추출할 것이므로 해당 부분을 '제목'으로 변경하였다.

```
def extract_nouns_from_excel(file_path, col_name, stopwords):
    workbook = openpyxl.load_workbook(file_path)
    worksheet = workbook.active
    mecab = Mecab(dicpath= "C:/mecab/share/mecab-ko-dic")
    documents = []
    for idx, col in enumerate(worksheet.iter_cols(1, worksheet.max_column)):
        if col[0].value == col_name:
            comment_col_index = idx + 1
            break
    else:
        print(f"Could not find the '{col_name}' column.")
        return []

    for row in worksheet.iter_rows(min_row=2, max_row=worksheet.max_row,
                                   min_col=comment_col_index,
                                   max_col=comment_col_index):
        cell = row[0].value
        if cell:
            filtered_text = re.sub(r'[^\w\s]', '', cell)
            nouns = mecab.nouns(filtered_text)
            filtered_nouns = [noun for noun in nouns if noun not in stopwords and len(noun) >= 2]
            documents.append(' '.join(filtered_nouns))
    return documents

documents = extract_nouns_from_excel(file_path, '제목', stopwords)
print("Extracted nouns:", documents[:5])
```

[CC-4] 데이터에서 단어 추출하기

```
Extracted nouns: ['메타버스 시대 온라인 타인 사칭 형사법 함의 명예 훼손 성범죄 중심', '코로나19 이후 등장 온라인 전시회 유형 온라인 전시회 플랫폼 특성 중심', '메타버스 저작 쟁점 연구 디지털트윈 공간 정보 분석 중심', '온라인 실시간 콘서트 저작권법 성격 음악 사용료 연구', '발행 저작 쟁점 논의']
```

[CO-3] 처음 5개의 문서에서 추출된 단어 리스트

⑤ 문서-단어 행렬을 생성한다.

이 작업은 문서들에서 추출된 단어들의 TF-IDF의 가중치를 계산하여 문서들을 벡터 형태로 변환하는 것이다. 앞서 단어빈도분석에서 TF-IDF값을 계산했을 때 사용한 TfidfVectorizer를 이용해 TF-IDF값을 계산한 후, 이를 기반으로 생성되는 DTM (document term matrix: 문서-단어 행렬)은 각 문서들을 고차원 공간에서 벡터로 표현한다. 이렇게 표현된 벡터 형식의 문서들을 통해 각 문서 간의 유사도를 계산하고, 이를 기반으로 군집을 형성하게 된다([CC-5]).

- line 48에서는 tfidf_vectorizer에 TfidfVectorizer 라이브러리를 할당한다.
- line 49에서는 fit_transform() 메소드를 통해 documents의 단어들의 TF-IDF 점수를 계산하여 행렬로 변환한 후 X_tfidf에 저장한다. 이 행렬은 문서(행) × 단어(열)의 형태를 가지며, 각 셀은 해당 단어의 TF-IDF 점수를 나타낸다.

```
48. tfidf_vectorizer = TfidfVectorizer()
49. X_tfidf = tfidf_vectorizer.fit_transform(documents)
```

[CC-5] TF-IDF로 벡터화하여 DTM 생성하기

⑥ K-means(K-평균) 군집화를 수행한다.

이 작업은 앞서 생성된 벡터화된 문서 행렬을 사용하여 문서 간의 유사도를 계산하고 이를 토대로 문서들을 여러 개의 군집(cluster)으로 묶는 것이다. 이 과정에서 문서들은 유사성에 따라 k개의 군집으로 분류되는데, 각 문서는 하나의 군집에 할당된다([CC-6]).

- line 51에서는 분류할 군집의 개수를 k에 설정한다. 실습 예제에서는 2로 설정하였다.
- line 52에서는 K-means객체를 생성하여 K-means 변수에 저장한다. 이때 클러스터의 개수를 line 51에서 설정한 k개로 하고, random_state에 분석의 재현을 위해 특정 값을 지정해 둔다. 토픽모델링의 실습 예제에 이에 대한 자세한 설명이 제시되어 있다.
- line 53에서 X_tfidf 행렬([CC-5] 참조)을 사용하여 군집화가 수행된다.
- 군집분석은 각각의 문서에 이름을 할당하는 것이 아니라 유사한 문서들에 숫자를 부여한 뒤 이를 기반으로 문서들을 묶어서 분류한다. 본 실습 예제에서는 k=2로 설정했기 때문에 모든 문서들은 0번 군집과 1번 군집으로 묶여진다.
- 0번 문서들과 1번 문서들 속에 어떤 개별적 문서가 속해 있는지는 쉽게 확인하기 어렵다. 이 때문에 각 문서가 어떤 군집에 속해 있는지를 확인하기 위하여 line 55에서는 분석용 엑셀 파일("Cluster_data.xlsx")에서 문서의 정보를 읽어와 data에 데이터프레임 형태로 저장한다. 쉽게 생각하면, 엑셀에 입력된 데이터 형태(표)를 그대로 파이썬 환경으로 가져온다고 생각할 수 있을 것이다.
- 이후 line 56에서 생성한 데이터프레임에 'cluster'라는 열을 생성하여 각 문서의 군집 번호를 저장한다.
- 예컨대 A문서가 0번 군집에 속해 있다면, A문서의 cluster 열

에는 0이 입력되어 있을 것이다.

```
k = 2
kmeans = KMeans(n_clusters=k, random_state=0)
clusters = kmeans.fit_predict(X_tfidf)

data = pd.read_excel("Cluster_data.xlsx")
data['cluster'] = clusters
```

[CC-6] K-means(K-평균) 군집화 수행하기

⑦ 각 군집에는 몇 개의 문서가 분류되어 있는지 그래프로 시각화한다.

이것은 히스토그램 그래프를 생성하여 군집 내 문서의 분포를 시각화하는 작업이다([CC-7]).

다음 코드는 [CC-6]에서 생성한 데이터프레임을 가지고 히스토그램을 만들기 위한 코드이다.

- line 58에서는 plt.figure(figsize=(8, 6))를 통해 그래프가 출력될 창의 크기를 설정한다. 이와 관련된 설명은 단어빈도분석에서 단어구름 시각화를 다룰 때 설명한 바 있다.
- line 59에서는 plt.hist()를 이용하여 히스토그램을 그린다. 이때 data['cluster']는 [CC-7]에서 정의한 군집 번호가 할당된 데이터프레임이다. 해당 데이터프레임 속에서 같은 군집에 속한 문서의 수만큼 히스토그램 막대의 높이가 높아지게 된다.
- bins=k는 히스토그램의 막대 수를 설정하는데, 앞서 설정한 군집의 수 k만큼 막대가 생성된다.
- line 60에서는 plt.xticks()를 사용하여 x축의 눈금을 설정한

다. range(k)를 사용하여 0부터 k-1까지의 눈금을 생성하며, x축은 각 군집의 번호를 나타낸다.

- line 61~62에서는 x축과 y축의 레이블을 설정한다. 본 실습 예제 사례에서는 x축과 y축에 각각 Cluster, Number of documents라는 레이블을 붙였지만, 연구자가 원하는 텍스트로 레이블을 설정할 수 있다.
- line 63에서는 plt.title()를 통해 그래프의 제목을 설정한다. 본 실습 예제에서는 Documents in clusters로 설정하였다. 그래프의 제목도 원하는 대로 변경이 가능하다.
- [CO-4]를 보면, 히스토그램을 통해 군집별로 묶인 문서의 수를 확인할 수 있다.

```
58. plt.figure(figsize=(8, 6))
59. plt.hist(data['cluster'], bins=k, align='left', rwidth=0.7)
60. plt.xticks(range(k))
61. plt.xlabel('Cluster')
62. plt.ylabel('Number of documents')
63. plt.title('Documents in clusters')
64. plt.show()
```

[CC-7] 군집별 문서의 수 시각화하기

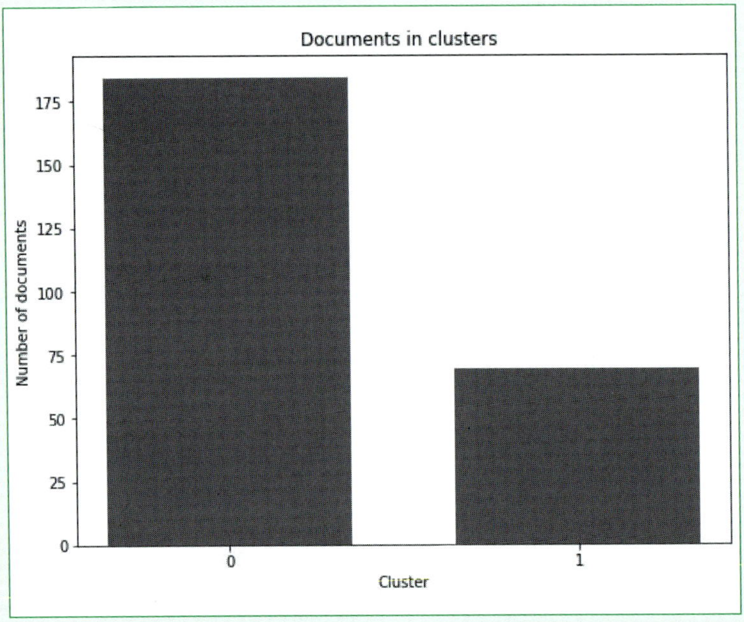

[CO-4] 군집별 문서의 수를 나타내는 히스토그램

⑧ k개로 군집된 데이터(문서들)가 어떻게 분포하고 있는지 산점도로 시각화한다.

이것은 산점도 그래프를 생성하여 군집의 분포를 시각화하는 작업이다. 앞서 작업했던 벡터화된 TF-IDF데이터는 단어의 수만큼 차원을 가지게 되는데, 이를 평면에 나타내기 위해서는 PCA를 통해 데이터의 특성을 보존하면서 2차원 데이터로 축소하여야 한다([CC-8]). 축소한 데이터는 산점도를 통해 평면상에 시각화할 수 있는데 산점도에서 각 점은 하나의 문서를 나타내며, 같은 군집에 속한 문서들은 동일한 색상으로 표시된다. 빨간색 X로 표시된 중심점(Centers)은 각 군집의 중심을 나타내며, 해당 군집에 속한 문서들의 평균적인 위치를 보여 준다. 다음 코드를 통해 고차원 데이터를 축소하고, 이를 평면상에 나타내 보고자 한다.

- line 66에서는 PCA(n_components=n)을 통해 데이터를 몇 개의 차원으로 축소할지를 결정하여 pca 변수에 저장한다. 본 예제에서는 평면상에 산점도를 나타내기 위하고 2차원으로 축소하였다.
- line 67~68에서는 pca변수를 사용하여 [CC-5]에서 생성한 X_tfidf와 각 군집의 중심점을 2차원으로 축소한 뒤, 이를 각각 reduced_features, reduced_cluster_centers에 저장한다.
- line 70에서는 [CC-7]에서와 마찬가지로 산점도 그래프가 출력될 창의 크기를 설정한다.
- line 71에서는 plt.scatter()와 위에서 저장한 reduced_features를 사용하여 데이터들의 특성을 산점도로 나타낸다. cmap='viridis'는 군집의 색상을 지정하는 것으로 다양한 색상을 지정할 수 있다. 사용 가능한 색상 맵은 matplotlib 홈페이지에서 확인할 수 있다.
- line 72에서는 plt.scatter()와 reduced_cluster_centers를 사용하여 각 군집의 중심점(Centers)을 산점도 위에 빨간색 x 마커로 표시한다. 이때 중심점 마커의 색상은 color에서 지정하며, s=100을 통해 마커의 크기를 설정한다. label='Centers'를 통해 해당 마커가 범례에 어떻게 표시될지 설정할 수 있다. 예제에서는 'Centers'로 표기하였다.

- line 73~75에서는 [CC-7]에서 그래프 축 레이블과 제목을 설정한 것과 같이 산점도 그래프의 레이블 및 제목을 설정한다.
- line 76에서는 plt.legend()를 사용하여 범례를 표시한다. 이러한 범례를 표시함으로써 앞서 설정한 군집 중심점 'Centers'가 무엇인지 표시할 수 있다.
- [CO-5]에서 군집분석의 산점도 그래프를 확인할 수 있다.

```
66. pca = PCA(n_components=2)
67. reduced_features = pca.fit_transform(X_tfidf.toarray())
68. reduced_cluster_centers = pca.transform(kmeans.cluster_centers_)
69.
70. plt.figure(figsize=(10, 6))
71. plt.scatter(reduced_features[:,0], reduced_features[:,1], c=kmeans.labels_, cmap='viridis', marker='o')
72. plt.scatter(reduced_cluster_centers[:,0], reduced_cluster_centers[:,1], color='red', marker='x', s=100, label='Centers')
73. plt.xlabel('PCA Feature 1')
74. plt.ylabel('PCA Feature 2')
75. plt.title('Cluster Visualization')
76. plt.legend()
77. plt.show()
```

[CC-8] 데이터의 산점도 시각화하기

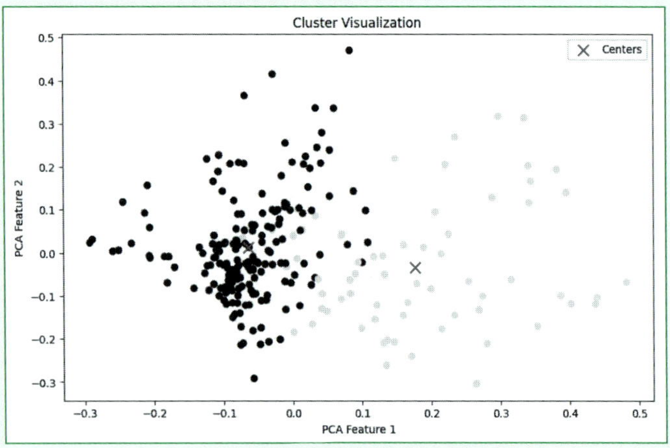

[CO-5] 군집분석의 산점도 그래프

⑨ 각 군집에 어떤 문서들이 들어 있는지를 확인한다.

지금까지의 군집분석 과정 및 히스토그램과 산점도라는 그래프를 통해서 k개로 분류된 군집 내의 데이터가 어떻게 분포하고 있는지 확인할 수 있었다. 하지만 구체적으로 어떤 문서들로 군집이 형성되어 있는지는 알 수가 없다. 군집분석 결과를 제대로 해석하기 위해서는 어떤 내용의 문서들(데이터)이 군집을 이루고 있는지를 알아야 한다. 이를 위해 군집 내의 문서 제목을 추출하여 csv 파일로 저장한다([CC-9]).

- line 79에서는 for i in range(k)를 통해 0부터 k-1까지의 범위 내에서 반복문을 수행한다. 즉, 0번 군집부터 k개의 군집까지 차례대로 하나씩 처리한다고 이해할 수 있겠다. 해당 반복문 안에서 어떤 기능이 수행되는지를 살펴보면 다음과 같다.
- line 79에서는 data.loc[data['cluster'] == i, '제목']을 통해 [CC-6]에서 생성한 데이터프레임에 저장된 문서 중 '군집 번호가 i인 행'만 선택하고, 선택된 행의 '제목'열에 있는 데이터를 가져와 cluster_data에 저장한다.
- line 81에서는 f'cluster_{i}_documents.csv'를 통해 개별 군집 번호(i)가 들어간 파일 이름을 생성하여 file_name변수에 저장한다.
- line 82에서는 line 86에서 생성한 file_name을 사용하여 생성된 cluster_data를 csv 파일로 저장한다.
- cluster_{i}_documents에서 _{i}_는 각 클러스터의 번호를 나

타내고, _{i}_앞의 cluster와 _{i}_뒤의 documents는 파일의 이름이기 때문에 임의로 변경이 가능하다. 예를 들어, 본 실습 예제에서는 0과 1의 두 개의 군집이 있으므로 0번 군집은 cluster_0_documents, 1번 군집은 cluster_1_documents가 된다.

- [CO-6], [CO-7]에서 각 군집에는 어떤 문서들이 속해 있는지를 확인할 수 있다.

```
for i in range(k):

    cluster_data = data.loc[data['cluster'] == i, '제목']

    file_name = f'cluster_{i}_documents.csv'
    cluster_data.to_csv(file_name, index=False, encoding='utf-8-sig')
```

[CC-9] 군집에 속하는 데이터를 분리하여 저장하기

	A	B	C
1	제목		
2	메타버스 시대 온라인 타인사칭		
3	코로나19 이후 등장한 온라인 전		
4	메타버스의 저작권 쟁점에 관한		
5	온라인 실시간 콘서트의 저작권		
6	NFT의 발행 및 저작권적 쟁점의		
7	NFT 아트를 둘러싼 저작권 쟁점		
8	메타버스 광고에 대한 업계와 학		
9	메타버스 학습환경에서 동료와		
10	메타버스에서의 이야기 문화		

[CO-6]
군집 0에 속한 문서들(파일명: cluster_0_documents.csv)

	A	B	C
1	제목		
2	메타버시티의 도래와 교양교육의		
3	메타버스를 경험한 교육 분야 종		
4	메타버스(metaverse)에서 디지털		
5	메타버스를 활용한 대학생 온라인		
6	역사교육을 위한 메타버스 콘텐츠		
7	메타버스를 활용한 스마트관광		
8	포스트 코로나 시대의 "온택트(o		
9	서해 중부해역의 수중발굴 성과와		
10	메타버스를 활용한 국민체감형		

[CO-7]
군집 1에 속한 문서들(파일명: cluster_1_documents.csv)

8. 군집분석 실제 논문 사례

실제 논문 사례[4)]는 '아동복지정책' 관련 키워드를 대한민국의 정권별로 분류하여 비교 분석하기 위한 온라인 빅데이터 활용 2차 자료 조사 연구이다. 이를 위해 뉴스 빅데이터 시스템 '빅카인즈(BIGKinds)'를 활용하여 AI 교육에 관련된 기사를 수집하고 텍스트를 정제한 후 K-means 군집분석을 수행한 논문이다. 본 사례에서는 논문 전체를 모두 인용하지 않고, 텍스트 마이닝 기법 중에서 군집분석 내용만을 원문 그대로 발췌하여 제시한다. 발췌한 원문을 제시할 때, 1) 연구방법 예시와 2) 연구결과 예시로 나누었다.

1) 연구방법 예시

4. 자료분석 방법

1) 데이터 클렌징(Data cleansing)

본 연구에서 분석 대상에 해당하지 않는 숫자, 문장부호, 라틴문자, 한자 등의 외국어가 포함된 수집된 데이터를 처리하기 위해, 먼저 해당 요소들을 미리 처리하였다. 이는 크롤링으로 얻은 데이터에서 한글만 추출하기 위한 것으로, 한글 정규식 패턴([가~힣]+)에 일치하는 부분만 추출하고, 나머지 부분은 삭제하였다.

2) 어간 추출(Stemming)

컴퓨터 프로그램은 단어의 조사만 다른 어절을 구별하지 못하므로, 표준화된 분석을 위해 어미나 조사 등을 분리하여 어간만 추출해야 한다. 이를 위해 Python 기반의 한국어 자연어 처리 라이브러리인 KoNLPy에서 제공하는 트위터 형태소 분석기를 사용하여, 데이터 클렌징 단계에서 추출된 데이터에서 명사만을 선별하고, 어간 추출 작업을 수행하였다. 이를 통해, "아동복지정책은", "아동복지정책을", "아동복지정책이"와 같은 조사만 다른 어절의 차이점을 구별하지 못하는 상황에서도, 정확하고 일관된 분석을 수행할 수 있었다.

3) 키워드 수 집계

분석을 위해 본격적인 집계를 진행하기 전, 큰 의미가 없는 경우가 많은 한 글자로 된 키워드들(-등, 한, 큰 등)을 결과에서 제거하는 후처리 작업을 수행하였다. 또한 자주 사용되는 한국어 불용어 목록을 오픈소스로 공개된 불용어 사전(https://github.com/stop-words-iso/stopwords-ko/blob/master/stopwords-ko.txt)을 활용하여 일차적으로 제외 처리하였다. 불용어 사전에 없는 단어들은 직접 불용어로 추가하여 이차적으로 제외 처리하였다. 이를 통해 분석 대상으로 선정된 단어들만을 추출하며, 분석 결과의 정확성과 유의성을 높일 수 있었다. 이후에도 필요하다면 연구자간 논의를 거쳐 불용어 목록에 불용어를 추가하며 분석하였다. 또한 키워드를 추출한 후 "코로나바이러스감염증-19", "코로나19", "코로나", "COVID-19", "COVID" 같이 동일한 의미를 지니는 키워드는 "코로나"로 대체 및 통합하는 등의 방법으로 동일한 의미를 지닌 키워드를 최종적으로 처리하였다.

4) K-평균 알고리즘 분석(K-Means clustering)

K-평균 알고리즘은 비슷한 특성을 가지는 문서들을 군집(cluster)화하는 가장 오래되고 잘 알려진 비지도학습 방법이다[20]. K-평균 알고리즘은 label이 없는 데이터에 label을 할당함으로써 군집화를 수행한다[20].

K-평균 알고리즘의 동작은 다음의 과정을 거친다.

1. 초기 중심점(centroid) 설정: K개의 중심점을 임의의 위치에 설정한다.
2. 각 데이터에 가장 가까운 중심점을 찾아서 해당 중심점의 군집에 할당한다.
3. 각 군집에 속한 데이터들의 평균값을 구하여, 새로운 중심점을 계산한다.
4. 새로운 중심점이 이전 중심점과 일정 수준 이상으로 차이가 없을 때까지 2, 3과정을 반복한다.

위의 알고리즘에서 가장 중요한 공식은 중심점과 데이터 간의 거리를 계산하는 공식이며 유클리드 거리(Euclidean distance)를 사용한다[20].

Euclidean distance: $||X-Y||_2 = \sum(x_i - y_1)^2{}_i = 1 \text{ to } n$

앞의 공식에서 X와 Y는 각각 두 데이터의 벡터를 나타내며, x_1와 y_1는 두 벡터의 각 차원값을 의미한다[20]. 군집의 수(K)를 설정하는 방법에는 경험적 방법, elbow method, silhouette method, gap statistic 등이 있다[21]. 그러나, 어떤 방법을 사용하더라도 군집의 수를 결정하는 것은 주관적인 요소가 많이 들어가기 때문에, 군집의 수는 데이터의 특성과 분석 목적 등을 고려하여 적절한 값을 설정하여 결정하는 것이 중요하다[20, 21]. 본 연구에서는 elbow method와 경험적 방법으로 군집의 수를 분석하였으며 분류 결과를 반복적으로 확인하며 최종 군집의 수는 연구자 간 논의를 거쳐 결정하였다.

2) 연구결과 예시

2. 대한민국의 아동복지정책 관련 뉴스 기사 군집 분석

대한민국의 정권별 아동복지정책 관련 뉴스 기사의 군집 분석을 수행한 결과 김영삼 정부, 김대중 정부, 노무현 정부의 경우 2개의 군집으로 분류되는 것이 가장 적절하였다. 이명박 정부의 경우 3개의 군집, 박근혜 정부의 경우 2개의 군집으로 분류되는 것이 가장 적절하였으며 문재인 정부의 경우 3개의 군집으로 분류되는 것이 가장 적절하였다(Figure 2).

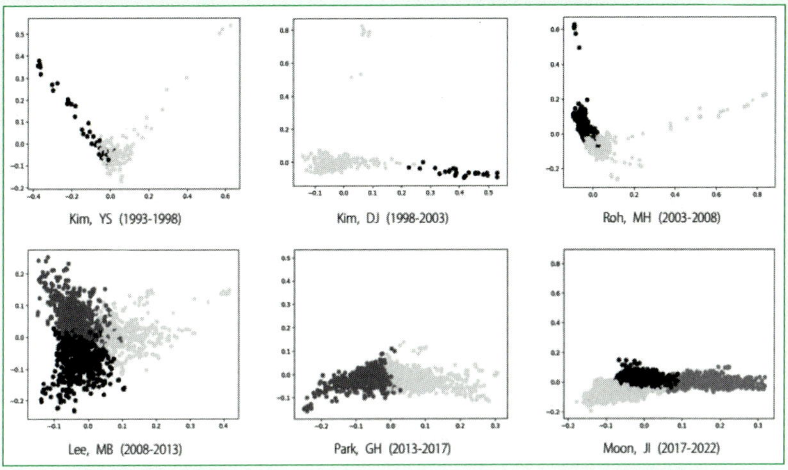

Figure 2. Cluster analysis of newspaper articles on child welfare policies in South Korea.

4. 군집별 뉴스 기사 제목

김영삼 정부의 경우, 군집1은 대부분 보살핌과 빈곤계층에 관한 뉴스로 이루어져 있었으며, 군집2는 어린이날 행사와 모범어린이 또는 복지유공자에게 수여되는 훈 · 포장 및 표창 뉴스가 대부분이다. 김대중 정부의 경우, 군집1은 대부분 어린이날과 관련된 뉴스이며, 군집2는 요보호아동에 관한 뉴스가 많았다. 노무현 정부의 경우, 군집1은 아동복지사업과 아동복지서비스 개편 관련 뉴스가 대부분이었고, 군집2는 대기업이나 사기업이 아동을 후원하는 뉴스가 많았다. 이명박 정부의 경우, 군집1은 요보호아동 관련 뉴스가 대다수이며, 군집2는 요보호아동을 돕거나 돌보는 지원자들에 관한 뉴스가 많았다. 군집3은 저소득층이나 빈곤아동을 위한 복지를 다루는 뉴스가 많았다. 박근혜 정부의 경우, 군집

1은 드림스타트와 같은 아동복지센터 사업을 시행 또는 확장하는 뉴스가 대부분이었으며, 군집2는 아동학대를 다루는 뉴스가 많았다. 마지막으로, 문재인 정부의 경우 군집1은 코로나바이러스감염증 -19 아동 관련 뉴스가 대부분이었으며, 군집2는 아동친화도시를 조성하고 추진하는 뉴스가 많았다. 그리고 군집3은 아동학대를 주제로 한 뉴스가 대부분이었다(Table 3).

Table 3. Top Newspaper Article Headlines for Each Cluster

Government	Cluster	Examples of news headlines related to clusters.
Kim, YS (1993-1998)	1	Providing Care for Children in the Low-income Bracket
		Amendment of Early Childhood Law to Promote Childcare Services... Ministry of Health and Welfare Drafts
		Increase of 7,500 Childcare Facilities by 1997
	2	Commendation of 115 Exemplary Children
		Today is Children's Day/Nationwide Colorful Commemorative Events
		Commendation for 208 Exemplary Children's Welfare Meritorious Individuals
Kim, DJ (1998-2003)	1	Honors and Commendation for 19 People on 'Children's Day'
		Diverse Commendations and Events for Children's Day
		Ministry of Health and Welfare Commends Exemplary Children and Meritorious Individuals
	2	[Tracing the Issue] Increasing Child Abuse Cases
		[Tracing the Issue] Seeing Missing Children, Finding Them Like 'Finding Stars'
		Children Unable to Receive Protection at Home
Roh, MH (2003-2008)	1	Additional Selection of 16 Locations, Including Busanjin-gu, for Children's Welfare "Hope Start" this Year
		Ministry of Health and Welfare Expects Efficiency in Child Welfare and Childcare Work
		5,600 New Jobs in Social Service Sector
	2	[Warm Winter Ahead] Large Companies "Giving Back to Society"
		Building a World We Live Together, Social Contribution/ LG, Donations from Employees and Companies with "Matching Grants"
		[Social Contribution Enterprise Grand Prize] GS Home Shopping..."Instilling Dreams in Underprivileged Children"
Lee, MB (2008-2013)	1	Children Spending the Year-end at Childcare Facilities
		['Children Left Behind' 9,000 Cases per Year, Bringing Hope to Them] Foster Parents Abandoning Them, Protection Facilities Full
		Secret Offers of "Taking the Child Away"... Underground Adoption Being Transacted
	2	'Supporters' Emerging to Help Independent Living of Foster Children
		Seniors Stepping Up to Support Independent Living of Foster Home Juniors
		"Taking Care of Children with a Mother's Heart"
	3	Providing Customized Welfare Services for Low-income Children
		Full Implementation of Children's Welfare Dream Start Project
		[Seeking the Path of Welfare in Korea] <Part 2>(2) The Inheritance of Poverty, Vulnerable Children
Park, GH (2013-2017)	1	Expansion of Wonju Dream Start Project
		Positive Response to Sokcho Dream Start Project
		Activating 'Dream Start' to Break the Cycle of Poverty
	2	Child Abuse II: Solutions from Overseas Cases <2> Differences in Systems between the United States and Korea
		"Let's Solve the Issues with Childcare Centers" ...Gunsal Consultant and Sookmyung Women's University Collaborate
		Child Abuse Cases Happening Continuously, What Do the Courts Decide...
Moon, JI (2017-2022)	1	Decreased Reporting of Child Abuse after COVID-19 "Actually a Risk Signal"
		"Let's Jump Freely After COVID-19"...Nationwide Festivities on Children's Day
		"Even COVID-19 Couldn't Stop Korea's Overwhelming International Adoption System"
	2	Hwaseong-gun Establishes First 'Child-friendly City' in the Region
		Seoul Jung-gu Actively Fostering a 'Child-friendly City'
		Incheon Seo-gu Establishes 'Comprehensive Action Plan for Child-friendly City'
	3	Introduction of Dedicated Civil Servants for Child Abuse, Strengthening Management of At-risk Children
		Investigation of 26,000 Three-year-old Children for "Neglect, Abuse, or Suspicion"...3 Cases of Abuse Found
		95% of Child Abuse Committed by Parents...Unrepentant Adults

Chapter 9

감성분석

1. 정의

어떤 문서에서는 내용에 대해 호감을 표현하면서 우호적인 글로 이루어지기도 하고, 내용에 부정적이며 비판적인 글로 이루어지기도 한다. 예컨대, 신문의 정치 칼럼은 정부 정책에 대한 우호적이거나 비판적 논조가 깔려 있고, 또 상품을 구매 후 작성하는 상품 리뷰나 사용 후기와 같은 소비자 의견은 그 상품에 대한 좋고 나쁨을 평가하는 내용이 들어 있다. 누군가의 블로그, 페이스북, 인스타그램에 올라온 글과 사진을 보며 반응하는 대중들의 댓글에도 대개는 글이 좋다거나 사진이 예쁘다거나 하는 긍정 반응도 있고, 반대로 질투하거나 폄훼하는 부정의 반응도 나타난다. 이처럼 문서의 내용에는 작성자의 감정이나 정서 표현과 같은 주관적 요소가 의도적이든 비의도적이든 포함될 수 있다.

감성분석은 문서의 내용에 표현되어 있는 감성을 파악하여, 긍정(호감, 우호적, 찬성)의 문서들이나 부정(비호감, 비판적, 반대)의 문서들 또는 중립의 문서들로 분류하고, 문서들의 내용이 어떤 주관적 요소에 의해 구분될 수 있는지를 판별하고자 할 때 사용되는 기법이다.

2. 목적

감성분석의 목적은 기본적으로 문서를 감성에 따라 분류하는 것에 있다. 이를 통해 어떤 이슈와 정책에 대한 시민들의 담론이나 여론의 향방이 어떠한지를 파악할 수 있고, 소비자의 불만이 많은 상품이나 서비스를 개선하거나, 사람들의 감정을 이해할 수 있게 된다. 감성분석은 정치 · 경제 · 사회적 이슈에 대한 분석, 고객 서비스 개선, 시장 동향 파악과 마케팅 전략 수립 등에 두루 이용할 수 있는 유용한 분석기법이다.

3. 알고리즘

사용할 수 있는 감성분석의 알고리즘은 크게 사전 기반 분석과 기계학습 기반 분석으로 나누어진다. 최근에는 텍스트의 문맥을 파악할 수 있기 때문에 더욱 정확한 분석이 가능한 딥러닝 기반 감성분석도 등장하고 있다. 각각의 알고리즘에 대한 수식을 동원한 지세한 설명은 이 책의 목적과 의도를 벗어나기 때문에 생략하고, 다만 핵심적인 사항만 제시하고자 한다. 깊게 파고들고 싶은 독자는 관련 전문서적을 참고해야 한다.

1) 사전 기반 분석

이 분석을 위해서 감성 사전을 필요로 하는데, 감성 사전이란 어떤 단어가 어떤 감성을 표현하는지, 감성의 강도는 어떠한지를 미리 정의해 둔 것이다. 이 정의된 감성 사전에 등재된 단어를 통해 말뭉치 텍스트에서 감정을 나타내는 단어를 추출하고 이를 기반으로 감성을 파악하는 것이다. 예컨대 '오늘 상을 받아서 기쁘다.' 라는 문장과 '난 오늘 너무 우울하다.' 라는 두 개의 서로 다른 문장이 있다고 하자. 이때 '기쁘다'라는 단어가 감성 사전에 긍정 단어로 등재되어 있다면 해당 문장은 긍정으로 분류되고, '우울하다'가 감성 사전에 부정 단어로 등재되어 있다면 해당 문장은 부정으로 분류된다. 이러한 예와 같이 특정 문서 내에 감성 단어들이 얼마나 들어 있는지를 파악하여 해당 문서를 긍정 · 부정으로 분류하는 방법이 사전 기반 분석이다.

이와 같은 사전 기반 감성 분석은 새로운 용어, 은어 등이 등장할 때마다 사전을 업데이트할 필요가 있고, 이모티콘의 사용, 문맥에 따른 의미 변화(반어법 등)에 대한 파악이 어렵다는 한계를 지닌다. 이러한 한계를 극복하기 위해 최근에는 기계학습을 활용한 감성 분석이 많아지는 추세다.

2) 기계학습 기반 분석

기계학습의 지도학습 방법을 이용하여 감성을 분석하는 기법이다. 기계학습에서 지도학습 방법이 레이블링된 데이터를 훈련 데이터로 삼아 학습시켜 기계학습 모델을 만드는 것처럼, 이 기법은 인간 연구자가 전체 데이터 세트(코퍼스, 말뭉치)의 일부분에 직접 감성 레이블을 레이블링하고, 레이블링한 데이터를 사용하여 모델을 학습시킨다. 이후 학습시킨 모델을 이용하여 분류하고자 하는 데이터를 긍정 · 부정으로 분류하게 된다.

이 방법은 사전 기반 분석의 한계를 극복할 수 있다는 장점이 있다. 새로운 용어나 은어가 등장하거나, 문맥에 따른 의미 변화가 있더라도 양질의 학습 데이터만 충분히 확보할 수 있다면 높은 분류 성능을 기대할 수 있기 때문이다. 다만, 양질의 학습 데이터를 충분히 확보해야 하고, 데이터 레이블링에 많은 시간과 비용이 소요된다는 단점이 있다. 기계학습 기반 분석을 위한 알고리즘에는 나이브 베이즈(Naive Bayes), 서포트 벡터 머신(Support Vector Machine), 랜덤포레스트(Random Forest) 등이 있다. 이 책에서의 예제는 나이브 베이즈 알고리즘을 사용한 감성분석을 제시하였다.

4. 결과 제시 방법

1) 감성그래프 제시

각 제품에 대한 소비자의 구매와 사용 후기 내용을 감성분석을 통해 긍정, 중립, 부정으로 분류한 분석이라고 가정해 보면, [그림 9-1]의 감성그래프를 통해 각 제품별로 소비자의 어떤 감성이 가장 크고 작은지를 비교해 볼 수 있다. 긍정의 감정이 많은 제품이 앞으로 소비자로부터 더 많이 선택받을 것이라는 예측이 가능하다.

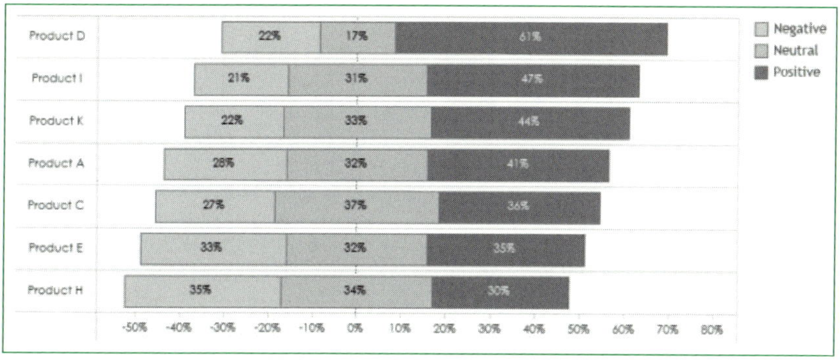

[그림 9-1] 긍정, 중립, 부정의 감성그래프 제시의 예[1]

[그림 9-2]가 단일 제품의 연도 및 분기별 감성분석의 결과라고 가정해 보면, 그 제품의 소비자 감성의 변화를 시간적으로 파악할 수 있다. 어느 해, 어느 분기에서 긍정, 중립, 부정이 높고 낮은지를 비교해 볼 수 있다.

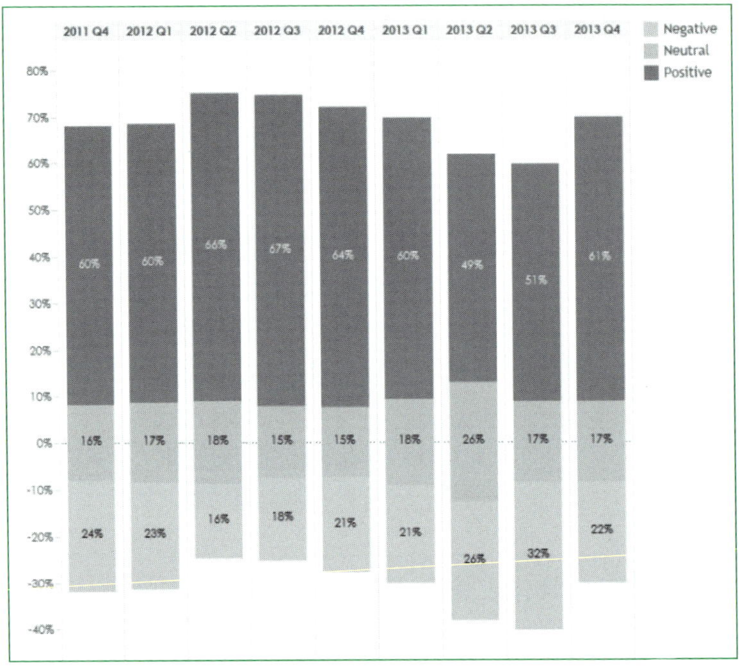

[그림 9-2] 긍정, 중립, 부정의 시계열 감성그래프 제시의 예[2)]

2) 감성어 단어 비교 그림 제시

긍정과 부정으로 분리된 감성어 단어를 그림이나 이미지로 표현하여 제시할 수 있다. 또한 인포그래픽처럼 나타내기도 한다. 그림과 이미지는 감성어를 빠르고 쉽게 비교할 수 있도록 직관적인 것이 좋다.

[그림 9-3] 긍정과 부정의 감성어를 비교한 그림의 예[3)]

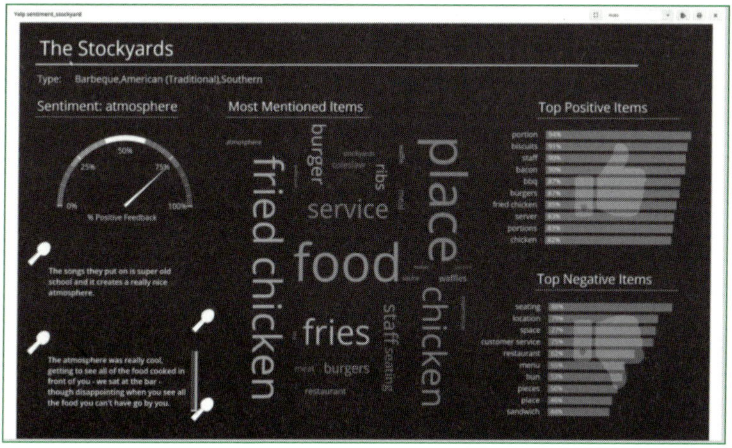

[그림 9-4] 감성분석 결과를 인포그래픽처럼 제시한 예[4)]

3) 감성어 네트워크 제시

감성분석의 결과를 감성어의 네트워크 또는 연관어 연결망으로 표현할 수 있다. 네트워크로 제시하면 긍정, 중립, 부정의 감성 단어들은 무엇인지 알 수 있고, 각 감성 단어들이 어떤 감성의 단어들과 연결되어 있는지도 파악할 수 있는 장점이 있다.

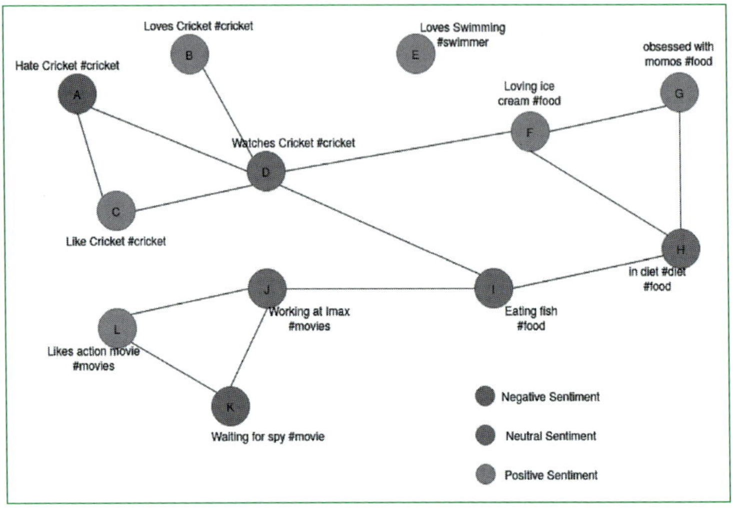

[그림 9-5] 긍정과 부정의 감성어를 비교한 그림의 예[5)]

5. 유의사항

감성분석은 문서나 텍스트에 나타나는 인간의 감정을 파악하고자 하는 분석이다. 그런데 인간의 감정은 칼로 무를 베듯이 정확히 나눌 수 있는 것이 아니다. 즉, 인간의 감정을 다른 것과 확연히 구별되는 단일 감정으로 판정하는 것이 어렵다. 어떤 한 단어가 상황에 따라 긍정적인 감정으로, 혹은 부정적인 감정으로 사용될 수 있다. 이런 모호성을 극복하려면 단어의 사전적인 의미만 고집해서는 안 되고 문맥이나 맥락을 고려해야 한다. 더욱이 감성은 문화적 차이가 존재하며, 언어에 반영되어 있다. 동일한 단어나 표현이 문화권에 따라 또 사용하는 언어에 따라 상이한 감정을 전달할 수 있기 때문이다. 따라서 감성분석 결과를 해석할 때 세심한 주의를 기울여야 하는 것이다. 또한 감성분석은 인간의 감정을 분석하는 것이기 때문에 윤리 문제를 가져올 수 있다. 특히 사적인 대화를 분석하고자 하는 경우에 사람들의 감정이 실려 있는 텍스트는 사생활 침해나 차별 등의 윤리 관련 문제를 제기할 소지가 상당한 것이다. 따라서 이를 예방하기 위한 조치가 필요하다.

6. 감성분석 순서도

일반적으로 감성분석은 다음과 같은 순서로 진행된다.

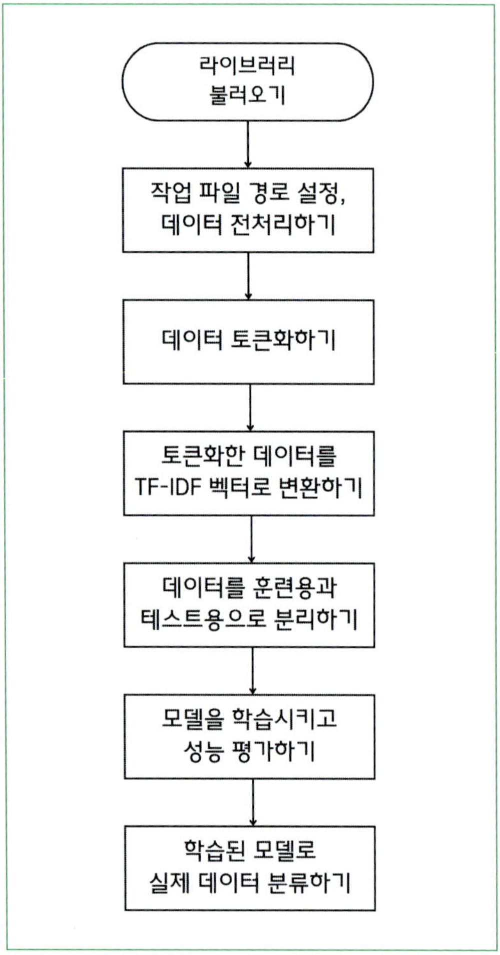

7. 감성분석 파이썬 실습 예제

본 감성분석 실습은 scikit-learn을 활용한 기계학습 중심의 감성분석이다.

본 실습 예제에서는 Mecab의 사용자 사전을 구성해 두었다는 것을 전제로 설명한다. Mecab 사용자 사전의 설치 및 구성은 이 책에서 다루기에는 사용자별로 환경 및 발생하는 오류 등이 너무 다양하므로 관련 블로그나 웹사이트에서 정보를 찾아보는 것을 추천한다.

본 실습 예제는 여러 문서의 내용의 감성(Sentiment)을 분석하는 것이므로 독자의 이해를 위해 제시하는 그림의 이름은 S로 시작하며, [SO-1], [SO-2], [SO-3]…, [SC-1], [SC-2], [SC-3]…처럼 제시된다. [SO-1], [SO-2], [SO-3]…,는 데이터 모습과 출력 결과(Output)를 보여 주는 화면 캡처 그림이며, [SC-1], [SC-2], [SC-3]…는 파이썬 코드(Code)를 보여 주는 그림이다.

텍스트 마이닝의 주요 응용 분야인 감성분석은 텍스트에 담긴 저자의 태도, 감정, 의견 등을 자동으로 분류하는 분석 방법이다. 본 실습에서는 영화 리뷰 데이터를 대상으로 나이브 베이즈(Naive Bayes) 알고리즘을 활용한 감성분석을 수행하며, 데이터 전처리부터 분류 모델 평가까지의 전체 과정을 직접 실습해 본다.

사용할 텍스트 데이터

파이썬 실습 예제에 사용할 분석 데이터 파일은 https://github.

com/e9t/nsmc 에서 제공하는 데이터 세트를 사용한다. 해당 데이터 세트는 기계학습 엔지니어인 lucypark(박은정)[6]이 제공하는 네이버 영화 리뷰 데이터인데, 영화 1편당 100개를 초과하지 않는 리뷰들을 총 20만여 개 수집한 것이다. 이들 중 15만 개를 기계학습 훈련용(학습용) 데이터(ratings_train.txt)로, 나머지 5만 개를 훈련이 잘 되었는지 확인해 보는 테스트용 데이터(ratings_test.txt)로 나누어 제공하고 있다. 해당 데이터들은 긍정과 부정 리뷰의 비율이 50%로 동일하게 샘플링되어 있으며 중립 리뷰는 제외하고 부정을 0, 긍정을 1로 라벨링한 데이터이다(리뷰 점수 1~10점 중 1~4점은 부정, 5~8점은 중립, 9~10점은 긍정으로 판단). 본 실습 예제에서 사용한 데이터는 2개로서 하나는 기계학습 훈련용(학습용) 데이터(ratings_train.txt)를 엑셀로 변환한 ratings_train.xlsx 이며, 다른 하나는 학습된 모델을 가지고 실제로 분류를 해 보기 위한 실습 데이터로서, lucypark이 제공하는 테스트용 데이터(ratings_test.txt)를 엑셀로 변환한 ratings_test.xlsx이다.

	A	B
1	document	label
2	아 더빙.. 진짜 짜증나네.	0
3	흠...포스터보고 초딩영화	1
4	너무재밓었다그래서보는	0
5	교도소 이야기구먼 ..솔직	0
6	사이몬페그의 익살스런	1
7	막 걸음마 뗀 3세부터 초	0
8	원작의 긴장감을 제대로	0
9	별 반개도 아깝다 욕나온	0
10	액션이 없는데도 재미 있	1

[SO-1] 파이썬 실습 예제 데이터의 모습(파일명: ratings_train.xlsx)

분석을 위한 파이썬 코딩

① 라이브러리들을 불러온다.

감성분석을 위해 필요한 라이브러리들을 먼저 불러와 작업 환경을 만든다([SC-1]). 실습에 사용할 라이브러리들의 기능을 간략하게 설명하면 다음과 같다.

- pandas는 데이터를 데이터프레임 형태로 처리하는 데 사용한다.
- sklearn의 train_test_split는 분석용 데이터를 모델 학습용과 모델 성능 평가용으로 나누기 위해 사용한다.
- sklearn의 TfidfVectorizer는 단어의 TF-IDF 벡터 변환에 사용한다.
- sklearn의 MultinomialNB는 나이브 베이즈 분류 모델이다. 이 실습에서는 TF-IDF로 벡터화된 텍스트 데이터를 긍/부정으로 분류하기 위해 사용한다.
- sklearn의 accuracy_score와 classification_report는 학습시킨 모델의 성능을 수치로 확인하기 위해 사용한다.
- sklearn의 GridSearchCV는 하이퍼파라미터 튜닝을 통해 모델에 가장 적합한 파라미터를 탐색하기 위해 사용한다.
- konlpy의 Mecab은 한국어 형태소 분석을 위해 사용한다.
- matplotlib와 seaborn은 모델 성능 평가 시각화인 혼동 행렬과 ROC 커브의 시각화를 위해 사용한다.
- re는 정규 표현식을 위해 사용한다.

```
import pandas as pd
from sklearn.model_selection import train_test_split
from sklearn.feature_extraction.text import TfidfVectorizer
from sklearn.naive_bayes import MultinomialNB
from sklearn.metrics import (accuracy_score, classification_report, confusion_matrix, roc_curve, auc)
from sklearn.model_selection import GridSearchCV
from konlpy.tag import Mecab
import matplotlib.pyplot as plt
import seaborn as sns
import re
```

[SC-1] 라이브러리 불러오기

② 작업 파일 경로 설정 및 작업 데이터를 전처리(preprocessing)한다.

분석에 사용할 엑셀 데이터 파일인 ratings_train.xlsx 데이터를 불러온다. 앞선 분석들과 마찬가지로 해당 파일이 코드와 같은 경로에 있다면 본 실습 예제처럼 경로를 제시하지 않고 'ratings_train.xlsx'로 해도 괜찮지만, 경로가 다르다면 해당 경로를 정확히 입력해야 한다. 데이터를 불러온 후, 분석을 위해 데이터에 대한 전처리를 수행한다([SC-2]).

감성분석을 위해 리뷰 데이터나 댓글을 수집한 경우에는 앞선 예제들과 다르게 정제되지 않은 단어 혹은 문장이 많이 나타난다. 예컨대 'ㅋㅋㅋ'처럼 단순한 초성 혹은 자음의 반복이나 비속어와 같은 것들인데, 이들은 연구자의 판단하에 제거를 할 것인지, 분석용 데이터로 사용할 것인지를 결정하게 된다.

본 예제에서는 앞서 언급한 단순 초성 반복 역시 리뷰 게시자의 반응이 담긴 데이터로 간주하고, 이를 포함하여 분석할 예정이다. 다만, 영화 평점은 게시하였으나 댓글을 달지 않아 공백인 데이터의 경우는 결측값으로 판단하여 제거하는 전처리를 수행하였다.

- line 12의 pd.read_excel()에 모델의 학습에 사용할 데이터 경로를 설정한다.
- line 14의 training_data.dropna()를 통해 데이터에 존재하는 결측값을 제거한다. 결측값은 분석의 정확도에 영향을 미칠 수 있으므로 제거한다.
- line 15의 training_data['document'].astype(str)는 엑셀 데이터의 [document]열에 있는 데이터 형식을 문자열로 변환한다. 텍스트를 분석하는 것이기 때문에 데이터 형식이 문자이어야 한다. 문자열 데이터가 아니면 텍스트로 인식하지 못하며, 당연히 텍스트 마이닝을 할 수 없다.
- line 17의 print 코드를 통해 전처리된 데이터를 [SO-2]에서 확인할 수 있다. 전체 15만 개의 데이터 중 내용이 없는 26개의 데이터가 삭제되어 149,974개의 데이터를 분석용 데이터로 만든 것을 확인할 수 있다.
- 데이터를 살펴보면, 왼쪽에서부터 문서 번호, document(문서 내용), 긍정(1) 또는 부정(0)의 label 순서로 태그되어 있다. 그런데 글의 내용은 긍정인데 분류는 부정(0)으로 되어 있는 이유는 별점에 따라 긍정 · 부정으로 분류한 것이라서 그렇다 (예를 들어, "너무재밓었다그래서보는것을추천한다"는 글 내용은 긍정이지만 부정인 0으로 처리된 이유는 이 리뷰어가 별점을 부정

인 1~4점 내에서 부여한 것임).

```
12. training_data = pd.read_excel('ratings_train.xlsx')
13.
14. training_data = training_data.dropna()
15. training_data['document'] = training_data['document'].astype(str)
16.
17. print(training_data)
```

[SC-2] 작업 파일 경로 설정 및 데이터 전처리하기

```
                                   document  label
0                       아 더빙.. 진짜 짜증나네요 목소리      0
1             흠...포스터보고 초딩영화줄....오버연기조차 가볍지 않구나      1
2                         너무재밓었다그래서보는것을추천한다      0
3                 교도소 이야기구먼 ..솔직히 재미는 없다..평점 조정      0
4      사이몬페그의 익살스런 연기가 돋보였던 영화!스파이더맨에서 늙어보이기만 했던 커스틴 ...      1
...                                     ...    ...
149994                     인간이 문제지.. 소는 뭔죄인가..      0
149995                           평점이 너무 낮아서...      1
149996         이게 뭐요? 한국인은 거들먹거리고 필리핀 혼혈은 착하다?      0
149997             청춘 영화의 최고봉.방황과 우울했던 날들의 자화상      1
149998                한국 영화 최초로 수간하는 내용이 담긴 영화      0

[149974 rows x 2 columns]
```

[SO-2] 전처리한 분석용 데이터

③ 형태소 분석(데이터의 토큰화)을 수행한다.

다른 분석에서 형태소 분석은 문장에서 명사만을 추출한 것이라면, 여기서는 re.sub를 활용한 정규화를 통해 특수 문자를 걸러내고 문장을 형태소 단위의 토큰으로 분리한다. 감성분석에서는 명사뿐만 아니라 형용사, 동사 등도 문장의 긍정과 부정을 판단할 수 있는 요소이기 때문이다([SC-3]).

- 텍스트의 토큰화를 위해 line 21부터 25까지 다음의 함수를 작성한다: tokenize_mecab

- tokenize_mecab 함수는 텍스트를 입력받아 morphs(형태소) 단위로 추출하는 함수이다. 이때까지의 실습과는 상이한 부분이 있는데, 앞선 실습들이 모두 텍스트를 명사 단위로 추출했다면, 본 함수는 형태소 단위로 추출한다는 것이다.
- line 24의 tokens = [token for token in tokens if token and len(token) > 1]에서 길이가 1 이하인 토큰은 필터링한다. 대개 한국어 연구자는 길이가 1 이하인 토큰은 의미가 없는 것으로 간주한다. 다른 나라 언어처럼 단어들의 모습이 한국어와 다르다면, 이 토큰의 길이를 다르게 설정한다.
- [SO-3]에서 line 27과 28의 print 코드를 통해 토큰화된 결과를 볼 수 있다.

```
19. mecab = Mecab(dicpath= "C:/mecab/share/mecab-ko-dic")
20.
21. def tokenize_mecab(text):
22.     text = re.sub(r'[^\w\s]', '', text)
23.     tokens = mecab.morphs(text)
24.     tokens = [token for token in tokens if token and len(token) > 1]
25.     return tokens
26.
27. print("원본 텍스트:", training_data['document'].iloc[0])
28. print("토큰화된 텍스트:", tokenize_mecab(training_data['document'].iloc[0]))
```

[SC-3] 형태소 분석하기(데이터의 토큰화)

```
원본 텍스트: 아 더빙.. 진짜 짜증나네요 목소리
토큰화된 텍스트: ['진짜', '짜증', '네요', '목소리']
```

[SO-3] 데이터 토큰화 결과

④ 토큰화된 텍스트 데이터를 TF-IDF 벡터로 변환한다.

이제 이 토큰화된 데이터를 TF-IDF 벡터로 변환해야 한다. 단어빈도분석에서 기술한 것처럼, TF-IDF는 단어의 빈도와 그 단어가 몇 개의 문서에 등장하는지를 고려하여 각 단어에 가중치를 부여한 수치다. 이 작업은 각 단어의 중요도를 수치화하는 것이라고 할 수 있다. 이러한 과정을 거쳐 벡터화된 TF-IDF 가중치를 통해 모델은 단어의 중요도를 학습하게 되고, 이를 통해 보다 더 정확한 감성 분류가 가능해진다([SC-4]).

- line 30의 TfidfVectorizer를 사용하여 [SC-3]에서 분석한 형태소를 TF-IDF 벡터로 변환한다.
- ngram_range=(1,2)는 단일 형태소뿐만 아니라 두 개의 연속된 형태소의 조합도 고려한다. 예컨대, '진짜' '좋다' 이 2개를 함께 '진짜 좋다'로 인식한다.
- min_df=3은 최소 3개 문서에 등장하는 형태소만 가지고 분석을 수행한다. 이는 보다 정확한 감성 분류를 위해 다양한 문서에 골고루 등장하지 않는 형태소를 제거하는 것이다.
- max_df=0.9는 전체 문서 중 90% 이상의 문서에서 나타나는 단어는 필터링한다. 너무 많은 문서에 빈번하게 등장하는 단어들인, 예컨대 '이다' '한다'와 같은 흔한 단어를 제외함으로써 모델의 정확도를 높이기 위함이다.
- [SO-4]에서 line 34의 print 코드를 통해 TF-IDF 벡터로 변환된 결과를 볼 수 있다.

```
30. tfidf = TfidfVectorizer(tokenizer=tokenize_mecab, ngram_range=(1,2), min_df=3, max_df=0.9)
31. tfidf.fit(training_data['document'])
32.
33. sample_vector = tfidf.transform([training_data['document'].iloc[0]])
34. print("TF-IDF 벡터:", sample_vector)
```

[SC-4] 토큰화한 텍스트 데이터를 TF-IDF 벡터로 변환하기

```
TF-IDF 벡터:    (0, 60348)        0.5744857007659698
  (0, 60328)    0.33842026168954037
  (0, 60042)    0.518047448302291
  (0, 59664)    0.23659261755953526
  (0, 23202)    0.42050837473060804
  (0, 12204)    0.23294073816885452
```

[SO-4] TF-IDF 벡터로 변환된 결과

⑤ 훈련용(학습용) 데이터와 테스트용 데이터를 분리한다.

모델을 학습시키기 전에 앞서 만든 데이터를 모델을 학습시키기 위한 학습용 데이터와 모델이 잘 학습되었는지 검증하기 위한 테스트용 데이터로 분리한다[SC-5]. 이와 같이 동일 데이터셋에서 일부를 제외하고 학습시킨 뒤 나머지로 모델의 성능을 검증하는 과정을 통해 원하는 데이터셋에 대해 모델이 어느 정도로 학습했는지 성능을 파악할 수 있다.

- line 36~37에서 training_data로부터 X에 TF-IDF벡터화된 리뷰 데이터를, y에 감성 분류 레이블을 지정한다. 이를 위해 훈련용 엑셀 파일에서 리뷰 데이터가 있는 열의 이름인 'document'를 X에, 분류 레이블이 있는 열의 이름인 'label'을 Y에 입력한다.

- line 39에서 test_size=0.2를 통해 데이터 세트를 훈련용(학습용) 데이터 8, 테스트용 데이터 2, 즉 8:2로 분리시킨다. 예컨대, 100개의 데이터가 있다면 80개를 훈련(학습)시킨 후에, 20개의 데이터로 학습이 잘 되었는지 테스트하기 위한 과정이다. 만일, 테스트 데이터를 7:3으로 늘리고 싶으면 test_size=0.3으로 설정하면 된다.
- random_state는 다른 분석에서 설명한 바와 같이 분석의 재현을 위해 설정해 준 것이다.

```
36. X = tfidf.transform(training_data['document'])
37. y = training_data['label']
38.
39. X_train, X_test, y_train, y_test = train_test_split(X, y, test_size=0.2, random_state=42)
```

[SC-5] 훈련용(학습용)과 테스트용으로 데이터를 분리하기

⑥ 모델을 훈련(학습)시키고 모델의 성능을 평가한다.

본 실습 예제에서는 나이브 베이즈 분류 모델을 통해 모델을 훈련(학습)시키고 훈련된 모델의 성능을 평가한다([SC-6]).

- line 41에서는 MultinomialNB()을 사용하여 학습을 위한 나이브 베이즈 분류 모델을 불러온다.
- line 43의 GridSearchCV를 사용하여 모델에 대한 최적의 파라미터 수치를 찾는다. 나이브 베이즈 모델의 주요 하이퍼 파라미터인 alpha값(라플라스 스무딩 파라미터)을 최적화하고자 하였다. 이때 alpha값은 라플라스 스무딩을 위한 파라미터

로, 훈련 데이터에 등장하지 않은 단어에 대한 확률이 0이 되는 것을 방지하여 더 안정적으로 확률을 추정할 수 있게 한다.

- line 42의 param_grid = {'alpha': [0.1, 0.5, 1.0, 1.5, 2.0]}에 나와 있듯이 0.1, 0.5, 1.0, 1.5, 2.0 중 결과값이 가장 좋은 alpha값을 가지고 분석을 수행하게 된다. 이때, scoring='accuracy'는 각 alpha값을 순회하며 가장 높은 'accuracy'값을 보이는 alpha값을 최적의 값으로 선택하겠다는 것을 의미한다. accuracy 외에도 'f1' 'precision' 등의 평가 지표를 사용할 수 있다.
- line 52~53에서는 [SC-5]에서 분리한 성능 테스트용 데이터를 갖고 accuracy_score와 classification_report를 통해 모델의 성능을 평가하고 수치를 출력한다.
- line 54~60에서는 모델 성능 평가 시각화 중 하나인 혼동 행렬을 만들어 출력한다.
- 혼동 행렬은 실제로 라벨링된 데이터와 학습된 모델이 예측한 데이터 간의 관계를 비교할 수 있게 행렬 형태로 시각화하는 것이다. 예제와 같이 긍정, 부정의 이진 분류에서는 2 × 2 행렬이 생성되게 되는데, 이를 살펴보면 다음과 같다.

  ① True Negative – 좌상단 : 실제 부정(0)데이터를 부정으로 올바르게 예측

  ② False Positive – 우상단 : 실제로는 부정(0)데이터를 긍정(1)으로 잘못 예측

  ③ False Negative – 좌하단 : 실제로는 긍정(1)데이터를 부

정(0)으로 잘못 예측

④ True Positive – 우하단 : 실제 긍정(1)데이터를 긍정으로 올바르게 예측

- line 55의 plt.figure(figsize)를 조정하여 출력될 혼동행렬 그림의 크기를 설정할 수 있다.
- line 56의 sns.heatmap(cm, annot=True, fmt='d', cmap='Blues')는 혼동행렬 cm을 불러와서 시각화하는데, annot=True는 각 행렬 셀에 데이터 수치를 표시하겠다는 의미, fmt='d'는 데이터를 정수형으로 표시하겠다는 의미, cmap='Blues'는 행렬 색상을 푸른색 계통으로 설정하겠다는 의미이다.
- 추가로 line 57~59는 각각 행렬 그림의 제목, y축 이름, x축 이름을 의미하며, line 60을 통해 시각화한 그림을 표시할 수 있다.
- 다음으로 line 61~74에서는 다른 모델 성능 평가 도구인 ROC 커브를 시각화하여 나타낸다.
- ROC 커브는 다양한 threshold에 대한 이진분류 모델의 성능을 시각화한 그래프이다.
- 해당 그래프에서 x축은 False Positive Rate(FPR): 실제로는 부정(0) 데이터를 긍정(1)으로 잘못 예측한 비율이다.
- 해당 그래프에서 y축은 True Positive Rate(TPR, Recall): 실제의 긍정(1) 데이터를 긍정(1)으로 올바르게 예측한 비율이다.
- ROC 커브에서는 곡선 아래의 면적(AUC)이 클수록 모델의 성

능이 좋은 것으로 평가한다. 즉, 곡선이 좌측 상단에 붙을수록 모델의 성능이 높다는 것을 뜻한다.

- ROC 커브 그래프에 나타난 AUC 수치를 평가할 때는 다음과 같은 기준에서 평가한다.
  ① AUC=1: 모델이 예측을 완벽하게 수행함.
  ② AUC=0.5: 모델이 50% 확률로 정확하게 예측을 수행함 (무작위로 예측을 수행함).
  ③ AUC<0.5: 모델이 정확하게 예측할 확률이 50%보다 낮음.
- 위와 같은 기준에 따라 AUC가 높을수록 모델의 성능이 높다는 것을 알 수 있다.
- line 61에서는 성능 평가를 통해 도출된 모델의 예측 확률값을 가져온다. 이때 [:, 1]은 긍정(1)에 대한 예측 확률값만 가져온다는 것을 뜻한다.
- line 62에서 ROC커브 곡선을 그리기 위한 False Positive Rate와 True Positive Rate를 계산한다. 이때 y_test는 실제로 리뷰에 태깅된 긍정값이며, y_pred_proba는 모델이 예측한 긍정 확률값을 의미한다.
- line 63에서는 성능 평가를 위한 AUC 수치를 계산한다.
- line 65~74는 계산된 ROC 그래프를 실제로 시각화하고 출력하는 코드이다. 혼동행렬과 동일하게 figsize를 통해 그래프 크기를 설정하고, xlabel, ylabel 등을 통해 각 축의 레이블, 그래프 제목, 범례 등을 설정할 수 있다.
- 예제 데이터에서는 True와 False의 데이터 양이 큰 차이를 보

이고 있어, 모델이 잘 학습된 것으로 판단할 수 있다.

- [SO-5]에서 나타나듯 가장 적합한 alpha값은 1.0임을 알 수 있으며, 모델의 정확도(Accuracy), 정밀도(precision), 재현율(recall), F1 점수(f1-score) 등을 확인할 수 있다. 실습 예제에서 학습시킨 모델은 정확도 0.83이며, 부정(0)에 대한 정밀도는 0.82, 재현율은 0.85, f1점수는 0.83이다. 긍정(1)에 대한 정밀도는 0.84, 재현율은 0.82, f1점수는 0.83이다.
- 또한 [SO-6]의 혼동 행렬에서 확인할 수 있듯 True Negative가 12,758, False Negative가 2,751, False Positive가 2,318, True Positive가 12,168로 True와 False의 수치 차이가 크다. 이를 통해 모델의 학습이 잘 이루어졌음을 확인할 수 있다.
- 다음으로 [SO-7]의 ROC 커브 그래프에 나타난 것처럼 AUC 값이 0.92로 나타나고 있다. 이는 모델이 긍정 데이터를 정확하게 분류할 확률이 92%라는 것을 의미하는데, 이는 반대로 부정 데이터 역시 정확하게 분류할 확률이 92%라는 것을 의미한다. 이를 통해 모델이 매우 잘 학습되었음을 확인할 수 있다.

```
model = MultinomialNB()
param_grid = {'alpha': [0.1, 0.5, 1.0, 1.5, 2.0]}
grid_search = GridSearchCV(model, param_grid, cv=5, scoring='accuracy')
grid_search.fit(X_train, y_train)

print("Best parameters:", grid_search.best_params_)
print("Best cross-validation score: {:.2f}".format(grid_search.best_score_))

best_model = grid_search.best_estimator_
predictions = best_model.predict(X_test)

print("Accuracy on test set:", accuracy_score(y_test, predictions))
print("\nClassification Report on test set:\n",
        classification_report(y_test, predictions))
cm = confusion_matrix(y_test, predictions)
plt.figure(figsize=(8, 6))
sns.heatmap(cm, annot=True, fmt='d', cmap='Blues')
plt.title('Confusion Matrix')
plt.ylabel('True Label')
plt.xlabel('Predicted Label')
plt.show()

y_pred_proba = best_model.predict_proba(X_test)[:, 1]
fpr, tpr, _ = roc_curve(y_test, y_pred_proba)
roc_auc = auc(fpr, tpr)

plt.figure(figsize=(8, 6))
plt.plot(fpr, tpr, color='darkorange', lw=2, label=f'Positive Class ROC curve (AUC = {roc_auc:.2f})')
plt.plot([0, 1], [0, 1], color='navy', lw=2, linestyle='--')
plt.xlim([0.0, 1.0])
plt.ylim([0.0, 1.05])
plt.xlabel('False Positive Rate')
plt.ylabel('True Positive Rate')
plt.title('ROC Curve')
plt.legend(loc="lower right")
plt.show()
```

[SC-6] 모델을 훈련(학습)시키고 성능을 평가하기
(최적화된 파라미터 학습모델 생성하기)

```
Best parameters: {'alpha': 1.0}
Best cross-validation score: 0.83
Accuracy on test set: 0.8310051675279213

Classification Report on test set:
              precision    recall  f1-score   support

           0       0.82      0.85      0.83     15076
           1       0.84      0.82      0.83     14919

    accuracy                           0.83     29995
   macro avg       0.83      0.83      0.83     29995
weighted avg       0.83      0.83      0.83     29995
```

[SO-5] 모델의 성능평가 결과 수치

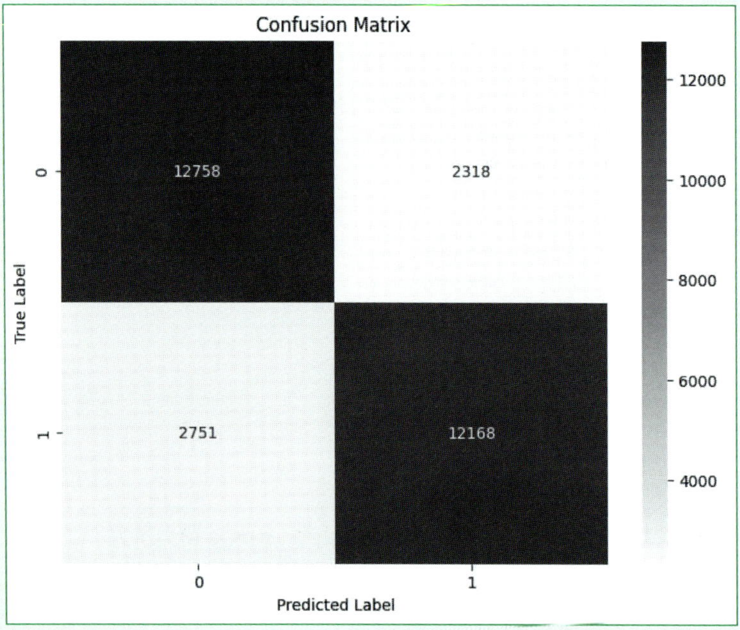

[SO-6] 혼동 행렬

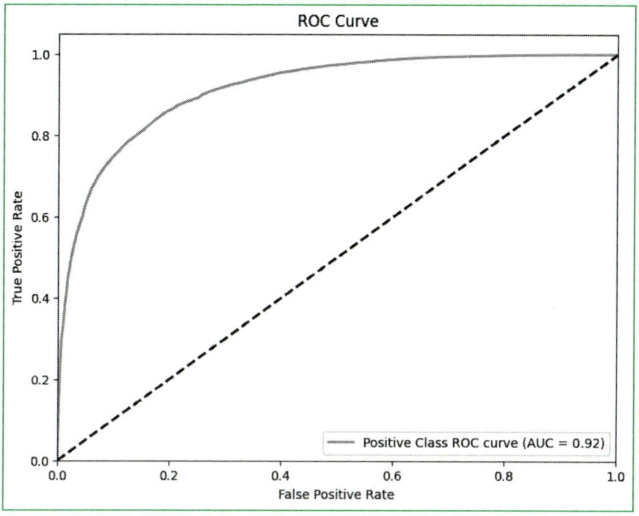

[SO-7] ROC 커브 그래프

⑦ 훈련된(학습된) 모델을 통해 실제 리뷰를 긍정과 부정으로 분류한다.

실전 분류를 위해 ratings_test.xlsx를 열어서 확인해 본다. [SO-8]를 보면 분류가 되지 않은 리뷰 데이터만 존재한다. 리뷰 데이터가 있는 document열을 가지고 분류를 진행한다([SC-7]).

	A	B
1	document	
2	굳 ㅋ	
3	GDNTOPCLASSINTH	
4	뭐야 이 평점들은.... ㄴ	
5	지루하지는 않은데 온	
6	3D만 아니었어도 별	
7	음악이 주가 된, 최고	
8	진정한 쓰레기	
9	마치 미국애니에서 튀	
10	갈수록 개판되가는 중	

[SO-8] 실전 분류용 데이터의 모습(파일명: ratings_test.xlsx)

- line 76에서 분류하고자 하는 파일인 ratings_test.xlsx의 경로를 설정하여 실습용 파일을 불러온다.
- line 77에서는 앞선 [SC-2]와 마찬가지로 분석을 위해 [document]열의 데이터를 문자열로 변환하여 준다.
- line 79~80에서는 불러온 분석용 데이터를 [SC-4]에서와 같이 벡터화된 TF-IDF로 변환시키고, 이를 [SC-6]에서 학습시킨 모델을 이용해 분류한다.
- line 85를 통해 감성 분석 결과가 'predictions.csv' 파일로 저장된다. 그럼, 이 파일 안의 predicted_sentiment열에 분류 결과가 저장된다.
- [SO_9]를 보면, 영화 리뷰 데이터들이 부정(0)과 긍정(1)으로 분류된 것을 확인할 수 있다.

```
76. new_data = pd.read_excel('ratings_test.xlsx')
77. new_data['document'] = new_data['document'].astype(str)
78.
79. new_reviews_transformed = tfidf.transform(new_data['document'])
80. new_predictions = grid_search.best_estimator_.predict(new_reviews_transformed)
81.
82. results_df = new_data.copy()
83. results_df['predicted_sentiment'] = new_predictions
84.
85. results_df.to_csv('predictions.csv', encoding='utf-8-sig', index=False)
```

[SC-7] 실제 데이터를 분류하고 결과를 파일로 저장하기

	A	B
1	document	predicted_sentiment
2	굳 ㅋ	0
3	GDNTOPCLA	0
4	뭐야 이 평점	0
5	지루하지는 ̃	0
6	3D만 아니었	0
7	음악이 주가	1
8	진정한 쓰레	0
9	마치 미국애	1
10	갈수록 개판	0

[SO_9] 영화 리뷰의 감성 분류 결과

8. 감성분석 실제 논문 사례

실제 논문 사례[7]는 Google Play 스토어에서 수집된 인스타그램 앱 리뷰에 대한 감성분석을 통해 앱의 성능 및 개선점, 사용자 만족도와 경험에 대해 이해하고자 한 논문이다. 이 논문은 리뷰 데이터를 활용하여 나이브 베이즈 알고리즘 기반 감성분석을 수행하였다. 본 사례에서는 논문 전체를 모두 인용하지 않고, 텍스트 마이닝 기법 중에서 감성분석 내용만을 원문 그대로 발췌하여 제시한다. 발췌한 원문을 제시할 때, 1) 연구방법 예시와 2) 연구결과 예시로 나누었다.

1) 연구방법 예시

3.1. 데이터 컬렉션 및 전처리

구글 스토어의 인스타그램 사용자 리뷰에서 감성 패턴을 추출하는 것에 초점을 맞춘 연구 방법은 데이터 소스 및 전처리, 사용자 등급에 따른 감성 분류, 나이브 베이즈 알고리즘 적용의 세 가지 중요한 단계로 구성되었다.

이 연구는 2018년 9월 12일부터 2023년 7월 27일까지 Google Play 스토어에서 수집한 인스타그램 사용자 리뷰 데이터를 대상으로 감성 분석을 수행하였다. 원본 데이터 세트에는 총 210,543건의 리뷰가 포함되어 있었다. 데이터의 정확성과 분석의 신뢰도를 높이기 위해, 누락된 리뷰 또는 평점 정보가 있는 데이터 항목을 제거하는 전처리 과정을 거쳤다. 또한 분석 가치가 낮다고 판단되는 너무 짧거나 긴 리뷰도 필터링하여 제외하였다. 이와 더불어, 평점 데이터를 감성 표현(예를 들어, 긍정적 또는 부정적)으로 활용하기 위해 특정 평점 기준에 따라 데이터를 필터링하였다. 텍스트 길이에 대한 필터링은 분석 가치가 낮은 과도하게 짧거나 긴 리뷰를 제거함으로써 데이터의 질을 높이는 데 기여하였다. 이러한 전처리 및 필터링 과정을 거친 후, 총 209,956건의 리뷰가 분석을 위해 남게 되었다. 이러한 전처리 과정은 데이터의 질을 향상시키고, 분석 결과의 정확도를 보장하기 위해 필수적인 단계였다.

데이터 전처리 단계에서는 데이터의 질을 보장하기 위해 주의 깊은 검토와 선별 과정을 거쳤으며, 이는 분석의 신뢰성을 높이는 데 기여하였다. 사용자 등급에 따른 감성 분류 과정에서는 리뷰의 긍성적 또는 부정적 성향을 평가하기 위해 사용자가 남긴 평점과 리뷰 내용을 상세히 분석하였다. 마지막으로, 나이브 베이즈 알고리즘을 적용하여 감성 분류의 정확도를 높이고, 리뷰 데이터에서 감성 패턴을 효과적으로 추출했다.

이 데이터 세트는 사용자의 텍스트 리뷰와 1~5점 점수를 포함하여 다양한 문화적 배경과 생활 경험을 가진 수천 명의 전 세계 사용자를 대상으로 한다. 이러한 데이터는 거시적 및 미시적 측면에서 인스타그램 애플리케이션 사용자의 실제 평가, 사용 습관 및 관심사에 대한 통찰력을 제공한다. 데이터를 처리하기 전에 후속 데이터 전처리 및 분석 방향에 대한 중요한 참고 자료인 데이터의 구조, 결측값 및 이상값을 이해하기 위해 탐색적 분석이 먼저 수행되었다. 데이터 전처리 단계에서는 기본적인 데이터 세척 작업 외에도 리뷰에 포함된 URL(Uniform Resource Locator), 숫자, 특수 문자 및 HTML(HyperText Markup Language) 태그에 특별한 주의를 기울이는데 이러한 요소는 감성 분석을 방해할 수 있으므로 제거해야 한다. 텍스트 표준화는 핵심 단계이며 모든 리뷰 텍스트를 소문자로 균일하게 변환하고 다른 표현으로 인한 오해를 피하기 위해 일반적인 약어를 확장한다. 또한 텍스트의 심층 의미 정보를 탐색하기 위해 NLP(Natural Language Processing) 도구를 사용하여 어간 추출 및 어형 환원을 수행하고 기본 형태로 다른 어형을 통합한다. 텍스트의 주요 내용을 처리한 후 일반적으로 사용되는 영어 중단어도 텍스트에 자주 나타나지만 감성 분석에 대한 실제 가치는 제한적이기 때문에 스크리닝 및 삭제되었다. 데이터 전처리 과정에서 감성 라벨도 결정해야 한다. 데이터 세트에는 사용자의 점수 데이터가 포함되어 있기 때문에 이러한 점수 데이터는 모델의 훈련 및 예측을 위해 감성 범주로 변환된다. 이 방법은 공개 저장소에서 얻은 사용자 리뷰 및 채점 데이터, Python에서 Pandas 라이브러리의 효율적인 데이터 가져오기 및 운영, 텍스트 세척 및 표준화에 대한 엄격한 처리를 결합하여 본 연구의 데이터 처리 및 분석 기반을 구성한다.

3.2. 사용자 등급에 따른 감성 분류

본 연구의 감성 분류 과정은 Instagram 사용자 리뷰 데이터에 대한 깊이 있는 이해를 바탕으로 진행되었다. 사용자들이 남긴 원시 평가를 통해 얻어진 데이터셋을 준비한 후, 감성 분석의 예비 단계로 나아갔다. 이 과정에서는 Instagram 사용자가 제공한 평점을 실질적인 감성 지표로 활용하여, 감성을 세 가지 명확한 범주로 분류하는 방법을 모색하였다. 구체적인 라벨링 방법은 다음과 같이 결정되었다: 사용자가 1 또는 2점을 부여한 리뷰는 '부정적' 감성을 나타내는 것으로 판단되었고, 3점을 부여한 리뷰는 '중립' 감성을, 4점 또는 5점을 부여한 리뷰는 '긍정적' 감성을 나타내는 것으로 분류되었다. 이러한 분류 기준은 실제 사용자 평가와 감성의 상관관계를 명확히 반영하며, 감성 분석 모델 훈련에 있어 정확한 라벨 참조를 보장한다. 이 접근 방식은 Jang 등(2015)의 연구에서도 언급되어 있으며, 사용자 리뷰 데이터를 활용한 감성 분석에 있어 효과적인 방법론으로 평가받고 있다. 이러한 분류 과정을 통해, 본 연구는 사용자 리뷰의 숫자 평점을 기반으로 한 감성 태그 변환의 정확성을 높이고, 데이터셋의 감성 분 류를 더욱 명확하게 진행할 수 있었다.

이 접근 방식의 효율성은 기계 학습 알고리즘이 이해하고 처리할 수 있는 수치 데이터로 일반 텍스트 데이터를 변환하는 과정에서 중요한 역할을 한다. 텍스트 벡터화는 기계 학습 모델이 텍스트 데이터의 패턴을 인식하고 예측을 수행하는 데 필수적인 과정이다. 이 과정에서 사용된 TF-IDF(단어 빈도-역문서 빈도) 방법은 특정 리뷰 내에서의 단어 빈도뿐만 아니라 전체 데이터셋에서의 단어 빈도를 고려하여 각 단어에 가중치를 부여함으로써, 문서 내에서 중요한 단어를 강조한다. 이러한 방법은 텍스트 데이터를 수치 형식으로 표현하는 데 중요하며, 기계 학습 모델의 훈련과정에서 데이터의 특성을 보다 잘 반영할 수 있게 한다. 이 접근법의 유효성은 이전의 연구에서 입증되었으며, 예를 들어 Salton과 McGill(1983)의 연구에서 TF-IDF의 기본 원리와 응용에 대해 상세히 논의하고 있다. 이러한 텍스트 데이터의 수치화는 기계 학습 모델이 텍스트 내 패턴을 인식하고, 이를 바탕으로 감성을 분류하는 데 필수적이다. 모델이 텍스트 데이터의 복잡성을 효과적으로 처리하고, 높은 정확도로 감성을 예측하기 위해서는 텍스트를 수치 형식으로 변환하는 과정이 중요하다. 따라서, TF-IDF 기법을 사용하는 이유는 모델의 성능을 최적화하고, 감성 분석의 정확도를 높이기 위한 핵심적인 단계로 간주된다.

이러한 라벨링과 텍스트 벡터화 기술을 결합함으로써, 우리는 Instagram 사용자 리뷰와 평가를 기반으로 더 정교한 감성 분석의 기초를 마련하였다. 이 접근 방식은 데이터에 표현된 감성을 이해하고 분류하는 체계적인 방법을 제공한다.

3.3. 나이브 베이즈 알고리즘의 적용

감성 분석을 수행할 때, 핵심 방법으로서 나이브 베이즈 알고리즘과 TF-IDF 벡터화를 선택하였으며, 텍스트 분류 작업에서 나이브 베이즈 알고리즘의 효율성을 감안하여 단어 빈도 통계 방법인 TF-IDF 벡터화와 비교하였다.

원시 텍스트 리뷰를 처리하기 위해 TF-IDF 벡터화 방법을 사용하는 것은 중요한 단계였다. 이러한 단계는 텍스트 감성을 알고리즘이 효과적으로 처리하고 이해할 수 있는 숫자 형태로 변환했다. TF-IDF 방법은 특정 리뷰 내에서 단어 빈도뿐만 아니라 전체 데이터 세트에서의 빈도를 고려하여 각 단어에 합리적인 가중치를 할당한다.

데이터 집합 처리 측면에서 80%를 교육 세트로, 나머지 20%를 테스트 세트로 사용하여 분석의 견고성을 보장했다. 데이터 집합을 처리하는 방법에 대한 80/20 분할(학습 세트 80%, 테스트 세트 20%)이 널리 받아들여지는 규칙 중 하나라는 것은 기계 학습 및 데이터 과학 커뮤니티에서 잘 알려져 있다. 이러한 분할 비율은 데이터 과학 분야에서 일반적인 베스트 프랙티스로 간주되며, 다양한 학술 연구와 데이터 과학 프로젝트에서 성능 평가를 위한 표준 접근법으로 사용된다. 교육 데이터는 나이브 베이즈 분류기에 대한 필수 학습을 제공하고, 그 후에 테스트 세트에서 모델의 예측 능력을 테스트하였다. 평가 지표(정밀도, 재현율, F1 점수 포함)

는 모델의 정확성을 포괄적으로 나타내었다. 더 나아가 이해를 높이기 위해 감성 범주별로 단어 빈도를 통합했다. 일반적인 불용어를 걸러내어 사용자 감성의 본질을 추출하였으며, 이를 워드 클라우드 형태로 생생하게 표현하여 제공되었다.

이 연구에서는 Python을 주요 프로그래밍 언어로 사용했으며 관련 도구 라이브러리에는 Scikit-learn(사이킷런) 및 NLTK (Natural Language Toolkit)가 포함된다. 모델 평가 단계에서 우리는 정확도, 회수율 및 F1 점수와 같은 주요 지표에 중점을 둔다. 동시에, 모델을 더욱 최적화하기 위해, 우리는 또한 모형이 최상의 성능을 달성할 수 있도록 매개변수를 조정하고 최적화했다.

2) 연구결과 예시

4.3. 나이브 베이즈 분류 결과

사용자 리뷰의 숫자 평점을 감성 태그로 변환한 후, TF-IDF 방법을 사용하여 리뷰 텍스트를 벡터 형태로 변환한다. 나이브 베이즈 모델을 활용하여 감성 분류를 수행하고, 테스트 데이터에서 모델의 성능을 평가한다. 마지막으로, 코드는 각 감성 카테고리에 대한 ROC(Receiver Operating Characteristic)곡선을 작성하며, 다양한 임계값에서 모델의 성능을 평가하기 위해 AUC(Area Under the ROC Curve)값을 계산한다. 이러한 시각화 방법은 모델의 성능과 잠재적인 개선점을 파악할 수 있는 다양한 범주에서 모델의 예측 효과를 이해하는 데 도움을 주는 직관적인 방법을 제공한다.

나이브 베이즈 분류기를 통한 감성 분석 작업에서 나온 결과는 그 능력과 한계에 대한 포괄적인 시각을 제공한다. 전반적으로 이 분류기는 각 감성 범주에 대한 지표로 나타난 것처럼 혼합된 성능을 나타낸다. 전체적인 정확도가 0.74로, 부정적인 감성을 식별하는 데 우수한 능력을 보여 주며 정밀도가 0.72, 인상적인 재현율은 0.96로 나타난다. 정밀도와 재현율의 균형인 F1 점수는 이 범주에 대해 0.82이다. 반면, 중립적인 감성은 분류기에게 상당한 도전임을 보여 준다. 이 범주의 지표는 전반적으로 부족하며 개선이 필요한 부분을 강조한다. 반면, 긍정적인 감성에 대해서 모델은 좋은 성과를 보이며 F1 점수가 0.72이고 정밀도가 0.81, 재현율이 0.65로 뒷받침된다.

ROC 커브 통찰:

ROC 커브로 넘어가면 이 그래픽 표현은 참 긍정 비율을 거짓 긍정 비율에 대해 나타내며, 다양한 임계값을 통해 모델의 효능을 보여 준다. 곡선 아래 영역(AUC)은 더 나은 분류를 나타내는 더 높은 값으로서 기준 역할을 한다. 부정적인 감성에 해당하는 곡선은 AUC가 0.85로, 이 범주에서 모델의 능숙성을 입증한다. 반면, 중립적인 감성 곡선은 0.68의 AUC로, 이전에 언급한 모델의 어려움을 강조한다. 긍정적인 감성 곡선은 인상적인 0.88의 AUC를 획득하여 강력한 성능을 시사하지만 향상의 여지가 있다는 것을 나타낸다.

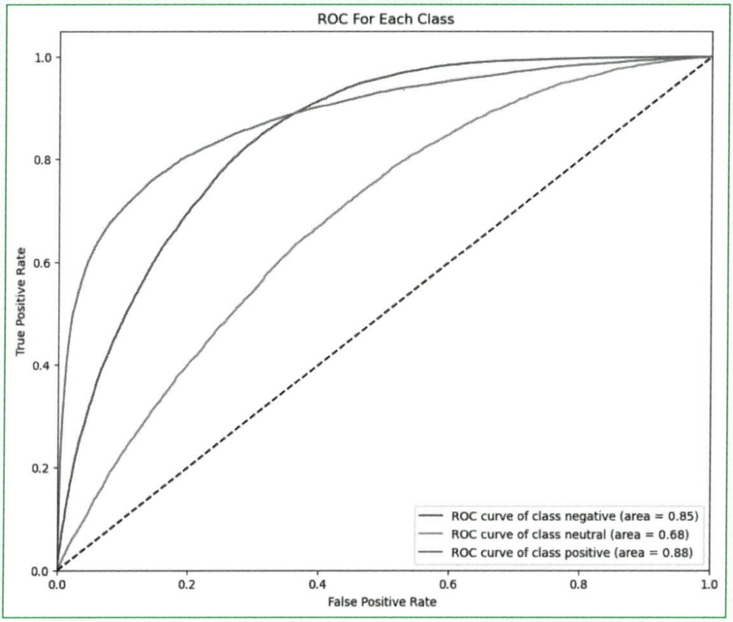

Fig. 4. Comparative ROC curves for negative, neutral, and positive sentiment classes

혼동 행렬 분석:

혼동 행렬(Confusion Matrix)은 머신러닝 모델의 성능을 평가하는 데 중요한 도구로 간주된다. 이는 모델이 실제로 어떻게 예측하였는지와 예측 결과가 얼마나 정확한지를 시각적으로 표현하는 행렬이다.

혼동 행렬을 사용하면 각 카테고리에 대한 예측의 정확성뿐만 아니라, 잘못 분류된 예측도 쉽게 확인할 수 있다.

더 자세히 살펴보면 혼동 행렬은 각 감성에 대한 분류기의 성능에 대한 심층적인 통찰력을 제공한다. 부정적인 감성을 예측하는 분류기의 견고함은 분명하며, 24,021개 중 23,006개가 정확하게 분류된다. 그러나 중립적인 감성에 대한 분류기의 도전은 뚜렷하다. 5,402개의 중립적인 인스턴스 중 3개만 정확하게 분류되었으며, 대부분이 부정적이거나 긍정적으로 잘못 표시되었다. 이는 중립 및 다른 범주를 구분하는 데 모델이 사용하는 기능에서 잠재적인 중첩이나 유사성을 나타낸다. 긍정적인 감성의 경우 분류기의 성능은 훌륭하지만 완벽하지는 않다. 12,686개 중 8,266개를 올바르게 식별했지만 상당수인 4,415개가 부정적으로 잘못 분류되었다.

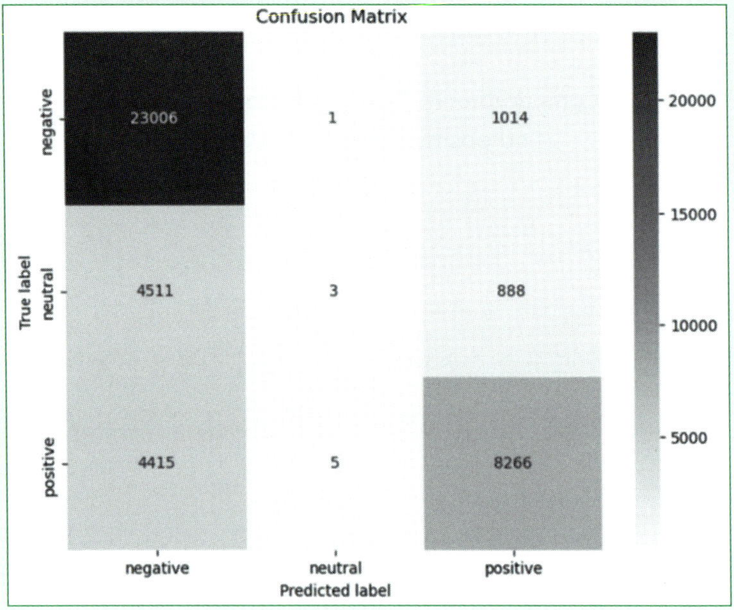

Fig. 5. Sentiment classification confusion matrix

Chapter 10

연관어 분석

1. 정의

텍스트 내에서 단어들은 완전히 고립적이지 않고 서로 다른 단어들과 어울려 문장을 이루고 있다. 또 문장이 뜻을 가지려면 단어들의 적절한 선택이 필요하고 문법에 따른 배열이 요구된다. 따라서 단어 관계를 문장 단위로 파악하면, 문장마다 상이한 모습의 단어 관계를 보인다. 이를 확대하여 적용하면, 비록 그 관계가 복잡하게 되겠지만, 문단(또는 단락) 단위, 문서 단위, 혹은 말뭉치나 코퍼스 단위로 단어 관계를 파악할 수 있고, 그 단어 관계 모습은 각각 상이하게 나타날 것이다.

한편, 한 문서가 어떤 한 분야에 관한 내용이라면, 문장들은 그 분야를 반영한 단어들로 이루어진다. 즉, 분야에서 사용하는 용어나 개념을 가진 문장들이 생성된다. 또한 분야마다 사용하는 독특한 화법이나 문장구조도 있는데, 이 때문에 동원되는 단어도 다를 수 있다. 여기에 만일 분야가 상이한 문서가 하나 더 있다면, 이 두 문서는 사용된 용어가 서로 다를 것이고, 서로 구별되는 모습의 문장들도 많이 발견될 것이다. 예를 들어, 컴퓨터 분야의 문서와 경제학 분야의 문서는 서로 상이한 용어들, 다른 모습의 문장들이 발견된다. 동일한 문학 내에서도, 예컨대 작가 헤밍웨이의 소설에서의 단어들과 문체는 우리나라 노벨 문학상 작가 한강의 소설에서의 그것들과는 같지 않다. 그렇다면, 이들 분야와 문서 속에서 단어들의 관계는 서로 상이할 것이다.

텍스트 마이닝에서 연관어 분석은 단어들 사이의 이런 관계성 혹은 연결성을 분석한다. 단어들의 연관 혹은 연결 모습이 서로 관련된 단어들끼리 네트워크 형태로 나타나기 때문에 이 분석을 연관어 분석이라고도 하며, 또는 이 단어들이 핵심어이기 때문에 키워드 네트워크 분석이라고도 한다.

2. 목적

연관어 분석의 목적은 문서 내에서 특정 단어와 함께 자주 등장하는 단어들을 찾아내어 단어들 사이의 관계를 파악하는 것이다. 구체적으로, 어느 단어가 어느 다른 단어들과 연결되어 있는지 그리고 그 연결의 강도가 큰지 작은지, 가장 많은 연결을 가진 단어들은 무엇이고 연결이 적은 단어들은 무엇인지, 전체 단어들 중에서 어떤 단어들이 가운데 위치하고 어떤 단어들이 변방에 위치하는지, 단어들의 연결 관계로 인해 구별되는 단어들의 집단이 도출되는지 등등 연관어 분석을 통해 밝혀낼 수 있는 단어들의 관계성은 다양하다. 이를 통해 특정 단어의 의미를, 다른 단어와의 관계성, 연결성을 통해 명확하게 이해할 수 있고, 해당 단어와 연결된 주제나 이슈 혹은 트렌드를 파악할 수 있다.

3. 알고리즘 및 핵심 용어

기본적으로 연관어 분석은 다음과 같은 세 가지 분석 알고리즘에 따라 분석을 수행한다. 어떤 알고리즘을 사용해야 하는가는 연구자가 결정해야 할 사항이다. 이 책에서는 동출현 빈도 기반 분석알고리즘을 사용한 예제를 제시한다. 각각의 알고리즘에 대한 수식을 동원한 자세한 설명은 이 책의 목적과 의도를 벗어나기 때문에 생략하고, 핵심적인 사항만 제시하고자 한다. 자세히 알고 싶은 독자는 관련 전문서적을 참고해야 한다.

알고리즘

1) 동출현 빈도 기반 분석

이 알고리즘은 텍스트 데이터에서 특정 단어와 함께 출현하는 단어들의 빈도를 측정하여 연관성을 파악한다. 같은 문맥에서 두 단어가 함께 출현할 빈도가 높다는 것, 즉 동시 출현 빈도가 높은 단어들은 서로 연관 관계가 높은 단어일 것이라고 추정이 가능하다. 이 알고리즘의 장점은 동시 출현 빈도의 계산이 간단하고 결과를 쉽게 이해할 수 있다는 점이다. 반면에, 단어의 네트워크를 형성할 때, 단어의 의미를 고려하지 않는다는 단점이 있다.

2) 유사도 기반 분석

이 알고리즘은 텍스트 데이터에서 특정 단어와 유사한 의미를 가진 단어들을 밝혀 연관성을 파악하고 이에 기반하여 단어의 네트워크를 만드는 방법이다. 핵심은 단어들 사이의 유사도를 계산하는 일이다. 코사인 유사도(cosine similarity), 자카드 유사도(jaccard similarity), 오버랩 유사도(overlap similarity) 등이 대표적인 유사도 기반 연관어 분석 알고리즘이다. 이 방법은 단어의 의미를 고려하기 때문에 네트워크 결과가 정확하다는 장점이 있다.

3) word2vec 기반 분석

이 알고리즘은 비교적 최근에 개발된 딥러닝의 한 방법이며, 많은 연구자로부터 주목받고 있다. 이 알고리즘 역시 유사도를 기반으로 하는데, 두 개의 기본 가정을 전제한다. 첫째는 이 단어의 의미가 그 단어의 주변 단어 분포로부터 이해될 수 있다는 점, 둘째는 단어의 의미가 벡터 안에서 인코딩될 수 있다는 점이다. 앞의 두 알고리즘과 비교하여 단어의 가중치가 단어의 위치와 순서에 따라 달라질 수 있다는 점이 특징이다. 선택할 수 있는 대표적인 word2vec 방법에는 CBOW, Skip-gram이 있다.[1)]

핵심 용어

또한 알아두어야 할 핵심적 용어로는 다음과 같은 여러 중심성

(centrality 또는 중앙성)이라는 지표가 있다. 네트워크 분석에서 가장 많이 사용되는 지표이며, 이를 통해 한 행위자(노드, 버텍스)가 전체 네트워크에서 어떤 역할을 하는지를 파악할 수 있다. 만일 소셜 네트워크라면 중심성 지표는 집단 내 구성원들 사이의 관계 속에서 정보나 의견이 누구를 중심으로 네트워크 구성원에게 전달되는지, 네트워크에서 중심적 역할을 누가 하는지를 알려준다. 만일 연관어 네트워크 혹은 키워드 네트워크라면, 중심성 지표는 구성되어 있는 단어들 관계 속에서 어떤 단어들이 어느 키워드와 연결되어 있는가, 네트워크에서 혹은 연관어 중에서 핵심이 되는 중심 개념은 무엇인지, 사람들은 어떤 개념과 어떤 개념을 관련 있는 것으로 보는가 등을 알려준다.

1) 연결 중심성(degree centrality)

중심성 지표 중에서 가장 간단하고 기본적인 수치다. 이 지표는 하나의 노드(버텍스)가 몇 개의 노드와 직접적으로 연결되어 있는지를 나타내는데, 연결되어 있는 링크(엣지)의 수다. 만일 링크가 방향성을 가진 네트워크라면 그 방향성에 따라 In-degree와 Out-degree 중심성으로 나누어진다. 전자는 여러 다른 노드로부터 선택을 받은 것이기 때문에 노드의 인기도를 보여 주고, 후자는 여러 다른 노드를 선택하는 것이기 때문에 노드의 영향력을 보여 준다.

2) 인접 중심성(closeness centrality)

한 노드가 얼마나 전체 네트워크의 중심에 근접해 있는가를 나타낸 지표로서 특정 노드가 다른 노드까지 도달하는 경로가 얼마나 짧은지를 계산한다. 근접 중심성이라고도 한다. 연결 중심성이 직접 연결된 노드의 개수를 측정하는 지표와는 달리 인접 중심성은 직간접적으로 연결된 노드들까지 측정하는 지표다.

3) 매개 중심성(betweenness centrality)

한 노드가 다른 노드들 간의 네트워크 관계 형성에 있어서 중계자 혹은 매개자(bridge) 역할을 하는지를 나타내는 지표다. 예컨대, 네트워크에서 좌측(혹은 상단)에 배치된 노드들이 우측(혹은 하단)에 배치된 노드들로 연결될 때 반드시 통과해야만 하는 핵심적 노드가 있다면, 이 노드는 매개 중심성이 높다. 종종 어울릴 것 같지 않은 상이한 집단들이 소수의 노드들로 인해서 서로 연결되어 있는 경우가 발견된다. 이때 이 집단들을 연결해 주는 노드가 매개 중심성이 높은 중계자, 매개자 역할을 하는 노드다.

4) 위세 중심성(eigenvector centrality)

소수의 몇몇 영향력 높은 노드들과 연결되어 있는 노드가 다수의 일반 노드들과 연결되어 있는 노드보다 더 큰 영향력을 갖고 있음을 보여 주는 지표다. 예컨대, 사회적 영향력이 그저 그런 친구들을 아주 많이 가진 A와 친구들은 많지 않은데 사회적 영향력이 큰 거물 친구를 몇 명 알고 있는 B를 비교할 때, A가 연결 중심성이 높은 많은 마당발 같은 존재라면 B는 연결된 거물 친구들에 의해서 위세가 높은 존재다. 이처럼 이 지표는 연결된 다른 노드들의 중요도(가중치)를 함께 반영하며, 고유벡터 중심성 또는 아이겐벡터 중심성이라고도 한다.

4. 결과 제시 방법

1) 주요 키워드들의 빈도수 및 관계를 표와 연결망(네트워크)으로 제시

여러 중심성 지표 중에서 어느 하나를 선택하여 그 수치의 크기를 기준으로 주요 키워드의 순위를 표로 제시한다. 이를 통해서 연관된 단어들 중에서 어느 키워드가 중심적 역할을 하고 있는지를 파악할 수 있다. 또한 제시된 표의 키워드들의 연결 관계를 시각화한 연결망(네트워크)을 제시한다. 노드(버텍스)의 크기가 클수록 순위가 높은 키워드다.

<표 10-1> 연결중심성 지표를 기준으로 주요 키워드를 표로 제시한 예[2)]

키워드	빈도	연결 중심성	중심성 순위	키워드	빈도	연결 중심성	중심성 순위
학업성취도	30	0.929	1	문제중심학습	12	0.429	16
상호작용	25	0.893	2	자기조절학습	14	0.428	17
교수학습설계	24	0.857	3	블랜디드러닝	11	0.393	18
효과성	14	0.750	4	학습공동체	19	0.357	19
협력학습	35	0.714	5	사이버대학	11	0.357	20
만족도	22	0.714	6	교수학습모형	15	0.321	21
학습환경	16	0.679	7	인지부하	12	0.321	22
학습전략	10	0.679	8	대학교육	11	0.321	23
이러닝	35	0.643	9	ICT	15	0.286	24
현존감	12	0.571	10	원격교육	10	0.286	25
몰입	10	0.571	11	디지털교과서	13	0.179	26
문제해결	13	0.536	12	학습자특성	10	0.179	27
역량	18	0.500	13	프로젝트학습	10	0.179	27
자기효능감	13	0.500	14	온라인토론	15	0.143	29
학습동기	13	0.429	15				

※ 연결중심성이 같은 경우는 빈도수가 많은 키워드를 높은 순위로 표시

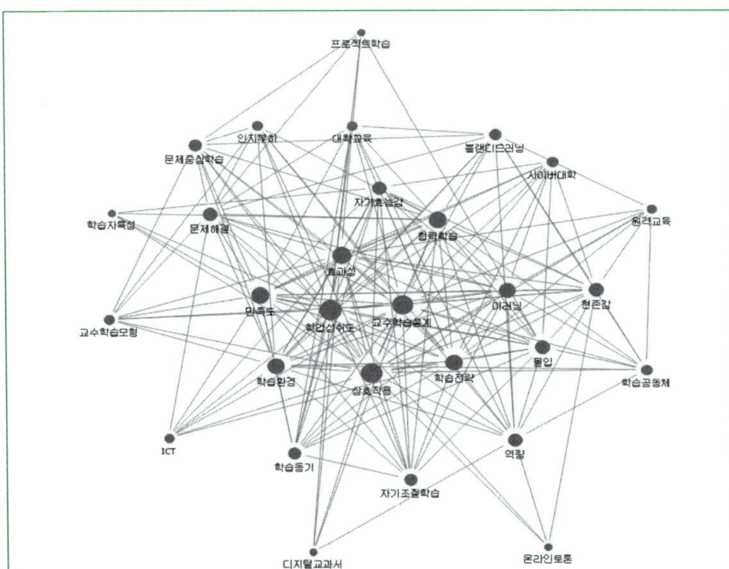

[그림 10-1] 키워드들의 연결망 제시의 예[3)]

2) 주요 키워드들의 군집화(클러스터)를 표와 연결망 (네트워크)으로 제시

앞서 제시한 키워드들의 관계 속에서 유사한 관련성이 높은 키워드들끼리 어떻게 묶여지는지를 클러스터 분석을 통해 분류한다. 이를 통해 어떤 키워드들이 같은 군집으로 묶여지는지를 파악하고 이를 표와 연결망으로 제시한다.

<표 10-2> 클러스터 분석 결과를 표로 제시한 예[4)]

클러스터 1 (G1)		클러스터 2 (G2)		클러스터 3 (G3)	
키워드	연결중심성	키워드	연결중심성	키워드	연결중심성
학업성취도	0.929 (1)	상호작용	0.893 (2)	효과성	0.750 (4)
협력학습	0.714 (5)	교수학습설계	0.857 (3)	학습환경	0.679 (7)
만족도	0.714 (6)	현존감	0.571 (10)	문제해결	0.536 (12)
학습전략	0.679 (8)	역량	0.500 (13)	문제중심학습	0.429 (16)
이러닝	0.643 (9)	블랜디드러닝	0.393 (18)	교수학습모형	0.321 (21)
몰입	0.571 (11)	학습공동체	0.357 (19)	인지부하	0.321 (22)
자기효능감	0.500 (14)	원격교육	0.286 (25)	대학교육	0.321 (23)
학습동기	0.429 (15)	디지털교과서	0.179 (26)	ICT	0.286 (24)
자기조절학습	0.428 (17)	온라인토론	0.143 (29)	프로젝트학습	0.179 (27)
사이버대학	0.357 (20)				
학습자특성	0.179 (27)				

※ 연결중심성 ( )안의 숫자는 연결중심성 순위

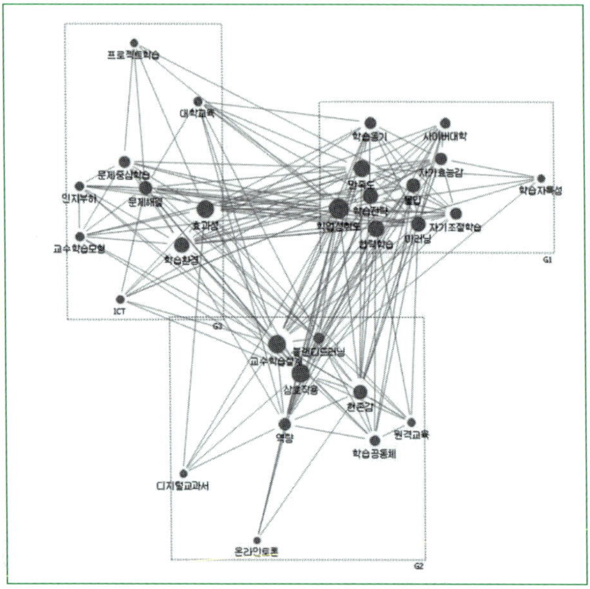

[그림 10-2] 클러스터 분석 결과를 연결망으로 제시한 예 1[5)]

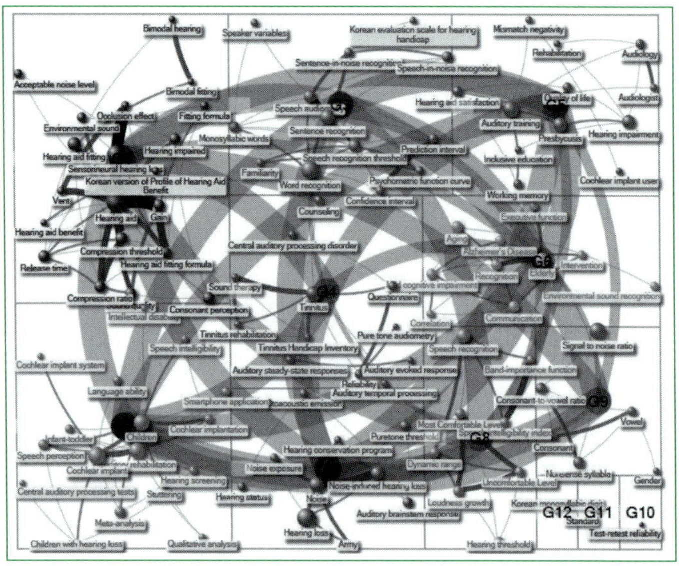

[그림 10-3] 클러스터 분석 결과를 연결망으로 제시한 예 2[6)]

5. 유의사항

우선, 네트워크상에 등장할 단어 선정 기준을 명확히 해야 한다. 단어의 범위를 너무 좁게 혹은 너무 넓게 설정하면 네트워크 모습과 분석 결과가 왜곡될 수 있기 때문이다. 이와 관련하여 네트워크에 등장할 단어의 빈도수를 신중히 결정해야 한다. 단순히 단어가 나타나는 횟수만을 고려할 뿐만 아니라 해당 단어가 갖고 있는 여러 지표(예컨대, 중심성 수치)를 고려해야 한다. 또한 분석 결과를 해석할 때도 주의해야 한다. 연관어는 단순히 단어들 사이의 관계를 나타내는 것이기 때문에 성급한 결론은 주의해야 한다.

텍스트 마이닝의 연관어 분석기법은 사회연결망분석(Social Network Analysis, SNA)의 한 종류로 볼 수 있다. 사람들 사이의 관계망인 사회적인 연결 관계를 단어들(또는 개념들, 핵심어들)의 연결 관계로 대치한 것이기 때문이다. 따라서 사회연결망분석의 목적과 수행 절차가 매우 유사하며, 사용되는 개념과 도출된 분석 결과를 제시 및 해석하는 방법도 거의 유사하다. 즉, 사회연결망분석처럼 노드(버텍스, 액터)와 링크(엣지) 같은 기본 개념을 사용하며 거리와 밀도, 포괄성과 중심성 지표 등의 계산과 제시를 통한 연결구조의 파악, 그리고 시각화 방법을 활용한다.

6. 연관어 분석 순서도

일반적으로 연관어 분석은 다음과 같은 순서로 진행된다.

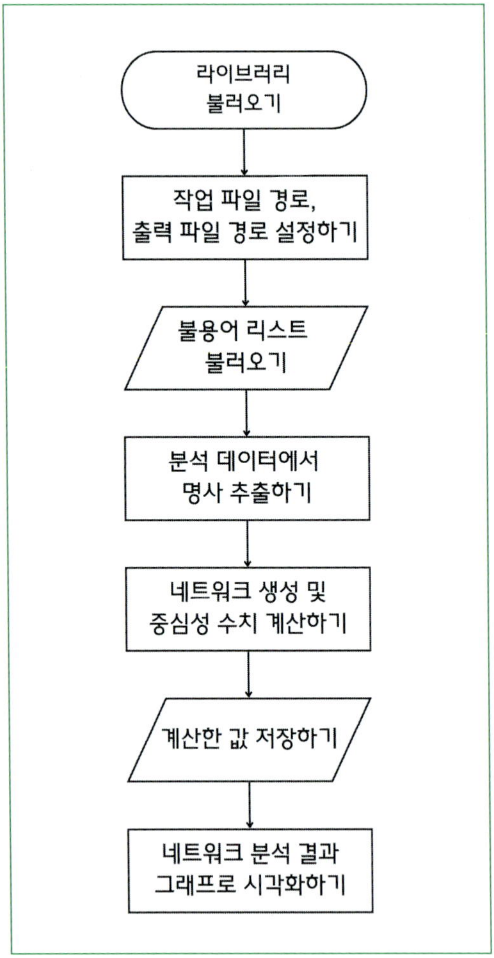

7. 연관어 분석 파이썬 실습 예제

본 실습 예제에서는 Mecab의 사용자 사전을 구성해 두었다는 것을 전제로 설명한다. Mecab 사용자 사전의 설치 및 구성은 이 책에서 다루기에는 사용자별로 환경 및 발생하는 오류 등이 너무 다양하므로 관련 블로그나 웹사이트에서 정보를 찾아보는 것을 추천한다.

본 실습 예제는 단어들 사이의 연관성을 네트워크(Network)로 분석하므로 독자의 이해를 위해 제시하는 그림의 이름은 N으로 시작하며, [NO-1], [NO-2], [NO-3]…, [NC-1], [NC-2], [NC-3]… 처럼 제시된다. [NO-1], [NO-2], [NO-3]…,는 데이터 모습과 출력 결과(Output)를 보여 주는 화면 캡처 그림이며, [NC-1], [NC-2], [NC-3]…는 파이썬 코드(Code)를 보여 주는 그림이다.

연관어 분석은 텍스트 데이터에서 추출한 주요 키워드들 간의 동시 출현 관계를 네트워크 구조로 시각화하여 분석하는 방법이다. 본 실습에서는 학술지 논문의 서지정보를 대상으로 키워드 네트워크 분석을 수행하며, 데이터 전처리부터 네트워크 시각화까지의 전체 과정을 직접 실습해 본다.

사용할 텍스트 데이터

네트워크 분석 실습 예제에 사용할 분석 데이터 파일은 단어빈도분석과 토픽모델링에서 사용한 것과 동일한 파일이다. 이 파일은 한국학술지인용색인(KCI), 학술연구정보서비스(RISS)에 등재된 공학 분야의 논문들에서 2022년 기준 '메타버스'를 키워드로 검색하여 수집한 서지정보를 엑셀로 정리한 것이다. 데이터는 제목, 저자, 발행기관, 학술지명, 발행연도, 주제어, 문서번호(doc), 초록(abstract)로 구성되어 있다([NO-1]).

이번 실습 예제에서는 분석할 텍스트 데이터 파일인 초록(abstract) 데이터를 사용하여 초록의 키워드들의 네트워크 형태가 어떠한지, 각 키워드들의 중심성은 어떠한지를 파악해 보고자 한다.

	A	B	C	D	E	F	G	H
1	제목	저자	발행기관	학술지명	발행연도	주제어	doc	abstract
2	메타버스 기반 K-환경고	이한진,구현희	한밭대학교 적	적정기술(App	2022	메타버스 리터	a1	그 어느 해보다 기후위기를 실감할 수 있었던 2021
3	보행자 편의성 향상을	박현철,김인희	대한교통학회	대한교통학회	2021		a2	지역 간 통행이 증가함에 따라 낯선 환경을 마주하
4	가상 현실을 이용한 작	박수형,김남훈	대한산업공학	대한산업공학	2021		a3	생산시스템에서의 인간 작업자는 여전히 중요한 9
5	메타버스 내 가상세계9	한혜원	한국과학기술	디지털콘텐츠	2008	Virtual World,	a4	메타버스 내 가상세계는 가상적으로 확장된 물리적
6	헤드 무브먼트 데이터의	김정호(Jungh	한국방송·미디	방송공학회논	2021	Head Movem	a5	가상현실 산업은 코로나바이러스 이후 비대면 콘텐
7	물리 세계와 가상 세계	양수림;조중호	한국방송·미디	방송과 미디어	2021		a6	코로나바이러스로 인한 디지털 전환의 가속화와 ㅂ
8	메타버스 기반의 실감	고병수;김명하	한국방송·미디	방송과 미디어	2022		a7	한국콘텐츠진흥원에서는 문화 콘텐츠 발전과 세계
9	메타버스(Metaverse)오	정상섭	한국방송·미디	방송과 미디어	2022		a8	메타버스 서비스란 '가상', '초월' 등을 뜻하는 영어
10	미디어 콘텐츠의 메타비	송민정	한국방송·미디	방송과 미디어	2022		a9	본 고는 미디어 산업 관점에서 미디어 콘텐츠의 메
11	디지털 휴먼의 현재와	서영호,오문석	한국방송·미디	방송과 미디어	2021		a10	디지털기술의 발전에 따라 메타버스가 콘텐츠 시장

[NO-1] 파이썬 실습 예제 데이터의 모습(파일명: data.xlsx)

분석을 위한 파이썬 코드

① 라이브러리들을 불러온다.

네트워크 분석을 위해 필요한 라이브러리들을 먼저 불러와 작업 환경을 만든다([NC-1]). 실습에 사용할 라이브러리들의 기능을 간략하게 설명하면 다음과 같다.

- openpyxl은 엑셀 파일을 읽고 쓰는 데 사용한다.
- csv는 csv파일을 읽고 쓰기 위해 사용한다.

- re는 정규 표현식을 위해 사용한다.
- networkx는 분석 데이터로 네트워크를 생성하기 위하여 사용한다.
- matplotlib은 생성된 네트워크 그래프의 시각화를 위하여 사용한다.
- numpy는 네트워크 행렬 생성 및 활용을 위하여 사용한다.
- konlpy의 Mecab은 한국어 형태소 분석을 위해 사용한다.
- itertools의 combinations는 분석에 사용될 단어쌍 생성을 위하여 사용한다.

```
import openpyxl
import csv
import re
import networkx as nx
import matplotlib.pyplot as plt
import matplotlib.font_manager as fm
import numpy as np
from konlpy.tag import Mecab
from itertools import combinations
```

[NC-1] 라이브러리 불러오기

② 작업 파일 및 결과 출력 파일 경로를 설정한다.

분석에 사용할 작업 파일을 불러올 수 있도록 각 변수들에 작업 파일의 경로를 지정하고, 파이썬으로 분석한 결과를 파일로 저장할 경로를 설정한다([NC-2]). 단어빈도분석과 같은 원리로 작업 파일 및 결과 출력 파일의 경로를 설정한다.

- line 11의 file_path 변수에는 분석에 사용할 엑셀 데이터 파일 경로를 설정한다. 본 실습 예제에서 사용할 엑셀 데이터 파일은 data.xlsx이다.
- line 12의 stopwords_file_path 변수에는 불용어 파일 경로를 설정한다. 본 실습 예제에서 사용하고자 하는 불용어 리스트는 stopwords.txt 파일이다. 이에 대한 자세한 설명은 단어빈도분석 실습을 참고하기 바란다.
- line 13의 centralities_path 변수에는 네트워크 분석을 수행하면 도출되는 중심성 수치 파일이 저장될 경로와 파일명을 설정한다. 본 실습 예제에서는 각 단어의 연결 중심성, 매개 중심성, 근접 중심성 등의 중심성 수치가 'centralities.csv' 파일로 작성되어 저장된다.

작업 파일 경로와 출력 파일을 설정할 때 주의할 사항은 단어빈도분석 실습 예제에 설명되어 있다.

```
11. file_path = "data.xlsx"
12. stopwords_file_path = 'stopwords.txt'
13. centralities_path = 'centralities.csv'
```

[NC-2] 작업 파일 및 결과 출력 파일 경로 설정

③ 불용어 리스트를 불러온다.

불용어 리스트에 관한 코드는 난어빈도분석 실습 예제와 동일하므로 구체적인 설명은 단어빈도분석 실습을 참고하면 된다

([NC-3], [NO-2]).

```
def load_stopwords(file_path):
    stopwords = set()
    with open(file_path, 'r', encoding='utf-8-sig') as file:
        for line in file:
            stopwords.add(line.strip())
    return stopwords

stopwords = load_stopwords(stopwords_file_path)
print("Loaded stopwords:", stopwords)
```

[NC-3] 불용어 세팅하기

```
Loaded stopwords: {'그리고', '때문', '지금', '그것', '그러나', '다른', '경우', '다시', '더', '이런',
'또', '그런'}
```

[NO-2] 설정된 불용어 출력

④ 분석할 텍스트 데이터(abstract)에서 단어(명사)를 추출한다.

네트워크 분석은 코퍼스 속 문장에서 단어로서의 명사를 추출하고 이 단어들 사이의 연관성을 네트워크로 표현하여 관계성 또는 관련성을 파악하는 작업이다. 앞서 〈사용할 텍스트 데이터〉에서 언급한 것처럼, 본 실습 예제는 논문들의 초록(abstract)에 나오는 단어들이 이루고 있는 네트워크의 형태를 파악하고자 한다. 분석할 텍스트 데이터에서 단어를 추출하는 과정은 단어빈도분석의 [FC-4] 부분과 동일하다. 본 실습 예제에서는 abstract 열에 있는 데이터를 분석하였다([NC-4]).

텍스트에서 명사를 추출하는 코드는 단어빈도분석의 코드와 동일하게 구성되어 있다. 코드 내부의 함수 및 코드의 기능 설명은 단어빈도분석 실습을 참고하기 바란다.

```
def extract_nouns_from_excel(file_path, col_name, stopwords):
    workbook = openpyxl.load_workbook(file_path)
    worksheet = workbook.active
    mecab = Mecab(dicpath= "C:/mecab/share/mecab-ko-dic")
    documents = []
    for idx, col in enumerate(worksheet.iter_cols(1, worksheet.max_column)):
        if col[0].value == col_name:
            comment_col_index = idx + 1
            break
    else:
        print(f"Could not find the '{col_name}' column.")
        return []

    for row in worksheet.iter_rows(min_row=2, max_row=worksheet.max_row, min_col=comment_col_index,
                                   max_col=comment_col_index):
        cell = row[0].value
        if cell:
            filtered_text = re.sub(r'[^\w\s]', '', cell)
            nouns = mecab.nouns(filtered_text)
            filtered_nouns = [noun for noun in nouns if noun not in stopwords and len(noun) >= 2]
            documents.append(' '.join(filtered_nouns))
    return documents

documents = extract_nouns_from_excel(file_path, 'abstract', stopwords)
print("Extracted nouns:", documents[:5])
```

[NC-4] 데이터에서 단어 추출하기

```
Extracted nouns: ['기후 위기 실감 세계 이슈 우리 과제 코로나 확산 아피씨씨 보고서 경고 식량 위기 물가 재난 수준 가뭄 폭염 우리 영향 각계각층 사
람 시작 변화 시작 우리 여정 시작 다년 멤버 기후 위기 탄소 중립 관련 활동 진행 서울시 사회 혁신 로우 과정 자리 목표 처음 방향 리듬 공명 시작 하나 궤도
본고 궤도 동심원 소개 물결 에너지 자리 마이에 코버스 이름 프로젝트 그룹 동아리 메타버스 기반 환경 교육 활성 모델 개발 목표 가상 공간 정기 모임 국내 지
속 증가 기후 위기 탄소 중립 환경사회기업지배구조 연계 환경 교육 최신 메타버스 플랫폼 구축 생애 주기 맞춤 서비스 제공 추구 시범 플랫폼 숙도 교육 효과
초등 학교 학년 대상 운영 프로토타입 성과 확인 단계 수요 확대 소정 성과 서울 특별시 사회 혁신 주최 공모전 최우수 탄소 중립 실천 모임 우수 사례 선정 쾌
거 진행 과정 비전 자리 소개 국내 아세안 국가 아이 탄소 중립 실천 환경 공동체 마중물 역할 애자일 방법 추진', '지역 통행 증가 환경 통행자 증가 사람 대
형 시설 기술 발달 거대 실내 경로 정보 제공 방안 한정 실정 실내 공간 사용 내비게이션 개발 필요 발견 연구 공간 제약 가상 시각 정보 제공 메타버스 증강현
실 기술 활용 보행자 위치 실행 가능 실내 내비게이션 개발 개발 도구 유니티 엑스코드 사용 매터 포트 포리 아이 적용 내비게이션 공주 대학교 공과 대학 학관
실증 테스트 결과 다수 사용 기존 지피에스 기반 내비게이션 입도 건물 시설 정보 만족도 결과', '생산시스템 인간 작업자 중요 역할 수행 모델 시뮬레이션 관점
분석 사례 실정 연구 메타버스 기술 이용 인간참여형실험 연계 행위자기반모델링 시뮬레이션 방법 제안 인간참여형실험 작업자 신체 역량 수집 생성 행동데이터 시
스템 영향 개념증명차원 시뮬레이션 분석 향후 연구 토대 실제 생산 시스템 스마트 시뮬레이션 개발 가능 기대', '메타버스 가상세계 가상 확장 물리 현실 물리
영구 가상공간 융합 문명 컴퓨터 인터페이스 기능 역할 확대 발전 가상 패러다임 전환 가상 현실 복제 단계 상상력 독자 가상 세계 구현 가상세계 환상 유희 게
임 강조 유희적가상세계 실재성 효율 네트워크 강조 사회 가상 세계 분류 북미 사회 가상 세계 중시 반면 한국 허구 세계관 입각 유희적가상세계 각광 한국 가상
세계 발전방향 현실 욕망 허구 상상 극대 유희적가상세계', '가상현실 산업 코로나바이러스 이후 비대면 콘텐츠 수요 급증 메타버스 관심 도약 기회 흐름 가상현
실 콘텐츠 대중 양질 콘텐츠 제작 가상현실 특성 스토리텔링 연구 지속 가상현실 특성 적용 콘텐츠 사용 피드백 효과 제작 해당 콘텐츠 평가 정량 지표 필요 연
구 가상현실 콘텐츠 관람 과정 분석 머리 정량 지표 설정 이후 실험 애니메이션 관람 기록 머리 움직임 정보 몰입 상관 관계 분석 분석 결과 머리 움직임 속도
상대 입도 머리 움직임 속도 콘텐츠 몰입 정도 지표 유의미 사용 도출 결과 이후 창작자 가상현실 콘텐츠 제작 프로토타입 제작 적용 스토리텔링 방식 유효 검증
정량 지표 사용 방식 제안 스토리텔링 방식 문제점 파악 방식 제안 콘텐츠 향상 연구 머리 움직임 속도 정량 지표 기반 입도 분석 기초 연구 양질 가상현실 콘텐
츠 제작 가상현실 콘텐츠 대중 기여']
```

[NO-3] 추출된 명사

⑤ 네트워크를 생성하고 중심성 수치를 계산하여 저장한다.

이 과정을 통해 네트워크 분석의 핵심으로서 추출된 단어들의 네트워크를 생성하며, 그 단어들의 역할이나 중요성을 나타낸다고 말할 수 있는 지표인 중심성 수치를 계산한다([NC-5]).

- 네트워크 생성 및 중심성 수치 계산을 위해 다음 네 가지 함수를 사용한다.
  ① create_network: 단어 간 관계를 네트워크로 구성
  ② filter_network: 의미 있는 관계만 필터링
  ③ calculate_centralities: 단어의 중심성 계산
  ④ save_centralities: 분석 결과를 파일로 저장
- line 50~60의 create_network 함수에서는 nx.Graph()를 통해 빈 그래프를 생성한 뒤, combinations()를 통해 각 문서별 단어들을 사용하여 가능한 모든 경우의 단어쌍을 생성한다. 예컨대, '인공 지능 학습'이라는 문서에서 인공-지능, 인공-학습, 지능-학습의 세 가지 단어쌍을 생성하는 것이다. 이후, 생성된 단어쌍(동시출현)에 기반하여 네트워크를 생성한다. 생성된 네트워크는 변수 G에 저장한다.
- 생성된 네트워크는, 즉 단어의 동시출현 빈도에 따라 각 단어를 연결하는 엣지에 가중치가 부여된다. 즉, 가중치가 높은 단어쌍은 전체 데이터 세트에서 해당 단어쌍이 자주 등장했음을 의미한다.
- line 62~65의 filter_network 함수에서는 min_weight 변수에

최소 가중치를 입력받은 후 해당 가중치보다 낮은 가중치를 지닌 엣지는 제거한다. 네트워크에 너무 많은 엣지(또는 링크) 때문에 그래프의 형태를 확인하기 힘든 경우가 발생할 수 있으므로, 이를 해결하기 위해 가중치의 기준을 설정하고, 해당 기준에 미달하는 엣지는 제거한다. 본 실습에서는 최소 가중치를 5로 설정하였다.

- line 67~68의 calculate_centralities 함수에서는 네트워크의 각 노드(또는 버텍스)의 연결 중심성, 매개 중심성, 근접 중심성, 위세 중심성을 계산한다. 각 중심성의 의미 설명은 이 장의 앞부분(pp. 257-258)에서 찾아볼 수 있다.
- line 74~79의 save_centralities 함수에서는 단어빈도분석 실습 [FC-8]과 같은 원리로 중심성 분석 결과를 저장한다. 함수에 대한 자세한 설명은 단어빈도분석 실습을 참고하길 바란다.
- line 70에서는 위에서 생성한 create_network 함수를 사용하여 documents 변수의 단어들을 가지고 네트워크를 생성하여 Graph 변수에 저장한다.
- line 71에서는 filter_network 함수를 사용하여 Graph 변수에 저장된 네트워크에서 가중치 5 이하의 엣지는 제거한다.
- line 72에서는 Graph 변수에 저장된 네트워크 내 노드들의 중심성을 계산하여 centralities 변수에 저장한다.
- line 81에서는 save_centralities 함수를 불러와 계산한 각 노드의 중심성들을 file_path 변수에 저장된 출력 파일 경로에

저장한다.

• [NO-4]는 저장된 중심성.csv 파일의 모습이다. 해당 파일에서 각 단어들의 계산된 여러 중심성 수치를 확인할 수 있다.

```
def create_network(documents):
    G = nx.Graph()
    for doc in documents:
        words = doc.split()
        for word1, word2 in combinations(words, 2):
            if word1 != word2:
                if G.has_edge(word1, word2):
                    G[word1][word2]['weight'] += 1
                else:
                    G.add_edge(word1, word2, weight=1)
    return G

def filter_network(G, min_weight=5):
    for edge in list(G.edges(data=True)):
        if edge[2]['weight'] < min_weight:
            G.remove_edge(edge[0], edge[1])

def calculate_centralities(G):
    return {metric: dict(getattr(nx, metric + '_centrality')(G)) for metric in ['degree', 'betweenness',
                                                                                  'closeness', 'eigenvector']}

Graph = create_network(documents)
filter_network(Graph)
centralities = calculate_centralities(Graph)

def save_centralities(centralities, file_path):
    with open(file_path, 'w', newline='', encoding='utf-8-sig') as f:
        writer = csv.writer(f)
        writer.writerow(['node'] + list(centralities.keys()))
        for node in Graph.nodes():
            writer.writerow([node] + [centralities[metric][node] for metric in centralities])

save_centralities(centralities, centralities_path)
```

[NC-5] 네트워크를 생성하고 중심성을 계산하여 저장하기

	A	B	C	D	E
1	node	degree	betweenness	closeness	eigenvector
2	메타버스	0.595004	0.328651	0.661443	0.218771
3	교육	0.330053	0.095214	0.531086	0.166968
4	기술	0.263437	0.050491	0.507029	0.157984
5	연구	0.263437	0.031418	0.513677	0.167537
6	디지털	0.218017	0.049803	0.481846	0.126299
7	활용	0.212718	0.017159	0.498836	0.156995
8	가상	0.204391	0.034820	0.485752	0.143984
9	세계	0.196064	0.015996	0.478676	0.139126
10	사용	0.181681	0.014759	0.480256	0.137191

[NO-4] 계산된 중심성 수치(파일명: 중심성.csv)

⑥ 네트워크 분석 결과의 시각화 작업을 수행한다.

이 작업은 계산되어 분석된 단어들의 관계성을 그래프를 통해 시각적으로 표현하는 것이다. 네트워크는 관계성, 연결성, 연관성 등으로 이해할 수 있는데, 이런 관계성은 노드(또는 버텍스)와 링크(또는 엣지)라는 요소를 통해 노드인 단어가 링크인 선으로 서로 연결되어 있는 모습의 그래프로 나타내는 것이 가능하다([NC-6]).

- 네트워크를 그래프 형태로 시각화하기 위하여 line 83부터 100까지 다음의 함수를 작성한다: visualize_network
- visualize_network 함수는 앞서 생성한 네트워크와 중심성 수치를 가지고 네트워크 그래프를 생성하는 함수이다. 해당 함수는 크게 두 부분으로 나눌 수 있는데, 시각화를 위한 정보를 지정해 주는 부분과 시각화할 때 파라미터들을 조정하여 출력 결과를 다르게 표시하는 부분이다.

- 우선 line 83~88은 시각화를 위해서 필요한 상위 노드, 중심성 등을 설정하고, 시각화에 필요한 폰트를 설정하는 부분이다.
- line 84에서는 centralities['degree']와 [:30]을 통해 연결 중심성 상위 30개 노드 정보를 top_nodes 변수에 저장한다. 이때 'degree'를 closeness 혹은 eigenvector 등 다른 중심성으로 바꾸거나, [:30]의 숫자를 변경해 상위 n개의 노드 정보를 저장할 수 있다.
- line 85에서는 top_nodes에 저장된 노드 정보를 가지고 출력용 sub그래프를 생성하여 subgraph 변수에 저장한다.
- line 86~88에서는 시각화 관련 한글 폰트를 설정한다. 단어빈도분석 실습의 [FC-10]에서도 단어구름 시각화를 위해 한글 폰트 설정을 별도로 진행한 바 있는데, 네트워크 시각화도 마찬가지로 한글 폰트를 지정해 줄 필요가 있다.
- 구체적으로 line 86에서는 사용하고자 하는 한글 폰트를 font_path 변수에 지정해 준다.
- line 87에서는 matplotlib를 사용하여 시각화를 할 때 폰트를 사용할 수 있도록 FontProperties에 font_path 변수에 저장된 경로에서 폰트를 가져와 font_name 변수에 저장한다.
- line 88에서는 plt.rc()를 통해 그래프에서 사용할 기본 폰트를 font_name 변수에서 가져온다.
- line 90~100은 그래프에 표시될 노드의 크기, 색상과 같은 시각화 파라미터들을 설정하는 부분이다.
- line 90에서는 앞선 분석들의 그래프 시각화 부분과 마찬가지

로 네트워크 그래프가 출력될 창의 크기를 설정한다.

- line 92에서는 min_node_size 변수에 가장 작은 노드의 크기를 설정한다.
- line 93에서는 scaling_factor 변수에 중심성 값을 기준으로 노드 크기를 결정하는 스케일링 계수를 저장한다. 해당 값을 조절하는 것을 통하여 전체 노드가 출력되는 크기를 조정할 수 있다. 주의할 점은 해당 값은 절대값이 아니라 상대적인 값이므로, 실제 출력 결과를 확인해 보면서 조정할 필요가 있다.
- line 94에서는 노드를 연결하는 엣지(링크)에 걸리는 가중치에 따라 엣지의 굵기를 결정하여 edge_weights 변수에 저장한다. 이때 엣지가 너무 굵어지는 것을 방지하기 위해 가중치를 최대 1로 설정하였다.
- line 95에서는 각 노드의 크기를 계산하여 node_sizes 변수에 저장한다. 여기서 계산한 노드 크기와 위에서 설정한 스케일링 계수를 곱하여 출력될 노드의 크기를 결정하게 된다.
- line 96에서는 각 노드의 색상을 결정하기 위한 노드별 중심성 수치를 리스트로 만들어 node_colors변수에 저장한다. 해당 리스트의 수치에 맞추어 색상 맵에 따라 실제 색상을 부여하게 된다. 이러한 설정은 노드의 중심성에 따라 색상에 차이를 두기 위한 설정인데, 색상의 차이가 필요하지 않다면 단순히 node_colors = blue처럼 단일 색상으로 설정할 수 있다.
- line 98에서는 네트워크의 레이아웃 알고리즘을 설정하여

pos 변수에 저장한다. 본 예제에서 사용한 spring_layout 이외에도 kamada_kawai_layout, circular_layout, spectral_layout 등 다양한 레이아웃이 있다. 다양한 레이아웃을 적용하여 연구 결과를 나타내기에 적절한 것을 선택하면 된다.

- k값은 노드 간의 거리를 조절하기 위한 파라미터인데, 값이 클수록 노드들 사이의 거리가 멀어진다.
- line 99에서는 위의 설정들을 기반으로 nx.draw를 사용하여 네트워크를 시각화한다. pos는 노드의 위치, node_size는 노드의 크기, node_color는 노드의 색상, cmap은 색상 맵, width는 엣지의 굵기, edge_color는 엣지의 색상을 지정한다. 예제에서는 wistia라는 색상 맵을 가져와서 노드 색상에 적용하였다. 색상 맵을 변경하고 싶다면 https://matplotlib.org/stable/users/explain/colors/colormaps.html를 참조하면 된다. 또한 엣지 색을 파랑으로 변경하고 싶으면 edge_color='blue'로 변경하면 된다.
- line 102에서는 생성한 visualize_network 함수를 불러와 [NC-5]에서 생성한 네트워크와 중심성 수치를 가지고 실제 그래프를 출력한다.
- [NO-5]를 보면, 추출된 단어들의 연관성을 보여 주는 네트워크 그래프를 확인할 수 있다. 이 그래프를 저장하거나 화면 캡처를 통하여 문서파일이나 PPT 파일에 삽입할 수도 있다.

```
def visualize_network(G, centralities):
    top_nodes = sorted(G.nodes, key=lambda x: centralities['degree'][x], reverse=True)[:30]
    subgraph = G.subgraph(top_nodes)
    font_path = 'C:\windows\Fonts\gulim.ttc'
    font_name = fm.FontProperties(fname=font_path, size=10).get_name()
    plt.rc('font', family=font_name)

    plt.figure(figsize=(10, 6))

    min_node_size = 10
    scaling_factor = 6000
    edge_weights = np.array([min(d["weight"], 1) for _, _, d in subgraph.edges(data=True)])
    node_sizes = [max(centralities['degree'][node] * scaling_factor, min_node_size) for node in subgraph.nodes()]
    node_colors = [centralities['degree'][node] for node in subgraph.nodes()]

    pos = nx.spring_layout(subgraph, k=3)
    nx.draw(subgraph, pos, with_labels=True, font_family=font_name,
            font_size=15, node_size=node_sizes, node_color=node_colors,
            cmap=plt.cm.Wistia, width=edge_weights, edge_color='black',
            alpha=0.7)
    plt.show()

visualize_network(Graph, centralities)
```

[NC-6] 네트워크 분석 결과의 시각화 수행하기

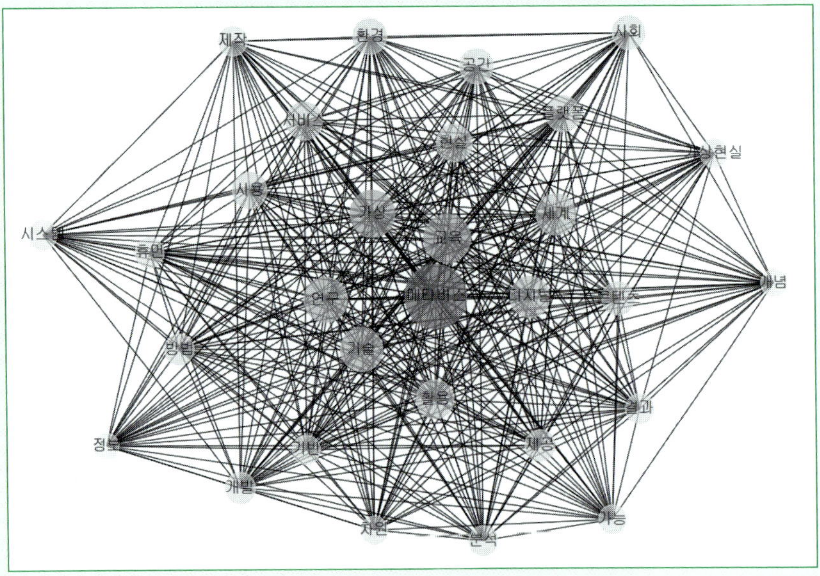

[NO-5] 생성된 단어 네트워크 그래프

8. 연관어 분석 실제 논문 사례

실제 논문 사례[7]는 교육공학의 대표 학술지인『교육공학연구』와『교육정보미디어연구』에서 초록과 키워드가 제시된 모든 논문을 대상으로 텍스트 마이닝을 수행하여 교육공학 학문공동체의 지식 구조의 모습과 특성을 파악한 논문이다. 이를 위해 본 논문은 논문 초록 데이터의 연관어 분석을 수행하였다. 본 사례에서는 논문 전체를 모두 인용하지 않고, 텍스트 마이닝 기법 중에서 연관어 분석 내용만을 원문 그대로 발췌하여 제시한다. 발췌한 원문을 제시할 때, 1) 연구방법 예시와 2) 연구결과 예시로 나누었다.

1) 연구방법 예시

1. 분석대상

본 연구의 분석대상은 학술지『교육공학연구』와『교육정보미디어연구』에 게재된 논문이다. 이 2개의 학술지는 교육공학의 대표적인 학술지이기 때문에, 여기에 실린 논문들은 교육공학 연구의 주제 및 내용을 잘 반영한 논문이라고 할 수 있다. 원래의 데이터 수집 계획은 창간호부터 최근호까지 게재된 모든 논문이었다. 교육공학의 학문적 · 지적 산출물로서 중요하지 않은 것이 없기 때문이다. 그런데 논문에 초록이 없고, 키워드가 제시되지 않은 논문들은 분석대상에서 제외하였다(〈표 Ⅲ-1〉 참조). 본 연구는 초록과 키워드가 있어야 분석할 수 있는 자료 분석방법을 사용하였기 때문이다. 따라서 본 연구의 분석대상은 『교육공학연구』는 2002년 18권 1호부터 2016년 32권 2호까지, 『교육정보미디어연구』는 2002년 8권 3호부터 2016년 22권 1호까지 논문의 저자들이 초록과 키워드들을 제시한 논문들이다. 결과적으로 2개의 학술지 모두 초록과 키워드가 제시된 연도가 2002년이므로 본 연구의 대상은 최근 15년간의 논문들이라고 할 수 있다.

2. 데이터(키워드)의 수집과 저장 및 정제와 코딩

본 연구의 분석 데이터는 분석대상 논문에서 그 논문의 저자가 제시한 초록의 키워드들이다. 그런데 동일한 변인들을 가지고 수행한 연구들로 보이지만 제시한 키워드들이 서로 상이한 경우도 있고, 동일한 용어나 개념이라고 인정되는 것들이 다른 논문에서는 다른 용어나 개념으로 표기되는 경우도 많았다. 이것은 각 논문들의 키워드를 작성하는 기준이 저자들마다 매우 상이하기 때문에 발생하는데, 이는 학회나 공동체에서 강제로 통제할 수 없고, 통제해서도 안되는 저자의 고유한 관점이며 권한이다. 이는 초록과 키워드가 없는 논문들이 본 연구의 데이터에서 빠진 또 하나의 이유다. 초록과 키워드는 그 논문의 저자가 결정한 핵심적 단어이기 때문에 본 연구자가 임의로 결정하는 것은 바람직하지 못하다. 키워드가 없는 논문을 임의로 본 연구자가 결정할 수는 없지만, 공동체의 지식 구조의 모습을 나타내기 위해서는 상이하게 표현된 동일한 키워드들은 같은 키워드로 표현해야 한다. 따라서 다음과 같은 최종 분석에서 사용할 데이터의 정제 및 코딩작업을 하였다.

〈표 Ⅲ-1〉 분석대상 논문

연도	교육공학연구		교육정보미디어연구		계
	분석대상 논문수	비율	분석대상 논문수	비율	
2002	35	7.64	18	4.11	53
2003	32	6.99	28	6.38	60
2004	26	5.68	32	7.29	58
2005	32	6.99	33	7.52	65
2006	31	6.77	48	10.93	79
2007	20	4.37	40	9.11	60
2008	40	8.73	34	7.74	74
2009	35	7.64	35	7.97	70
2010	34	7.42	26	5.92	60
2011	28	6.11	26	5.92	54
2012	34	7.42	20	4.56	54
2013	33	7.20	35	7.97	68
2014	30	6.55	28	6.38	58
2015	33	7.21	30	6.83	63
2016	15	3.28	6	1.37	21
계	458	100.0	439	100.0	897

1) 키워드 수집과 저장

Excel 프로그램을 이용하여 모든 분석대상 논문을 제목, 저자명, 연도, 권, 호, 키워드, 초록으로 분류하여 저장하였다. 이때 키워드는 각 논문의 초록에 저자가 기재한 것을 그대로 타이핑하였다. 논문들 간의 중복된 키워드, 서로 유사한 키워드 등을 포함하여 수집된, 원래 그대로의 키워드들은 『교육공학연구』에서 1,983개, 『교육정보미디어연구』에서 1,711개, 합쳐서 총 3,694개였다.

2) 키워드 정제, 코딩 및 초록의 변환

수집과 저장을 마친 키워드는 다음과 같은 정제과정을 거쳐 코딩되었다. 제일 먼저 한 작업은 의미단위로 띄어쓰기 된 단어들을 띄어쓰기를 통일하여 합치는 것이었다. 우리나라 말은 띄어쓰기에 여러 자율적 예외사항이 있는데 이는 초록의 키워드들에서도 나타났다. 예를 들어, '미디어교육'이라고 붙여서 쓰기도 하고, '미디어 교육'이라고 띄어서 쓰기도 한다. 그런데, 동일한 의미인데 띄어쓰기가 같지 않으면 빈도분석 프로그램은 같은 단어로 인식하지 못한다. 예컨데, 미디어교육은 하나의 단어로 인식하지만, 미디어 교육일 경우, '미디어'와 '교육'을 다른 단어로 인식하는 것이다. 또한 이때 불필요하게 나타나 있는 우리나라 말의 조사도 삭제하였다.

다음으로 유사한 키워드들을 하나의 키워드로 통합하는 일이었다. 기본적인 기준은 교육공학용어사전(한국교육공학회, 2005)에서 사용되는 용어였다. 교육공학용어사전에도 등장하지 않는 키워드들의 경우는 교육공학 전공자 3인의 의견을 참고하였는데, 이 과정에서 개념을 중복하여 사용한 키워드는 더 단순한 개념으로 선택하였고, 불필요한 수식어는 수식어를 삭제하였으며, 한국어와 한국어의 동의어, 한국어와 영어의 동의어는 하나로 통합시켰다(정승환, 호예담, 송영수, 2014). 유사한 키워드들을 통합하여 하나의 키워드로 만드는 이유는 네트워크 텍스트 분석에서 키워드들의 동출현 빈도수가 분석의 핵심이 되는 노드가 되기 때문인데, 노드가 잘못되면 네트워크에서 나타나는 전체 구조뿐만 아니라 중요한 수치에도 영향을 미치게 된다. 이처럼 키워드를 정제하지 않으면 그 키워드로 대변되는 연구주제는 실제보다 더 적게 혹은 더 많게 전체 네트워크상에서 표시되며 이는 전체 지식 구조에 영향을 미치게 된다. 〈표 Ⅲ-2〉는 키워드의 정제과정과 코딩의 구체적인 예시다.

이런 과정을 거쳐 『교육공학연구』에서는 원래 1,983개의 키워드가 1,080개로, 『교육정보미디어연구』에서는 원래 1,711개의 키워드가 930개로 줄었으며, 합쳐서 총 2,010개의 키워드를 도출하여 분석에 이용하였다. 그리고 본 연구는 코딩된 키워드가 여러 다른 논문들의 초록에서도 얼마만큼 자주 출현하는가를 분석해야 하기 때문에 코딩된 키워드를 갖고 초록의 내용을 변환하였다. 다시 말해, 모든 초록에서 저자가 작성한 키워드를 코딩된 키워드로 대체하는 작업을 하였다. 참고로 이러한 키워드 정제 과정과 초록의 변환은 2016년 1월부터 2016년 7월 중순까지 약 7개월간 걸쳐 이루어졌다.

〈표 Ⅲ-2〉 키워드 정제와 코딩의 예시

<table>
<tr><th colspan="2" rowspan="2">정제</th><th colspan="2">예 시</th></tr>
<tr><th>전</th><th>후</th></tr>
<tr><td colspan="2">띄어쓰기</td><td>학습 공동체, 미디어 교육</td><td>학습공동체, 미디어교육</td></tr>
<tr><td colspan="2">조사 삭제
(~의(서, 와), ~을(를), ~에서(게),
~대(관, 위)한 등)</td><td>혁신의 확산</td><td>혁신확산</td></tr>
<tr><td rowspan="7">유사
키워드
통합</td><td>교육공학용어사전</td><td>PBL, 문제기반학습,
문제해결학습</td><td>문제중심학습</td></tr>
<tr><td>단순한 개념으로 선택</td><td>비판적 사고기능,
비판적 사고능력</td><td>비판적사고력</td></tr>
<tr><td>불필요 수식어 삭제</td><td>교수자의 교수접근방식</td><td>교수접근방식</td></tr>
<tr><td rowspan="4">동의어 통합</td><td>학습스타일, 학습유형</td><td>학습양식</td></tr>
<tr><td>스캐폴딩, 스캐폴드</td><td>비계설정</td></tr>
<tr><td>E-러닝, 이-러닝, e러닝,
e-러닝, e-learning</td><td>이러닝</td></tr>
<tr><td>소셜네트워크서비스</td><td>SNS</td></tr>
<tr><td colspan="2">개수</td><td>3,694</td><td>2,010</td></tr>
</table>

※ 띄어쓰기된 키워드들은 유사 키워드 통합작업을 거친다.

3. 분석방법, 절차 및 준거

본 연구는 앞서 제시한 코딩 작업을 마친 키워드들과 변환된 초록을 갖고 네트워크 텍스트 분석을 다음의 절차에 따라 수행하였다. 아래의 분석은 학술지 『교육공학연구』의 키워드와 초록을 대상으로, 『교육정보미디어연구』의 키워드와 초록을 대상으로 각각 독립적으로 실시되었다. 첫째, 논문의 초록에 자주 출현하는 코딩된 키워드의 빈도를 분석하는 것이다. 이를 위해 코딩된 키워드들과 변환된 초록을 대상으로 KrKwic(Kwords) 소프트웨어 프로그램을 통해 빈도분석을 실시하였다. 이 빈도분석의 결과를 토대로 가장 많이 출현하는 키워드들을 구할 수 있었다.

둘째, 전체 키워드들 중에서 빈도수 10 이상 출현하는 키워드들이 얼마나 자주 초록 안에서 동출현 하는가를 알아보기 위해 다시 KrKwic(Ktitle) 소프트웨어 프로그램을 이용하여 키워드의 동출현 메트릭스(행렬) 자료를 추출하였다(박한우, Leydesdorff, 2004). 이 동출현 행렬자료는 SNA의 기본적인 입력자료가 된다. 빈도수 10 이상으로 선택한 이유는 첫째, 두 학술지에서 출현한 키워드가 매우 많아서 모든 키워드들을 전부 분석에 넣을 수가 없었기 때문이며(전부 분석에 넣으면 오히려 의미있는 결과를 산출할 수 없을 것이다), 둘째, 빈도수가 높으면 많은 논문들에서 자주 사용되는 개념이라는 것을 뜻하기 때문이다.

셋째, 추출한 행렬자료를 SNA 분석 소프트웨어 프로그램인 NetMiner에서 불러들여 네트워크 분석을 실시하였다. 이때, 네트워크 지도뿐만 아니라 중앙성, 중심화와 같은 SNA의 지표를 구하여 제시하였다. 이를 통해 대표적 교육공학 학술지에 나타나는 학문공동체의 지식 구조의 모습과 특성을 파악하고 비교할 수 있다.

넷째, 네트워크 지도는 비록 노드 수나 일정 기준 이상의 연결 중앙성(빈도수 10회 이상)으로 시각화되어 있지만 그럼에도 기본적으로 노드의 수가 많아서 좀 더 세밀한 파악이 쉽지 않다. 이에 본 연구에서는 네트워크 텍스트의 클러스터 지도를 제시하여 어떤 키워드들이 함께 연구되는 경향을 보이는지를 보여 주었다.

끝으로 본 연구에서는 연구내용을 분석하고 해석하기 위해 주요 키워드들을 크게 교육이론 기반 키워드와 테크놀로지 기반의 키워드로 나누었다. 전자는 테크놀로지의 사용 또는 적용여부와 관계없이 교육현상을 연구하거나 설명할 때 사용되는 용어나 주제를 지칭하며, 후자는 이런 테크놀로지가 없었다면 발생할 수 없는 교육현상이나 주제 등을 지칭한다. 학자들마다 시각이 상이하여, 예컨대 '사이버교육'에서는 '사이버'보다는 '교육'이 더 중요할 수도 있고, '온라인토론'에서는 '온라인'보다 '토론'이 더 중요하게 생각될 수 있어서 이 키워드들이 교육이론 기반에 속하는 것이 옳다고 볼 수도 있지만, '사이버', '온라인'이라는 테크놀로지가 없으면 발생할 수 없는 현상이라는 측면에서 테크놀로지 기반의 키워드로 포함시켰다. 이 둘로 키워드를 나눈 이유는 우선 테크놀로지는 김현진(2016)이 지적한 것처럼 교수매체를 넘어서 교수방법, 학습환경 설계 등 주요 교육공학 분야를 관통하는 핵심적 주제로 자리잡은 키워드이며, 송해덕과 김규식(2015)이 언급한 교육공학의 좁은 의미의 정의, '테크놀로지의 교육적 활용'에서도 등장하는 중요한 용어이기 때문이다. 게다가 교육공학의 영어 명칭이 Educational Technology라는 점에서 테크놀로지는 자체로 중요하게 다루어져야 하는 개념이며 카테고리다. 또한 송해덕과 김규식(2015)이 언급한 교육공학의 좁은 의미의 정의에 등장하는 교육적 활용, 그리고 넓은 의미의 정의에 등장하는 '인간학습문제를 해결하기 위한 교육활동'에서 보는 것처럼 교육공학의 정체성이 학습문제, 수행문제의 해결을 위한 교육활동, 교육적 노력이라는 점에서 테크놀로지와 대등한 위치의 개념으로 '교육이론' 기반이라는 카테고리를 설정하였다. 그리고 여러 교육학 분야에서도 테크놀로지를 사용하지 않고도 교육장면의 학습현상을 설명하거나 연구하기 위해 사용되는 개념들이라는 점도 교육이론 기반의 키워드를 설정한 이유다. 참고적으로 본 연구에서 사용한 카테고리로서의 테크놀로지는 도구적, 수단적 의미의 하드웨어 테크놀로지에 더 가까운 반면, 절차 및 과정 등을 포함하는 소프트웨어적 의미의 테크놀로지는 아니라고 할 수 있다(권성호, 1990).

2) 연구결과 예시

2. 두 학술지에 나타난 교육공학 학문공동체의 주요 키워드 사이의 관계

『교육공학연구』와 『교육정보미디어연구』 각 학술지의 키워드 중에서 빈도수가 10회 이상 출현한 키워드들을 핵심 키워드로 정하여 이들 사이의 네트워크 텍스트 분석을 수행하여 도출한 네트워크 지도가 각각 [그림 Ⅳ-1]과 [그림 Ⅳ-2]이다.

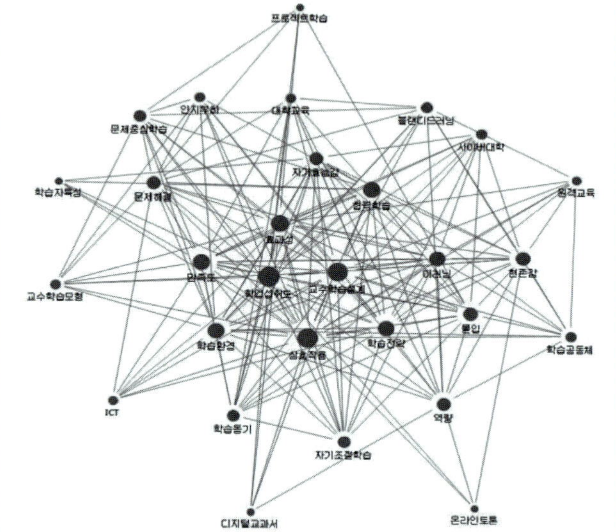

노드의 수: 29, 링크의 수: 396, 중심화(centralization, 집중도): 47.35

〔그림 Ⅳ-1〕 『교육공학연구』의 키워드 네트워크 지도

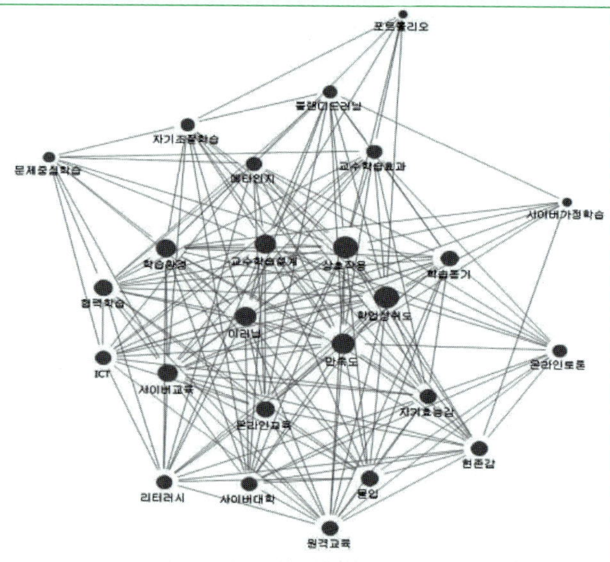

노드의 수: 25, 링크의 수: 384, 중심화(centralization, 집중도): 34.60

〔그림 Ⅳ-2〕 『교육정보미디어연구』의 키워드 네트워크 지도

『교육공학연구』의 네트워크 지도는 노드(키워드)의 수 29개, 총 링크(연결선)의 수 396개, 중심화 지수는 47.35를 나타내고 있으며, 『교육정보미디어연구』의 네트워크 지도는 노드(키워드)의 수 25개, 총 링크(연결선)의 수 384개, 중심화 지수는 34.60을 나타내고 있다. 연결중앙성의 크기는 노드의 크기를 나타내는데, 『교육공학연구』에서는 학업성취도, 상호작용, 교수학습설계, 효과성, 만족도, 협력학습, 학습환경, 학습전략 등의 노드가, 『교육정보미디어연구』에서는 학업성취도, 상호작용, 만족도, 교수학습설계, 이러닝, 사이버교육, 학습환경, 협력학습, 온라인교육 등의 노드가 지도에 중앙에 크게 나타나 있고, 이러한 연결중앙성 노드가 큰 키워드들을 중심으로 다른 여러 키워드들이 연결되어 있음을 볼 수 있다. 이는 연결중앙성이 낮은 키워드들이 연결중앙성이 높은 키워드를 연구하기 위해 사용되는 개념이거나 또는 연결중앙성이 낮은 키워드들로 구축되는 환경, 상황, 조건 등이 연결중앙성이 높은 키워드에 영향을 미치는 변인으로 작용하는 연구가 될 가능성이 높다는 것을 뜻한다. 〈표 IV-4〉는 두 학술지 네트워크 지도에서 나타난 교육공학 분야의 지식 구조의 모습을 요약·비교한 것이다. 각 네트워크 지도에서 연결중앙성이 높은 교육기반 노드와 테크놀로지 기반의 노드들을 비교해 보면 두 학술지의 공통점과 차이점을 볼 수 있다.

〈표 IV-4〉 두 학술지 네트워크 지도의 모습과 특징

<table>
<tr><th colspan="2">학술지</th><th>총
노드 수</th><th>교육이론 기반
노드 수</th><th>테크놀로지 기반
노드 수</th></tr>
<tr><td colspan="2">「교육공학연구」</td><td>29개</td><td>22개 (75.86%)</td><td>7개 (24.14%)</td></tr>
<tr><td colspan="2">「교육정보미디어연구」</td><td>25개</td><td>16개 (64%)</td><td>9개 (36%)</td></tr>
<tr><td rowspan="4">핵심
키워드
(연결중앙성
0.7 이상)</td><td rowspan="2">「교육공학
연구」</td><td colspan="2">교육이론 기반</td><td>학업성취도, 상호작용,
교수학습설계, 효과성,
협력학습, 만족도</td></tr>
<tr><td colspan="2">테크놀로지 기반</td><td>없음</td></tr>
<tr><td rowspan="2">「교육정보
미디어연구」</td><td colspan="2">교육이론 기반</td><td>학업성취도, 상호작용,
만족도, 교수학습설계,
학습환경, 협력학습</td></tr>
<tr><td colspan="2">테크놀로지 기반</td><td>이러닝, 사이버교육, 온라인교육</td></tr>
</table>

〈표 IV-5〉와 〈표 IV-6〉는 각각 두 학술지의 키워드 네트워크 지도에 나타나 있는 키워드의 연결중앙성과 빈도수를 제시하고 있다. 먼저 주목해야 할 점은 빈도수의 상위 순서가 반드시 연결중앙성의 상위 순서가 아니라는 것이다. 또한 빈도수로는 상대적으로 낮은 순위이지만 연결중앙성의 순위가 상대적으로 높은 키워드들(『교육공학연구』: 학습전략, 몰입, 현존감, 문제해결 등; 『교육정보미디어연구』: 효과성, 학습전략, 몰입 등)과 빈도수로는 상대적으로 높은 순위이지만 연결중앙성의 순위는 상대적으로 낮은 키워드들(『교육공학연구』: ICT, 교수학습모형, 온라인토론, 학습공동체 등; 『교육정보미디어연구』: 학습공동체, 교수학습모형, ICT, 온라인토론 등)도 여럿 보인다. 이처럼 [그림 IV-1]과 〈표 IV-5〉, [그림 IV-2]와 〈표 IV-6〉을 보면, 교육공학 분야의 연구에서 핵심이 되는 키워드, 연구주제를 파악할 수 있다.

〈표 Ⅳ-5〉 「교육공학연구」의 키워드 빈도수 및 연결중앙성

키워드	빈도	연결 중앙성	중앙성 순위	키워드	빈도	연결 중앙성	중앙성 순위
학업성취도	30	0.929	1	문제중심학습	12	0.429	16
상호작용	25	0.893	2	자기조절학습	14	0.428	17
교수학습설계	24	0.857	3	블랜디드러닝	11	0.393	18
효과성	14	0.750	4	학습공동체	19	0.357	19
협력학습	35	0.714	5	사이버대학	11	0.357	20
만족도	22	0.714	6	교수학습모형	15	0.321	21
학습환경	16	0.679	7	인지부하	12	0.321	22
학습전략	10	0.679	8	대학교육	11	0.321	23
이러닝	35	0.643	9	ICT	15	0.286	24
현존감	12	0.571	10	원격교육	10	0.286	25
몰입	10	0.571	11	디지털교과서	13	0.179	26
문제해결	13	0.536	12	학습자특성	10	0.179	27
역량	18	0.500	13	프로젝트학습	10	0.179	27
자기효능감	13	0.500	14	온라인토론	15	0.143	29
학습동기	13	0.429	15				

※ 연결중앙성이 같은 경우는 빈도수가 많은 키워드를 높은 순위로 표시

※ 음영표시는 『교육정보미디어연구』의 키워드(<표 Ⅳ-6>)에서도 동시에 출현하는 키워드

〈표 Ⅳ-6〉『교육정보미디어연구』의 키워드 빈도수 및 연결중앙성

키워드	빈도	연결 중앙성	중앙성 순위	키워드	빈도	연결 중앙성	중앙성 순위
학업성취도	32	0.958	1	자기효능감	10	0.625	14
상호작용	28	0.958	2	ICT	17	0.583	15
만족도	37	0.917	3	리터러시	14	0.583	16
이러닝	44	0.833	4	사이버대학	13	0.583	17
교수학습설계	11	0.833	5	교수학습효과	11	0.583	18
사이버교육	13	0.750	6	메타인지	10	0.583	19
학습환경	12	0.750	7	온라인토론	20	0.500	20
협력학습	15	0.708	8	블랜디드러닝	16	0.500	21
온라인교육	11	0.708	9	자기조절학습	12	0.500	22
몰입	19	0.667	10	문제중심학습	12	0.417	23
학습동기	12	0.667	11	사이버가정학습	10	0.292	24
현존감	21	0.625	12	포트폴리오	11	0.250	25
원격교육	12	0.625	13				

※ 연결중앙성이 같은 경우는 빈도수가 많은 키워드를 높은 순위로 표시

※ 음영표시는 『교육공학연구』의 키워드(<표 Ⅳ-5>)에서도 동시에 출현하는 키워드

3. 두 학술지에 나타난 교육공학 학문공동체 주요 키워드들의 클러스터

[그림 Ⅳ-1]의 『교육공학연구』와 [그림 Ⅳ-2]의 『교육정보미디어연구』의 네트워크 지도에서 나타난 주요 키워드들을 대상으로 클러스터 분석한 결과가 각각 [그림 Ⅳ-3]과 [그림 Ⅳ-4]이다. 전자에서는 29개의 노드(키워드)들이 총 3개의 클러스터로 분류되어 묶이는 것을, 후자에서는 25개의 노드(키워드)들이 총 3개의 클러스터로 분류되어 묶이는 것을 볼 수 있다.

『교육공학연구』에서 클러스터 1(G1)은 학업성취도, 협력학습,

만족도를 가장 중심적 키워드로 하여 총 11개의 키워드들로, 클러스터 2(G2)는 상호작용과 교수학습설계를 가장 중심적 키워드로 하여 총 9개의 키워드들로, 클러스터 3(G3)은 효과성을 중심적 키워드로 하여 총 11개의 키워드들로 구성되어 있다([그림 Ⅳ-3], 〈표 Ⅳ-7〉 참조).

『교육정보미디어연구』에서 클러스터 1(G1)은 상호작용, 만족도, 사이버교육을 가장 중심적 키워드로 하여 총 9개의 키워드들로, 클러스터 2(G2)는 교수학습설계를 가장 중심적 키워드로 하여 총 4개의 키워드들로, 클러스터 3(G3)은 학업성취도, 이러닝, 학습환경, 협력학습, 온라인교육을 가장 중심적 키워드로 하여 총 12개의 키워드들로 구성되어 있다([그림 Ⅳ-4], 〈표 Ⅳ-8〉 참조).

〈표 Ⅳ-9〉는 두 학술지 네트워크 클러스터에서 나타난 교육공학 분야의 지식 구조의 모습을 요약한 것이다. [그림 Ⅳ-3, 4]에서 보는 바와 같이 두 학술지 각각 3개의 클러스터로 나눌 수 있으며, 홀로 독립적으로 하나의 클러스터를 이룬 노드들은 없었다. 네트워크 지도처럼 각각의 클러스터 지도에서도 중앙에 위치하고 노드의 크기가 크며 다른 노드들 간의 연결이 많은 핵심적 키워드들을 보여 주고 있다. 〈표 Ⅳ-7, 8〉은 두 학술지의 각 클러스터의 노드들과 그 연결중앙성 수치와 순위를 보여 준다. 각 클러스터에서 연결중앙성이 높은 교육기반 노드와 테크놀로지 기반의 노드들을 비교해 보면 두 학술지의 차이점을 볼 수 있다.

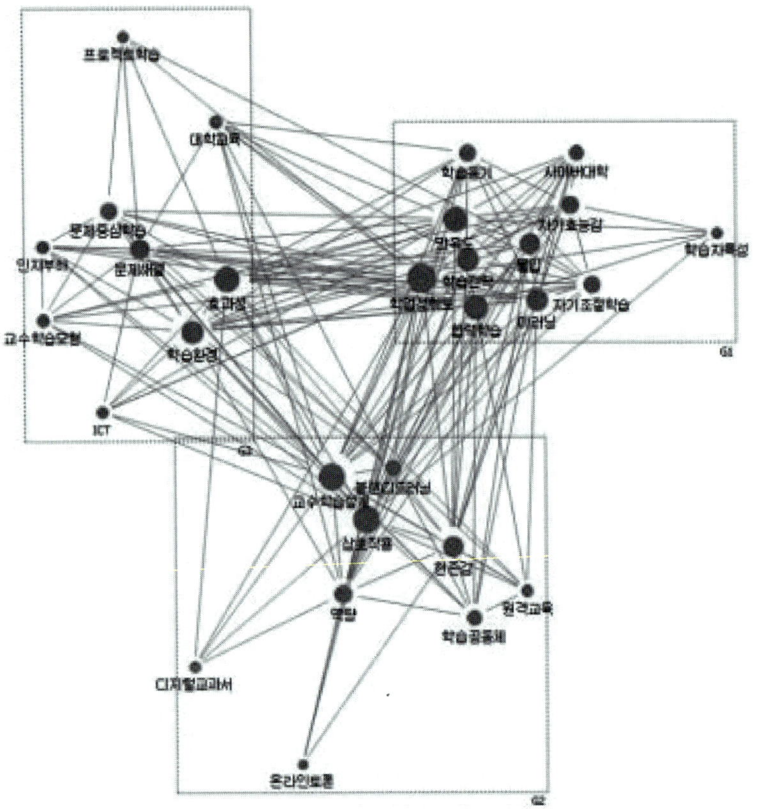

〔그림 Ⅳ-3〕 『교육공학연구』의 네트워크 텍스트의 클러스터 지도

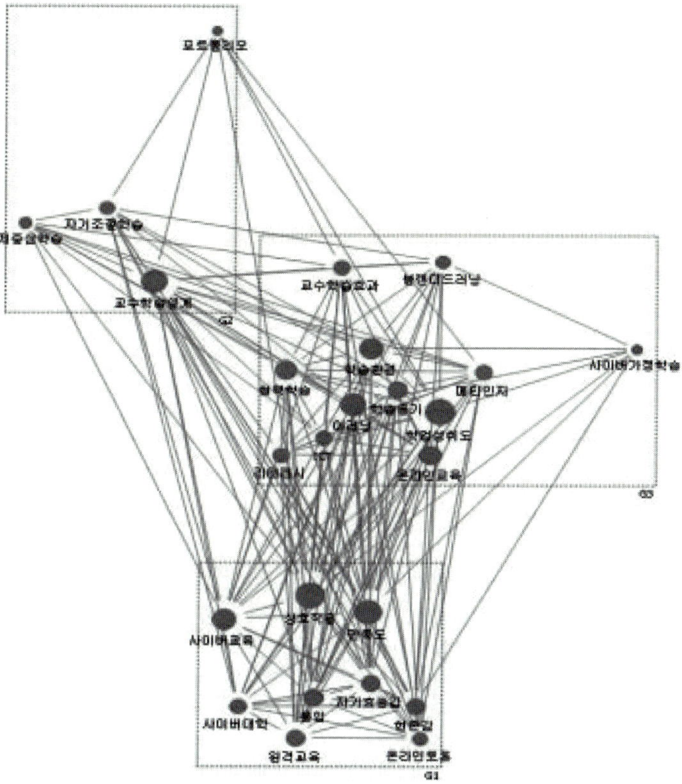

〔그림 Ⅳ-4〕 「교육정보미디어연구」의 네트워크 텍스트의 클러스터 지도

〈표 Ⅳ-7〉 『교육공학연구』의 네트워크 텍스트 클러스터의 키워드와 연결중앙성

클러스터 1 (G1)		클러스터 2 (G2)		클러스터 3 (G3)	
키워드	연결중앙성	키워드	연결중앙성	키워드	연결중앙성
학업성취도	0.929 (1)	상호작용	0.893 (2)	효과성	0.750 (4)
협력학습	0.714 (5)	교수학습설계	0.857 (3)	학습환경	0.679 (7)
만족도	0.714 (6)	현존감	0.571 (10)	문제해결	0.536 (12)
학습전략	0.679 (8)	역량	0.500 (13)	문제중심학습	0.429 (16)
이러닝	0.643 (9)	블랜디드러닝	0.393 (18)	교수학습모형	0.321 (21)
몰입	0.571 (11)	학습공동체	0.357 (19)	인지부하	0.321 (22)
자기효능감	0.500 (14)	원격교육	0.286 (25)	대학교육	0.321 (23)
학습동기	0.429 (15)	디지털교과서	0.179 (26)	ICT	0.286 (24)
자기조절학습	0.428 (17)	온라인토론	0.143 (29)	프로젝트학습	0.179 (27)
사이버대학	0.357 (20)				
학습자특성	0.179 (27)				

※ 연결중앙성 ( )안의 숫자는 연결중앙성 순위

〈표 Ⅳ-8〉 『교육정보미디어연구』의 네트워크 텍스트 클러스터의 키워드와 연결중앙성

클러스터 1 (G1)		클러스터 2 (G2)		클러스터 3 (G3)	
키워드	연결중앙성	키워드	연결중앙성	키워드	연결중앙성
상호작용	0.958 (2)	교수학습설계	0.833 (5)	학업성취도	0.958 (1)
만족도	0.917 (3)	자기조절학습	0.500 (22)	이러닝	0.833 (4)
사이버교육	0.750 (6)	문제중심학습	0.417 (23)	학습환경	0.750 (7)
몰입	0.667 (10)	포트폴리오	0.250 (25)	협력학습	0.708 (8)
현존감	0.625 (12)			온라인교육	0.708 (9)
원격교육	0.625 (13)			학습동기	0.667 (11)
자기효능감	0.625 (14)			ICT	0.583 (15)
사이버대학	0.583 (17)			리터러시	0.583 (16)
온라인토론	0.500 (20)			교수학습효과	0.583 (18)
				메타인지	0.583 (19)
				블랜디드러닝	0.500 (21)
				사이버가정학습	0.292 (24)

※ 연결중앙성 ( )안의 숫자는 연결중앙성 순위

〈표 Ⅳ-9〉 두 학술지 네트워크 클러스터의 모습과 특징

<table>
<tr><th colspan="2">학술지</th><th>총
노드 수</th><th>클러스터 1
(G1)</th><th>클러스터 2
(G2)</th><th>클러스터 3
(G3)</th></tr>
<tr><td colspan="2">『교육공학연구』</td><td>29개</td><td>11개 (37.92%)</td><td>9개 (31.04%)</td><td>9개 (31.04%)</td></tr>
<tr><td colspan="2">『교육정보미디어연구』</td><td>25개</td><td>9개 (36.00%)</td><td>4개 (16.00%)</td><td>12개 (48.00%)</td></tr>
<tr><td rowspan="4">핵심 키워드
(연결
중앙성
0.7 이상)</td><td rowspan="2">『교육공학
연구』</td><td>교육
이론</td><td>학업성취도,
협력학습, 만족도</td><td>상호작용,
교수학습설계</td><td>효과성</td></tr>
<tr><td>테크
놀로지</td><td>없음</td><td>없음</td><td>없음</td></tr>
<tr><td rowspan="2">『교육정보
미디어연구』</td><td>교육
이론</td><td>상호작용,
만족도</td><td>교수학습설계</td><td>학업성취도,
학습환경,
협력학습</td></tr>
<tr><td>테크
놀로지</td><td>사이버교육</td><td>없음</td><td>이러닝,
온라인교육</td></tr>
</table>

미주

Chapter 2

1) 조규락(2020). 데이터 사이언스 가이드: 이해와 실제와 전망. 학지사.

2) 전채남(2016). 언어 자료로 세상 보기: 산업 분야의 언어 처리와 세종 말뭉치 운용. 새국어생활, 26(2), 57-72.

3) 백영민(2017). R를 이용한 텍스트 마이닝. 한울.

4) 조규락(2020). 데이터 사이언스 가이드: 이해와 실제와 전망. 학지사.

5) 이기황(2016). 언어 자료의 보고, 빅데이터. 새국어생활, 26(2), 9-30.

6) MeEnery, T., & Hardie, A. (2011). *Corpus linguistics: Method, theory, and practice*. Cambridge University Press.

7) 네이버 지식백과

8) 서정범(1988). 이바구별곡. 범조사.

9) 서정범(1988). 이바구별곡. 범조사.

Chapter 3

1) 지원철(2019). 빅데이터 AI를 위한 데이터 과학. 민영사.

2) 나무위키

3) 조규락(2021). 빅데이터와 데이터 마이닝. 이민경 외, 제4차 산업혁명시대의 대학교육(pp.67-92). 교육과학사.

4) 백영민(2017). R를 이용한 텍스트 마이닝. 한울.

5) 네이버지식백과

Chapter 5

1) KoNLPy 파이썬 한국어 NLP, https://konlpy.org/ko/v0.6.0/morph

2) KoNLPy 파이썬 한국어 NLP, https://konlpy.org/ko/v0.6.0/morph

Chapter 6

1) 김승재, 조규락(2024). 교육부 디지털교육전환 정책 키워드 분석. 정보교육학회논문지, 28(4), 431-444.

2) 글로 읽는 파이썬 빅데이터 통계 분석, 네이버 블로그, https://m.blog.naver.com/j7youngh/222861344172

3) 개발 블로그, 티스토리 블로그, https://jeonjoon.tistory.com/32

4) 글로 읽는 파이썬 빅데이터 통계 분석, 네이버 블로그, https://m.blog.naver.com/j7youngh/222861344172

5) 글로 읽는 파이썬 빅데이터 통계 분석, 네이버 블로그, https://m.blog.naver.com/j7youngh/222861344172

6) 글로 읽는 파이썬 빅데이터 통계 분석, 네이버 블로그, https://m.blog.naver.com/j7youngh/222861344172

7) 김승재, 조규락(2024). 교육부 디지털교육전환 정책 키워드 분석. 정보교육학회논문지, 28(4), 431-444.

Chapter 7

1) 본문 6장 토픽모델링 분석 예제

2) MathWorks 도움말 센터
https://kr.mathworks.com/help/textanalytics/ug/visualize-lda-topic-probabilities-of-documents.html

3) 김예영, 김승재, 조규락(2024). 뉴스 빅데이터를 활용한 AI교육 언론 분석. 교육정보미디어연구, 30(1), 27-53.

4) Niekler, A., & Wiedemann, G. (2010). *Topic Models Tutorial*, https://tm4ss.github.io/docs/Tutorial_6_Topic_Models.html

5) Duplan, S. (2019). *Visualizing Topic models with Scatterpies and t-SNE*. https://towardsdatascience.com/visualizing-topic-models-with-scatterpies-and-t-sne-f21f228f7b02

6) MathWorks 도움말 센터
https://kr.mathworks.com/help/textanalytics/ug/visualize-lda-topic-

probabilities-of-documents.html

7) 김예영, 김승재, 조규락(2024). 뉴스 빅데이터를 활용한 AI교육 언론 분석. 교육정보미디어연구, 30(1), 27-53.

Chapter 8

1) Eric J., *Hierarchical clustering vs k-means clustering: All you need to know*, https://datarundown.com/hierarchical-vs-k-means-clustering/

2) UC Business Analytics R Programming Guide, https://uc-r.github.io/kmeans_clustering

3) Aydoğdu, Ç. (2018). *3D Visualization of K-means Clustering*, https://medium.com/analytics-vidhya/3d-visualization-of-k-means-clustering-47d3d3e82117

4) 김은주, 김성광, 박빛나(2023). 대한민국 정권별 아동복지정책 관련 뉴스 기사 분석: K-평균 군집 분석. 동서간호학연구지, 29(2), 185-195.

Chapter 9

1) https://www.tableau.com/blog/how-visualize-sentiment-and-inclination-48534

2) https://www.tableau.com/blog/how-visualize-sentiment-and-inclination-48534

3) 데이터넷(2018). "비정형 빅데이터 분석, 기업 경쟁력 확보 지름길", 데이터넷, https://www.datanet.co.kr/news/articleView.html?idxno=124824

4) https://www.clicdata.com/blog/analyze-sentiment-with-opinion-text-mining-part-2/

5) Naik, D., Ramesh, D., & Gorojanam, N. B. (2023). Enhanced link prediction using sentiment attribute and community detection. *Journal of Ambient Intelligence and Humanized Computing, 14*(4), 4157-4174.

6) 전 파파고의 모델팀을 리드하며 한국어처리 오픈소스 라이브러리인 konlpy

및 한국어 데이터셋인 nsmc를 릴리즈했다. 2021년 세계적 테크 매체인 'MIT 테크놀로지 리뷰'의 한국 35세 미만 최고 혁신가에 선정됐다. 2022년에는 AI 전문 기업 업스테이지를 창업해 CSO를 맡고 있다. 최유리(2023. 10. 12). [파워K-우먼] "AI 붐이 찾아왔다…미래 좇지 말고 미리 가 있어라". 아시아경제. https://www.asiae.co.kr/article/2023100515383007010

7) 이문기, 우위항(2024). 소셜 미디어 앱 리뷰에서의 감성 분석 연구: 인스타그램 중심으로. 감성과학, 27(1), 69-80.

Chapter 10

1) 서대호(2019). 잡아라! 텍스트 마이닝 with 파이썬. 비제이퍼블릭.

2) 조규락, 김찬희(2016). 국내 교육공학 학문공동체의 지식 구조의 모습과 특성 탐색: 네트워크 텍스트 분석을 통한 『교육공학연구』와 『교육정보미디어연구』의 비교를 중심으로. 교육공학연구, 32(3), 571-609.

3) 조규락, 김찬희(2016). 국내 교육공학 학문공동체의 지식 구조의 모습과 특성 탐색: 네트워크 텍스트 분석을 통한 『교육공학연구』와 『교육정보미디어연구』의 비교를 중심으로. 교육공학연구, 32(3), 571-609.

4) 조규락, 김찬희(2016). 국내 교육공학 학문공동체의 지식 구조의 모습과 특성 탐색: 네트워크 텍스트 분석을 통한 『교육공학연구』와 『교육정보미디어연구』의 비교를 중심으로. 교육공학연구, 32(3), 571-609.

5) 조규락, 김찬희(2016). 국내 교육공학 학문공동체의 지식 구조의 모습과 특성 탐색: 네트워크 텍스트 분석을 통한 『교육공학연구』와 『교육정보미디어연구』의 비교를 중심으로. 교육공학연구, 32(3), 571-609.

6) Cho, S., Kim, T. (2023). A study on research trends in 『Audiology and speech research』 using keyword network analysis. *Audiology and Speech Research, 19*(1), 28-42.

7) 조규락, 김찬희(2016). 국내 교육공학 학문공동체의 지식 구조의 모습과 특성 탐색: 네트워크 텍스트 분석을 통한 『교육공학연구』와 교육정보미디어연구』의 비교를 중심으로. 교육공학연구, 32(3), 571-609.

찾아보기

저자 소개

조규락

2001년 펜실베이니아 주립대학교(Pennsylvania State University)에서 교수체제(Instructional Systems)로 박사학위를 받은 후, 한국직업능력개발원에서 연구원으로 재직하며 서울대학교, 서울교육대학교, 한양대학교, 이화여자대학교 대학원 등에서 강의를 했고, 2004년부터 영남대학교 사범대학 교육학과와 연합전공 대학원 디지털융합비즈니스학과의 교수로 있다. 주요 연구 분야는 문제해결과 체화된 인지, 데이터 사이언스와 빅데이터 분석, AI의 교육적 활용 등이며, 지금까지 관련 분야의 많은 논문을 게재하고 여러 권의 저서와 역서를 출간하였다.

김승재

2024년 영남대학교에서 교육학 석사학위(교육공학 전공)를 취득하고 현재 동일 전공으로 박사과정에 재학 중이다. 주요 연구 분야는 텍스트 마이닝, 빅데이터, 인공지능, 인공지능 에이전트 등이다. IT 기업에서 소프트웨어 유지보수를 담당했으며 NIA, KISTI 등에서 인턴 과정으로 빅데이터 핸들링을 한 경험이 있다.

사례로 배우는
텍스트 마이닝
Text Mining

2025년 5월 15일 1판 1쇄 인쇄
2025년 5월 20일 1판 1쇄 발행

지은이 • 조규락 · 김승재
펴낸이 • 김진환
펴낸곳 • (주) 학지사
04031 서울특별시 마포구 양화로 15길 20 마인드월드빌딩
대 표 전 화 • 02)330-5114 팩스 • 02)324-2345
등 록 번 호 • 제313-2006-000265호

홈 페 이 지 • http://www.hakjisa.co.kr
인스타그램 • https://www.instagram.com/hakjisabook

ISBN 978-89-997-3419-9 93370

정가 18,000원